栗谷
李珥

코메니우스와 율곡의
전인성 교육론 탐구

栗谷
李珥

코메니우스와 율곡의
전인성 교육론 탐구

(A Study on the Whole-Personality Educational Theory
of Johann Amos Comenius and Yulgok Lee)

『일찍이 서양에서는 전인성을 전제로 한 교육이 이루어지고 있었다. 그 중심에는 코메니우스가 있었다. 그는 실물교육, 체험중심의 교육을 통해서 지성, 덕성, 경건성 면에서 조화롭게 교육할 것을 제시하였다. 한편, 동양의 학자 중 율곡은 지성과 덕성과 성인의 정신을 지향하였다는 점에서 전인성교육을 당연시하였음을 알 수 있다. 뿐만 아니라, 코메니우스와 율곡은 시대적 상황이 비슷했고, 그들의 교육론이 후대에 끼친 영향이 지대한 점, 전인성교육을 통해 시대를 개혁하고자 하는 교육목적과 직접 교육을 주도한 교육자라는 점에서 오늘날 교육문제 해결과 교육이 나아갈 방향 설정에 시사하는 바가 크리라고 본다』

| 윤 기 종 지음

 한국학술정보㈜

오늘날 입시 위주의 교육으로 청소년들은 교과지식 이외는 생각할 여유조차 없이 청소년 연령에 누려야 할 삶과 전인적 성장은 희생을 강요당하고 있다. 이러한 현실에 대한 우려의 결과로 교육계와 사회는 전인성교육의 필요성을 절실히 요청하고 있는 실정이다.

일찍이 서양에서는 전인성을 전제로 한 교육이 이루어지고 있었다. 그 중심에는 코메니우스가 있었다. 그는 실물교육, 체험중심의 교육을 통해서 지성, 덕성, 경건성 면에서 조화롭게 교육할 것을 제시하였다. 한편, 동양의 학자 중 율곡은 지성과 덕성과 성인의 정신을 지향하였다는 점에서 전인성교육을 당연시하였음을 알 수 있다. 뿐만 아니라, 코메니우스와 율곡은 시대적 상황이 비슷했고, 그들의 교육론이 후대에 끼친 영향이 지대한 점, 전인성교육을 통해 시대를 개혁하고자 하는 교육목적과 직접 교육을 주도한 교육자라는 점에서 두 학자는 많은 유사점을 가지고 있다. 시대적으로 서로 만난 적이 없는 두 학자 간의 연구이고, 기독교 복음을 접한 기독교적 교육자와 기독교를 접하지 못한 성리학자라는 점에서 사상적으로 완전한 일치점을 찾을 수 없다는 점에 있어서는 연구의 한계가 있다.

그럼에도 불구하고 두 학자의 비교연구가 이루어져야 할 필요성은 충분하다. 현재 한국의 기독교교육학은 서구신학, 특히 미국의 교육신학의 영향으로 교회교육의 현장이나 기독교학교의 신앙교육에 그

한계성을 나타내고 있다. 이러한 문제의식을 가지고 본 연구는 기독교교육의 현장인 교회학교와 기독교학교에 코메니우스의 교육사상을 집중적으로 토착화하여 전인성교육의 새로운 활로를 모색할 필요성을 통감하게 된다. 뿐만 아니라, 한국적 현실에서 전통적으로 유교의 교육사상에 깊은 영향을 받고 있는 한국인의 심성(心性)에 코메니우스 교육사상의 한계점을 발견하게 된다면, 율곡의 전인성교육사상을 조화 있게 도입하여 두 사상의 병행을 시도하는 것을 본 연구의 중점과제로 삼을 것이다.

실제로 한국의 기독교교육의 현실에서 전인성교육과 새로운 사회를 지향하고 있는 서양의 코메니우스와 동양의 율곡과의 학문적 교류를 통하여 현실적인 대안을 모색하는 것이 매우 중요한 과제일 것이다. 따라서 본 연구는 두 학자의 비교 연구를 통하여 전인성교육론의 우수성을 밝히고, 그것을 한국의 교육에 접목하여 현재의 문제점에 새로운 대안을 제시하려고 한다.

지식이 풍성하지만 행복지수는 추락하고 있는 현실을 외면한 채 지식중심 일변도의 공교육 현장에서 오늘도 자기 자신과 세계의 모든 것을 아는 지식, 자기 자신을 다스리는 덕성 그리고 하나님을 향하여 자신을 나아가게 하는 경건(Comenius, 1657: 40)을 통한 전인성 교육을 실현하고자 하는 몸부림으로 이 글을 쓴다.

목 차

제1장 전인성교육론 탐구의 개요

1. 코메니우스와 율곡의 전인성 교육론의 의의

　코메니우스(Johann Amos Comenius, 1592－1670)와 율곡(栗谷 李珥: 1536－1584)은 시대적·공간적으로 일치하지 않음에도 불구하고 전인성교육을 추구하였다는 측면에서 많은 유사점을 가지고 있다. 그렇지만 기독교사상에 입각한 코메니우스의 전인성교육론과 시대적으로 기독교를 접하지 못했던 율곡의 성리학적 사상의 전인성교육론이 구체적으로 일치할 리는 없다. 교육 신학적 관점에서는 두 학자의 비교가 불가능할지 모르지만, 인간 실존의 물음과 인간의 전인성교육이라는 측면에서는 만남이 교차할 가능성이 있을 것이다. 사상과 교육론 면에서 前者는 계시 의존의 연역적 방법이고, 後者는 철학적 사유의 귀납적 방법이라는 점에서 만남이 교차하리라고 본다. 더욱이 기독교적 전인성의 관점에서 코메니우스와 율곡 교육론의 유사점과 차이점을 발견하는 것은 의미 있는 일이라고 생각한다.

　근대교육의 창시자인 코메니우스는 17세기 以前의 교육의 理論과 方法論을 현대 과학적 체계로 발전시킨 실학주의의 대표적인 교육사상가이다(Towns Elmer L., 1984: 263). 그는 그 사상의 폭과 깊이로 말미암아 '코메니우스학(Comeniology)'이라는 학문 분야가 성립되었을 정도로 현대교육사에서 코메니우스의 위치는 대단히 중요하다.[1]

코메니우스는 자신이 평생 동안 경험한 전쟁과 종교적 박해, 망명 생활을 통해 평화의 염원을 키웠다. 그가 활동하였던 17세기는 새롭게 태동한 근대의 과학 정신이 그때까지 잔존하던 낡은 중세적 가치를 빠르게 대치해 가던 때였다. 이러한 시대정신의 영향을 받은 코메니우스는 논리적이고 분석적인 과학의 방법론을 도입하여 초기의 발아 상태에 있던 교육학 분야에서 '실학주의(實學主義)'2)를 토대로 한 새로운 교육 이론과 방법론을 정립하였다. 그는 감각적 실학주의(sense-realism)의 대표적인 사상가로 체계적인 교육학 저술을 남겼을 뿐만 아니라, 공교육과 평생교육에 방법적인 측면에서 중요한 영

---

1) 현대교육과 코메니우스와의 관계는 현대과학에서 코페르니쿠스(Nicolaus Copernicus, 1473-1543)와 뉴턴(Newton, Sir Isaac, 1642-1727), 현대철학에서 베이컨(Francis Bacon, 1561-1626)과 데카르트(René Descartes, 1596-1650)가 차지하고 있는 위치와 비중만큼이나 높은 위상을 교육학 분야에서 점하고 있는 인물이다(이숙종, 2006, "역사를 바꾼 크리스천 코메니우스, 인류 전인 교육의 씨앗을 뿌리다", http://www.kccs.re.kr).

2) 실학주의는 15, 16세기 르네상스와 동시대에 자연에 대하여 관심을 갖게 되면서 발생한 사상이다. 이러한 실학주의는 17세기에 이르러서는 철학 및 과학으로 하여금 현대적인 성격을 갖게 하였으나, 교육에서는 인문적 사회적 실학주의의 단계를 거친 후에야 그 영향이 나타난다. 전자는 고전어와 고전 문학만을 유일한 가치가 있는 학과목으로 강조하여 넓은 의미의 자유교육의 개념을 가진 실학주의라고 할 수 있다. 이러한 계보에 속한 학자로는 에라스무스(Erasmus), 라블레(Rabelais) 그리고 비베스(Vives) 등을 들 수 있다. 후자는 여행이나 세상과의 직접적인 접촉으로 실제의 삶과 삶의 즐거움을 위한 교육을 강조하여 생활을 준비하도록 강조하는 실학주의로, 몽테뉴(Montaigne)가 이에 속한다(이상오, 2005: 145). 17세기에 교육에서 현대적 과학운동인 감각적 실학주의가 태동되었다. 교육이란 모든 점에서 현실적 실제생활과 관련이 있어야 한다는 견해에서 태동되기 시작한 것이 바로 실학주의이고 이를 대표하는 것이 감각적 실학주의라 하겠다.

향을 준 사상가이다. 현대교육을 대표하는 루소(Jean Jacques Rousseau, 1712－1778), 프뢰벨(Friedrich Wilhelm August Fröbel, 1782－1852), 닐(Alexander Sutherland Neill, 1883－1973), 듀이(Dewey John, 1859－1952) 등과 같은 교육사상가들도 코메니우스의 영향을 받았다(풀빛편집부, 1994: 151－161). 그는 일생 동안 교육에 관한 중요한 질문들에 골몰해 왔으며(Jitka Kramarova, 2007: 306), 또한 실천적 교육자로서 그의 제안들은 생명력 있는 실천적 체험의 산물이어서 근대교육의 이념을 대변하는 것으로 알려져 왔다.

코메니우스는 기존의 교육을 진보적으로 개혁하기 위하여 모든 지식을 종합하는 '범지학(Pansophia)'을 창안하였다. 그것은 모든 지식의 통일체계화라는 점에서 당시에 새로운 지식종합의 원리를 제시하였다. 그리고 그는 '범교육(Pampaedia)'을 제시하여 '모든 사람에게', '모든 것을', '모든 방법'으로 가르치는 전인성교육, 평등교육, 평생교육, 장애아교육, 여성교육, 통합교육 그리고 교육과정 조직의 계속성과 계통합성 등을 주장하였다(한국－체코 코메니우스연구소, 2007: 5). 실제로 코메니우스의 수많은 저서들 중, 교육을 다룬 저서가 200여 권이나 된다는 사실이 그의 방대한 교육개혁사상을 입증하는 것이다.

이와 같이 코메니우스는 교육의 민주화와 만인을 위한 교육의 기회균등의 주창자일 뿐 아니라, 교사들에게 유용한 지도지침 내지는 교수법의 제공자로서도 유명하다. 그는 학습이 신속하고 경제적·효율적으로 이루어지기 위해서는 적절한 교수법이 가장 중요하게 작용한다고 생각하였다. 실제로 실천적·경험적 인류의 교사인 그는 실제적이고도 유용한 지도지침들을 많이 제안하였으며, 그러한 혁명적인 교육개혁의 시도가 현대에 와서도 경험적·심리적 연구에 의해 폭넓게 지지되고 있다. 중세기에서 16세기까지의 교육과정 계획이 사회적 질서(social order)를 잣대로 이루어졌음에 반하여, 17세기 이후 코메니우스는 자연의 질서(natural order)를 토대로 교육학의 이론과 실제를 정립하였다.

한편 이율곡이 살았던 16세기는 조선 창업(1392)으로부터 성종 말년(1494)까지의 약 200년 동안의 평화기(平和期)가 지나고 연산군의 포악한 정치 지배하에 있었던 시기였다. 이로 인한 폐해의 여파로 정치적, 경제적, 국가 안보적으로 매우 불안한 요소가 가중되고 일반 백성들의 생활이 도탄에 빠진, 그야말로 총체적 난세기(亂世期)였다. 율곡은 당시의 부패한 사회 현실을 볼 때, 더 이상 사회개혁을 늦추어서는 아니 됨에도 불구하고 통치자와 관료들이 감히 뜻을 세우지 못하고 개혁을 하지 못하는 상황에서 고통받는 백성들을 구하고자 한 신념에 따라 사회개혁을 뒷받침하는 철학과 경세론을 정립하였다. 그는 무엇보다 개혁의 성패는 그것을 주도하는 인재에 달려 있다고 보아 인재를 양성하는 교육제도를 개혁하였으며, 직접 교육을 실시하고, 향약 등을 통하여 민중을 교화하였다. 율곡은 조선시대 유학의 최고봉에 우뚝 선 성리학자3)이면서 무실·역행·실리·실심·실

---

3) 성리학은 이(理)·기(氣)의 개념을 구사하면서 우주(宇宙)의 생성(生成)과 구조(構造), 인간 심성(心性)의 구조, 사회에서의 인간의 자세(姿勢) 등에 관하여 깊이 사색함으로써 한·당의 훈고학이 다루지 못하였던 형이상학적(形而上學的)·내성적(內省的)·실천철학적인 여러 분야에서 새로운 유학사상을 수립하였다(최근덕, 1992: 373-374). 유교사상은 실천철학과 동떨어진 형이상학 또는 추상적 이론을 탐구하는 학문으로 생각하기 쉬우나 유교는 본래 경세제민(經世濟民)하는 성인(聖人)의 학이다. 성리학은 '성명의리지학(性命義理之學)'의 준말로, 존심양성(存心養性)과 궁리

공 및 이용(利用)과 후생(厚生)을 강조하는 실용주의적인 교육개혁을 전개하였다.

율곡은 철학이나 정치뿐만 아니라, 교육에 관해 많은 관심을 갖고 이론을 제시하였으며 교육을 실천한 교육자이기도 하다. 그의 저서들과 교육이론은 오늘날에도 계속 연구·적용되고 있으며 시대적 인재 양성을 통해 국가를 개혁하기 위하여 많은 책들을 저술하였다. 그의 교육론은 「격몽요결(擊蒙要訣)」, 「학교모범(學校模範)」, 「동호문답(東湖問答)」, 「시정사학도(示精舍學徒)」, 「은병정사약속(隱屛精舍約束)」, 「은병정사학규(隱屛精舍學規)」 등 44권 38책의 방대한 분량을 통해 알 수 있다.

이와 같이 코메니우스와 율곡의 교육론은 당대뿐만 아니라, 현대교육에 직·간접적으로 영향을 미치고 있다는 점에서 두 학자의 전인성교육을 기독교교육학적 관점에서 비교 연구하는 것이 매우 중요하다고 생각된다. 일반적으로 기독교교육이나 일반교육은 공히 전인성교육의 중요성에 두고 있다. 물론 신학자로서 코메니우스는 기독교교육적 측면에서 전인성교육을 제시하고 있으며, 반면에 성리학자로서 율곡은 일반 교육적 측면에서 전인성교육을 언급하고 있다. 그렇다면 기독교 사상에 근거한 코메니우스의 기독교적 전인성교육론은 율곡의 성리학을 토대로 한 전인성교육론과는 어떤 유사점과 차이점이 있는 것인가를 살펴보는 것은 매우 의미 있는 일이다.

이와 같은 교육사상의 비교를 통해 본 연구자가 추구하고자 하는 것은 코메니우스와 율곡의 교육론을 어떻게 한국 교육에 적용할 수

(窮理)를 중요시하여 종래의 유교를 형이상학적으로 재구성하고 발전시킨 새로운 유학이다(장숙필, 1992: 11).

있는가를 성찰하여 그 구체적인 방안을 제시하는 것이다. 전통적으로 율곡과 같은 유교의 교육사상의 영향을 받아 왔던 한국의 일반교육에 코메니우스의 기독교적 전인성교육론의 적용과 그리고 반대로 한국의 기독교교육학계에 율곡의 전인성교육사상을 수용할 수 있는 가능성을 제시하고자 하는 것이다. 또한 현재 교육적 현실에서 당면하고 있는 다양한 문제의 해결책을 찾고, 더 나아가 두 사람의 교육사상으로부터 한국 교육의 미래의 새로운 지평을 여는 데 중요한 사상적 기초와 원리가 될 수 있는 것들을 체계적으로 논의하는 것이 본 연구가 의도하는 바이다.

2. 코메니우스와 율곡의 전인성 교육론의 범주

본 연구의 목적을 달성하기 위하여 다음과 같은 절차와 방법으로 연구를 수행하였다. 본 연구는 문헌연구 방법을 채택했다. 코메니우스와 율곡 교육론의 근본을 이해하기 위해 교육목적과 교육내용 및 교육방법을 논리적으로 분석하고 정리하는 방법을 사용하였다.

코메니우스에 대한 연구 자료는 그의 저서들 중 교육을 주로 다루고 있는 「대교수학(*The Great Didactic*)」(1657), 「범교육학(*Pampaedia Allerziehung*)」(1638), 「분석교수학(*Analytical Didactic*)」(1649), 「빛의 길(*The Way of Light*)」(1641), 「어머니 학교의 소식(*Informatorim der Mutterschule*)」(1633), 「유아학교(*The School of Infancy*)」(1630), 「세상의 미로와 마음의 낙원(*The Labyrinth of the World and the Paradise of the Heart*)」(1631) 등을 주로 사용하고, 이 책 이외에도 국내외 연구자들의 연구 문헌들을 참고하였다.

율곡에 대한 연구 자료는 그의 전집 중 교육을 주로 다루고 있는 「격몽요결(擊蒙要訣)」, 「학교모범(學校模範)」, 「동호문답(東湖問答)」, 「시정사학도(示精舍學徒)」「은병정사약속(隱屛精舍約束)」, 「은병정사학규(隱屛精舍學規)」 등을 주로 사용하고, 그 이외에도 한국학중앙연구원(한국정신문화연구원) 자료조사실에서 번역하여 출간한 국역

율곡전서(國譯 栗谷全書, 44권 38책)와 율곡 학자들의 글들을 활용
하였다.

3. 전인성교육을 지칭하는 용어들

1) 전인성

인성에 대한 사전적 의미는 인간의 성품 또는 각 개인이 가지는 사고와 태도 및 행동 특성으로 정의되고 있다. 대체로 인성을 표현할 때 성격(personality), 문화적 도덕성이 가미된 인격(character)의 의미로 말한다. 일반적으로 인성을 이야기할 때 선천적인 기질적 특성과 후천적인 성격의 품성 그리고 인격적 도덕성이 복합되어 상호 작용하는 한 사람의 특유한 행동양식으로 이해될 수 있다. 일반적으로는 전인성의 개념을 희랍사상의 영향으로 내면세계의 지·정·의를 강조하는 이성적 심리적 요소로 이해되고 있지만 인간이해에 대한 성경적 관점은 영육통합체(psychosomatic unity)로서의 전인성이라는 것이다(A. A. Hoekema, 1990: 359-362).

기독교적인 의미에서 인성은 하나님의 형상대로 지음을 받은 영적 존재라는 사실을 보여 준다(창세기 1:26-27; 2:7). 하나님의 형상에 대한 이해는 인간이 하나님과 본질적인 유사성을 지니고 있다는 관점, 세상을 관리하고 다스리는 능력으로 보는 기능론적인 이해 그리고 이웃과의 관계성으로 보는 관계론적 이해 등으로 볼 수 있다. 여기서 말하는 하나님의 형상은 영혼과 육체의 통일체인 전인(Whole person)을 의미하는 것이다. 따라서 인성은 하나님의 형상에 있고, 하나님의 형상은 인간의 총체적인 전인(Whole person)에 있으며 이 하나님의 형상의 본질이 인간성(humanity)이라 할 수 있다(H. T. Kerr, 2000: 64). 지·정·의와 지·덕·체는 전인성의 구성요소로 볼 수 있다. 성경은 인간에 대한 어떠한 이원론적 개념도 배제하고 있다. 이는 구약성경에서 육체인 바사르(basar)가 전인으로서의 인간에 대한 의미로 쓰이고 있고(이사야 40:5; 이사야 49:26; 시편 63:1; 시편119:120), 신약성경에서 육체나 몸을 표현하는 사르크스(sarks) 혹은 소마(soma)와 같은 단어가(로마서 7:5; 고린도 전서 6:20) 영육합일체로서의 전인을 의미하는 것으로 사용되고 있다(신원하, 2000: 269－271)는 사실에서도 알 수 있다.

그러나 코메니우스는 성경에서 제시하고 있는 인간이해를 통해 새로운 전인성을 제시하고 있다. 그는 성경에 근거해 인간을 지성적, 도덕적, 신앙적 존재로 해석하고 인간의 전인성은 곧 인간의 내면세계에 내재하고 있는 지성과 덕성과 경건의 통전적인 개념으로 규정하고 있다. 그리고 이 세 가지 속성들은 '한 몸 안에서 이루어지는 것'으로 보고 있다. 뿐만 아니라 율곡 또한 인성을 파악함에 있어 일원적 구도로 규정하고 있다. 인심도심을 이와 기로 구분할 수 없다는 것을 명확히 함으로써, 사단과 칠정도 분리할 수 없다는 입장이다. 즉 율곡은 인성의 구조를 논함에 있어 인의예지의 본연지성을 인심과 도심의 단일한 근원으로 설정함으로써 일원적 인성론을 확립한다. 따라서 본 연구에서 말하는 전인성에는 전인과 인성이 혼재되어 사용된다. 전인에는 영혼과 육체의 모든 기능, 인성에는 인간본성의 모든 기능을 의미하고 있다. 그러므로 전인성에는 영혼과 육체 및 인간본성의 모든 기능까지도 포함하는 의미로서 한 인간의 몸 안에 내재해 있는 지성과 덕성과 경건을 말한다.

2) 전인성교육

전인성교육(全人性敎育)은 교육의 개념과 전인(全人)을 어떻게 해석하느냐에 따라 개념이 달라진다. 일반교육에서 교육은 인간·사회·학문에 대한 관점에서 이루어진다.[4](곽병선, 1995: 35) 전인성은 지·정·의나 지·덕·체가 통전(統全)된 사람으로 이해한다(김정환, 1999: 143-144). 기독교에서는 '영·혼·몸'이 통전된 사람으로 생각한다(C. A. Van Peursen, 1995: 103). 그러나 일각에서는 서로 다른 교과들 간의 통합, 교과를 삶의 상황 및 환경과의 통합이나 가르치는 데 있어서 목적과 방법을 통합하는 것으로 생각하기도 한다(Nasr Rasa T., 2001: 33-34). 전인성교육은 인간을 균형 있게 발달시키려는 교육으로서 전인을 구성하는 요소들의 조화로운 발달로 정의하며, 이는

---

4) 곽병선은 교육의 관점을 세 가지로 분석하였다. 첫째, 교육을 염원하는 이상적인 사회건설이나 인간 양성을 위한 실천의 대상으로 보고 그 실천의 방향잡이가 되고 구체적인 길잡이가 될 수 있는 대안들을 열심히 모색하는 이념·규범적 사고방식이다. 둘째, 기술적(記述的)·분석적 관점에서 교육현상을 설명·예측·통제할 수 있는 과학적 탐구의 대상으로 삼고 교육에 작용하는 요소를 찾아 개념화를 시도한다. 셋째, 역사적 상황 속에서 유한하게 존재하는 인간의 본질, 사회·정치적 구조에 본질적으로 작용하는 교육의 기능, 지식과 인간과의 관계 등 인간의 전체적 상황과 조건에 비추어 교육현상을 해석하고 음미하려는 질적인 접근이다(곽병선, 1995: 35).

인간 발달의 통합성에 대한 인식에서 비롯되었다. 따라서 본 연구에서의 전인성교육은 학습자의 전 생애를 통하여 풍부한 인격을 갖추고 가치 있는 삶을 영위할 수 있도록 도와주는 교육을 말한다. 즉 전인성교육은 넓은 의미로 인격교육이며, 학습자를 하나의 통합된 인격으로 일깨워 주는 교육(education for integrated human being)으로 규정하여 사용한다.

3) 기독교교육

기독교교육은 인간의 전인성을 바탕으로 한 기독교의 종교교육으로서 기독교적 생활의 표준을 개발하기 위한 것이며, 성경에 의해 선언된 원리들을 묵상하고 실천하도록 훈련하는 것이고, 계시5)에 근거를 둔 신학에 의해 그 교육철학을 형성하는 것을 말한다(대한기독교교육협회·한국복자원, 1996: 335). 기독교교육이란 기독교 진리를 교육적으로 해석하는 사명의 학문이다. 기독교교육은 신학의 해석을 거쳐 다음 세대가 보다 참삶을 살아 나가도록 하기 위하여 이 세계와 역사를 보다 창조적인 것으로 만드는 데 참여하도록 하는 것이다.6) 기독교교육은 신학에서 출발한다. 복음이라는 하나님과 인간

---

5) 계시(啓示, apokalypsis; revelation)라는 말은 지금까지 숨겨져 있던 것이 나타나는 것을 뜻한다. 이것은 인간의 힘으로 도달할 수 없는 것이 인간에게 전달되는 것에 쓰인다. 계시의 내용은 복음의 비밀인 종말의 새로운 것의 나타남으로써의 계시, 역사적 사건으로서의 계시, 하나님의 행위로서의 계시, 은혜의 사건으로서의 계시, 구원의 사건으로서의 계시를 포함한다(김균진, 1990: 118-128).
6) 김도일은 기독교교육사적 고찰을 통하여 기독교교육의 과제를 전통, 변

사이의 관계 구조가 인간과 인간 사이에서, 인간과 세계 사이에서 경험되고, 해석되고 또 사건화되는 살아 있는 과정에까지 연장돼 간다. 여기서 기독교교육은 교육에 대한 과학적 분석을 해야 한다. 그러므로 기독교교육이라는 하나의 독특한 교육행위가 되기 위해서는 그것은 구조(신학과의 대화에서)와 과정(교육이론과의 대화에서)에 관계되어야 한다(은준관, 1976: 12−13). 따라서 본 연구에서는 기독교를 교육한다는 것과 교육을 기독교적으로 한다는 의미를 포함한다.

4) 기독교적 전인성교육

기독교적 전인성교육은 인간의 유기체를 구성하고 있는 세 가지 속성인 몸과 혼과 영과 비교될 수 있는 지성과 덕성과 경건을 배양하는 일에 그 가치를 두고 있다(이숙종, 2007: 195). 이러한 기독교적 전인성교육은 성경에 근거하고 있다. 전인성교육에서 다뤄져야 할 영역7)들에 대하여 성경은 다음과 같이 말한다.

"……모든 계명 중에 첫째가 무엇이니이까. 예수께서 대답하시되 첫째는 이것이니 이스라엘아 들으라, 주 우리 하나님은 유일한 주시라. 네 마음을 다하고 목숨을 다하고 뜻을 다하고 힘을 다하여 주 너의 하나님을 사랑하라 하신 것이요, 둘째는 이것이니 네 이웃을 네 몸과 같이 사랑하라 하신 것이라. 이에서 더 큰 계명이 없느니라. ……또

혁, 사회화, 가르침으로 보았다(김도일, 1998: 18−43).
7) 토마스 그룹(Groome Thomas H.)은 기독교교육의 세 차원을 지정의에 근거해서 지적·정적·행함의 차원으로서의 전인성교육을 말한다(Groome Thomas H., 이기문 역, 1989: 96).

'마음'을 다하고 '지혜'를 다하고, 힘을 다하여 '하나님을 사랑'하는 것과 또 이웃을 네 몸과 같이 사랑하는 것이 전체로 드리는 모든 번제물과 기타 제물보다 나으니이다."(마가복음 12:28-33)

이 말씀을 분류하여 나누어 본다면 지성(지혜), 덕성(마음 혹은 이웃 사랑), 경건(하나님 사랑)으로 나눌 수 있다. 이 세 가지 영역들이 모두 균형 있게 성장할 때 전인으로서 성장할 수 있는 것이다. 그런데 전인성교육의 개념은 지금까지 일반교육은 물론 기독교교육계에서도 인간의 전인성은 희랍사상의 영향으로 내면세계의 지·정·의를 강조하는 이성적, 심리적 요소들을 계발하는 것으로 이해되고 있다. 그러나 코메니우스는 성경에서 제시하고 있는 인간이해를 통해 새로운 전인성교육사상을 제시하고 있다. 그는 창세기 1장 26절-28절에 근거해 인간을 지성적, 도덕적, 신앙적 존재로 해석하고 인간의 전인성은 곧 인간의 내면세계에 내재하고 있는 지성과 덕성과 경건의 씨앗을 계발해야 한다는 통전적인 개념으로 규정하고 있다. 따라서 본 연구에서 사용되는 기독교적 전인성은 구원받고 하나님의 자녀가 되어 예수 그리스도의 장성한 분량까지 성장하는 그 일(에베소서 4:13)을 의미한다. 그것은 개인의 재능을 발견하고 계발하고 활용하며 이를 통하여 인간 사회와 자연과 하나님 나라를 조화롭게 성장, 발전시키는 지성과 덕성과 경건성이 고르게 발달된 사람으로 규정하여 사용한다.

4. 전인성교육의 원리와 사례

1) 전인성교육의 원리

전인교육에 대한 학자들의 논리는 대체로 다음과 같다.

① 노작 교육

독일의 케르셴슈타이너(Georg Kerschensteiner, 1854~1932)가 주창자다. 원래 페스탈로치가 빈민층 자녀들을 대상으로 창안한 "일하면서 배우고 배우면서 일한다(arbeitend lernen und lernend arbeiten)."는 학습 원리를 케르셴슈타이너가 교육의 일반적 원리, 특히 전인 교육의 가장 귀중한 원리 가운데 하나로 발전시킨 것이다.

이 노작 교육의 원리는 정신적 활동과 육체적 활동의 조화로운 통일을 통해, 지적 교과 내용에는 경험적인 뒷받침을 안겨 주고, 거꾸로 실기적 교과에는 이론적인 뒷받침을 안겨 줌으로써, 학습 내용의 이해가 자신의 체험으로 와 닿게 하자는 것이다.

노작 교육에서 가장 중요하게 여기는 것으로서 첫째는 도덕 교육이다. 노작이라는 수공적·단체적 작업으로 근면·인내·주의·자제·희생·봉사·근로애 등 덕성을 체험한다. 둘째는 문화 교육이다. 문화를 구성하고 있는 가장 귀한 것을 동시에 체험시킨다. 그래서 인격 도야·시민 도야·직업 도야가 하나 되게 이끈다. 셋째는 전인 교육이다. 특히 현대 교육에서는 사고, 감정, 행위, 곧 페스탈로치의 표현으로는 머리, 가슴, 손이 따로 놀기 쉽다. 이 셋을 조화롭게 키워 교육이 인간 능력의 조화로운 계발에 특히 힘써야 함을 말한다.

② 생활 교육

주창자는 미국의 듀이(John Dewey, 1859~1952)다. 교육은 어린이 각자의 삶을 위한 것(education for life)이지 결코 국가나 사회를 위한 것일 수 없다는 원리이다. 한마디로 생활 교육이라 하지만, 그 속에는 여러 가지 뜻이 담겨 있다.

첫째는 현재 삶 자체를 귀히 여기는 경험 교육이다. 어린이가 각자의 생활 소재로 배우고, 그 속에서 매일 새로운 경험을 하고, 그래서 삶이 매일 새로워지는 교육이다. 다시 말하면, 경험을 새로이 하는 삶의 과정 자체가 교육이다. 이것 말고 미리 정해진 교육 목적 따위는 있을 수 없다. 둘째는 흥미 교육이다. 어린이 각자 흥미와 욕구가 다 다르다. 각자가 자기 적성과 처지에 알맞은 교육으로 학습을 즐겁고 뜻있게, "나는 지금 이것을 나의 문제로 삼아 나를 위해 하고 있다."라는 학습의 주체가 되어야 한다. 이런 뜻에서는 이 생활 교육의 원리를 각자의 활동을 중시하는 활동 교수법, 각자가 자기 문제를 푸는 방법을 찾는다는 문제 해결 학습의 둘로 크게 요약할 수도 있다. 셋째는 사회성 함양의 도덕 교육이다. 이것이 그의 대표작 『민주주의와 교육』의 최종 결론이었다. 학교생활 자체가 사회와 이어지고 분단(모둠) 학습 등을 살려 학습 과정이 협동 정신

육성과 이어지고, 모든 교과가 실은 다 넓은 의미로는 도덕 교육과
이어져야 한다는 것이다.

③ 독서 교육

주창자는 미국의 허친스(Rovert Hutchins, 1899～1977)다. 독서는
옛날부터 교육에서도 아주 중시한 것 가운데 하나인데, 현대에 와서
실용 교육에 비해 교양 교육이 소홀히 다루어지면서 이것이 현저하
게 뒤로 처졌다. 그래서 특히 고전적인 작품, 곧 그가 말한 '위대한
책(great books)'을 1백 권 추려서, 읽기 9개년 계획을 세워, 이것을
철저하게 읽고 토론하고 비판하면서 교양을 넓힘과 아울러 인류의
문화와 미래에 대한 전망을 갖게 하자는 인문 교육을 말한다. 같은
미국에서 듀이의 아동 중심적 생활 교육에 대한 반발로 제창되기도
했음을 우리는 주목해야 한다. 독서 교육이 특히 강조하는 것이 무
엇인가.

첫째는 교양 교육의 중시다. 그는 현대 교육의 세속주의·과학주의·
회의주의·물질주의를 비판하고 진정한 교육은 전문적 직업인이나
기능인을 양성하는 데 있지 않고 넓은 교양을 갖춘, 그러므로 역설
적으로는 경제적 측면에서는 '비실용적 인간'을 기르는 일이라 했다.
둘째는 인문 교육이다. '위대한 책'들은 거의 역사·철학·문학·예술·
고전어 교육과 이어진다. 셋째는 인격 교육이다. 독서를 통해 시대의
과제와 씨름하고 위대한 인격들과 '위대한 대화(great conversation)'
를 나누어, 인생·자연·우주·역사·종교의 근본 문제를 생각하며 참
다운 삶에 대한 자세를 가다듬는다.

④ 인간화 교육

주창자는 프랑스의 마리땡(Jacsues Maritain, 1882~1973)이다. 교육은 인격의 존엄성을 일깨워 주는 데 있고, 모든 교과 과정은 이 인격을 고르게 키워 주는 것이 되어야 하며, 그래서 진정한 교육은 '전인적 휴머니즘을 위한 전인적 인격주의 교육(integral education for integral humanism)', 줄여서 '전인을 위한 전인 교육'이라는 것이다.

이 논리의 핵심은 이렇다. 첫째는 가치 감각 도야다. 진·선·미 등 가치에 대한 감각을 키워 내서 이 현대의 비인간화 현상을 극복하자 한다. 둘째는 교양 교육 중시다. 비실용적 교양으로 인격을 도야하자는 주장을 하는 교육 철학파를 우리는 영원주의라 하는데, 이 마리땡과 허친스가 그 대표 제창자다. 영원주의의 '영원'이란 표현은, 교육의 목적은 예나 지금이나 영원히 변하지 않는 인격 도야 단 하나라는 뜻이다. 셋째는 진리 감각 도야다. 이 말은 가톨릭 교육 철학을 대표하는 그의 사상 체계에서는 종교 감각 도야라고 바꾸어도 좋다. 『성경』에 "진리가 너희를 자유롭게 할 것이다."(요한복음 8장 33절)라든가 "진리를 거슬러 아무것도 할 수 없고……"(고린도 후서 13장 8절)라는 말씀이 있다. 진·선·미 같은 가치도 우리말로는 거룩함이라 하는 성(聖)의 경지에 이르거나 그 뒷받침이 있어야 진정하게 그 힘을 나타낸다.

⑤ 대화 교육

제창자는 이스라엘의 부버(Martin Buber, 1878~1965)다. 나와 너라는 인격적 두 주체가 서로 만나 대화를 통해서 서로를 이해하고 서로 성장하고, 그래서 드디어는 하나의 진리에 포근하게 안기게 되는 과정, 바로 이것이 진정한 교육이라는 생각이다. 그래서 '만남(encounter)'과 '대화(dialogue)'는 동의어다. 교육은 이렇게 올바른 관계의 정립에서부터 시작되어야 함을 말한다.

이 같은 부버의 철학에 근거한 교육 사상에서 강조되는 것은 무엇인가를 살펴보면, 첫째는 인격적 관계의 정립이다. 이 세상의 모든 관계는 '나-너'라는 인격적 관계와 '나-그것'이라는 물건적 관계 둘밖에 없다. '나-너'는 서로 온 존재로 대함을, '나-그것'은 서로 부분만으로 대함을 말한다. 이 가운데서 교육적 관계는 서로 목적이 되고, 서로 변하고, 서로 돕고, 서로 사랑하는 인격적 관계가 생명이다. 둘째는 대화를 통한 창조성 계발이다. 대화에는 세 형식이 있다. 상대방을 객관적으로 인정해 주는 승인 형식, 상대방 속에 서로를 찾는 협동 형식, 그러나 가장 귀한 것은 상대방의 입장에서 생각해 주는 우정 형식이다. 셋째는 전인 교육이다. 교사가 먼저 자신의 삶과 운명을 학생에게 드러내, 학생의 삶과 교사의 삶이 하나의 운명적인 공동체적 삶에 속하는 것임을 밝혀야 한다.

⑥ 각성 교육

주창자는 독일의 슈프랑거(Eduard Sparanger, 1882~1963)다. 교육은 성장을 도와주는 성장 조성, 전통과 문화를 계승·발전시키는 문화 번식 그리고 인간 각자의 내면세계를 일깨워 주는 각성의 세 단층으로 이루어지는데 이 키움, 이어감, 깨어남 가운데에서 가장 중요한 것이 깨어남을 도와주는 각성 작용(Erweckung, awake)이라 한다.

이 각성적 교육관에서 가장 중시되는 것은 무엇인가를 살펴보면, 첫째는 내면적 세계 각성이다. 교육에는 향토 교육의 원리, 노작 교육의 원리, 협동 사회적 원리 그리고 내면세계 각성의 원리가 있다. 이 가운데에서 가장 귀중한 것이 삶의 의미를 음미하고 한층 높은 가치를 지향하며 삶의 엄숙함에 조용히 외경하는 정신적·종교적·양심적 각성을 통틀어 말하는 내면적 세계 각성의 원리다. 둘째는 인격적 자아 각성이다. 자아의식, 자아 존중, 자아비판, 책임 의식, 사랑 등 감각을 부추겨 한 사람 한 사람의 인격을 일깨워 주는 교육이다. 셋째는 문화적 책임 각성이다. 양심에서 우러나와 문화에 대한 책임을 느끼는 정신적 엘리트 감각, 다면적 능력, 윤리적인 삶을 고양하는 인격적 결단 그리고 자신의 삶과 공동체의 이상을 분리될 수 없는 하나의 삶으로 자리매김하는 종교적 감각으로 이 문화적 책임은 수행된다.

⑦ 의식화 교육

주창자는 브라질의 프레이리(Paulo Freire, 1921∼1997)다. 주인 의식으로 눈뜬 민중이 오욕의 역사를 청산하고 자신을 피억압 상황으로 전락시킨 정치와 문화의 틀을 점검하고, 이를 개혁함으로써 그 틀에서의 해방을 이룩하고자 하는, 민중과 그 자녀의 의식을 고양시켜 주는 비판적 교육(education for critical consciousness)이다. 몇 백 년 동안 유럽의 정치·문화·경제적 지배에 있던 남미의 나라들이 그 비식민의 틀에서 벗어나고자 모색한 해방 신학의 절대적 영향 아래서 역시 남미에서 발전한 교육 이론이다. 우리나라에서는 한때 해방 신학(민중 신학)과 비판 교육(민중 교육)을 싸잡아 용공 이단이라고 매도하고 그 문헌들을 출판·판매 금지한 어리석음을 범한 적도 있었다.

의식화 교육에서 중시하는 것은 무엇인가를 살펴보면, 첫째는 소위 '제도권 교육' 비판이다. 공교육이라는 평계로 민중을 지배의 수단으로 무력화시키고 지배자에 순종하게 길들인다는 것이다. 둘째는 민중의 삶과 이어지지 않는 단편적 지식을 머릿속에 주입하기에 급급한 '은행식' 교육 방식 극복이다. 셋째는 상황 중심 교과 과정 운영이다. 민중의 삶을 망가뜨리고 있는 여러 국면의 상황을 학습에, 토론에, 답사에 반영하여 그 상황을 극복하게 짜 나간다는 것이다.

2) 전인성교육의 역사적 사례들

① 어린이 집의 자주적 감각 계발 교육

'몬테소리' 하면 다락방 같은 유치원, 그 속의 어린이 교구를 연상할 정도로 몬테소리 유치원은 거리마다 있고 그 교육 방법도 종래의 유치원과 다르다는 생각이 널리 퍼져 있다. 그런데 이 같은 인상은 실은 긍정적인 면도 있고, 부정적인 면도 있다. 산더미같이 많은 정밀한 교구를 가지고 혼자서 작업하며 배우는 자주 학습은 긍정적이지만, 어떻게 보면 바로 이것이 친구와의 유희(놀이)나 생활 교육을 경시하여 부정적일 수도 있다. 이 '어린이 집(Casa dei Bambini)'은 이탈리아 최초의 여의사인 몬테소리(Maria Montessori 1870~1952)가 빈민층 가정의 어린이들, 그 가운데서도 특히 정신박약아의 감각 계발 교육 기관으로 1907년 로마의 빈민촌에 세운 유치원이며 동시에 빈민 아동의 전인 교육 기관이다.

몬테소리 교육 사상의 핵심적인 원리는 자율 교육(자주 교육 auto-education이라고도 한다)이다. 정교하게 작성된 교구로 혼자서 작업하면서 시각·청각·후각·촉각 등을 훈련·계발·도야한다. 지능이 모자라거나 문화적 환경에서 뒤지는 빈민층 자녀들에게는 문자나 개념에 의한 학습보다 이 방법이 훨씬 효과적이다. 그래서 이 방법으로 정상인 정도의 학습 결과를 얻어 보람과 자신감을 갖게 해 준다.

교육 방법에는 어린이의 학습 자유, 어린이의 발달 과정이나 교구 등 교육적 환경을 총칭하는 구조, 이 두 가지 요인이 중요하다. 어느 것이 더 중요한가. 이것은 닭이 먼저냐, 알이 먼저냐와 같은 어리석은 질문이다. 이 둘이 잘 맞물리는 것이 작업이다. 교구는 바로 그 소재다. "행복한 삶의 비결은 신나는 작업이다." 어린이는 자율적 작업으로 창조하면서 행복을 느껴야 한다.

프뢰벨은 자연 교육으로 생명 외경 교육을, 몬테소리는 교구 교육으로 감각 기능 교육을 중시한다고 이분법적으로 비교하는 사람도 있는데 이것은 큰 잘못이다. 몬테소리의 대표작 『몬테소리 방법』의 제10장은 바로 이 자연 교육이다. 어린이는 흙도 일구고 동물이나 식물을 돌보면서 자연을 배우는데, 이 가운데서 가장 값진 것이 자기가 파낸 흙 속의 뭇 생명을 보고 생명에 외경을 느끼는 것이란다.

② 발도르프 학교의 영혼에 눈뜨는 교육

'인지학(人智學, Anthroposophie)'에 근거해서 슈타이너(Rudolf Steiner 1861~1925)가 담배 공장 사장의 재정 지원으로 노동자의 자녀들을 위해 슈트트가르트 근교의 발도르프에 1919년에 세운 발도르프 학교는, 1994년 현재 독일에서만 150여 개교, 유럽·미주·아시아 등 세계 50여 개국에 6백40여 개교나 된다. 그런데 발도르프 학교가 이렇게 많아진 것은 그 교육을 뒷받침하는 종교적 분위기 때문이다.

영혼의 눈을 여는 교육: 우리 동양 사람들은 눈을 육안(肉眼), 심안(心眼), 영안(靈眼) 세 단계로 구분한다. 교육이란 무엇인가. 육안과 심안 단계를 착실히 거친 다음 초감각적 영혼의 눈, 곧 영안을 열어 주는, 적어도 그런 세계가 있다는 것을 직관시키는 단계에까지 가야 한다. 이것이 발도르프 학교의 인지학적 사상에 근거한 교육의 기본 입장이며 교육 방법의 원리다.

그러면 그 인지학이란 무엇인가. 인간의 본질은 광물적인 물리적 신체, 성장·번식 등을 하는 생명체, 의식·기쁨 등을 지니는 감정체 그리고 타인과 구별되는 결정적인 것을 갖는 자아체 네 요소로 구성되어 있다는 사상이다. 또 인간의 본질은 육체, 영혼, 정신의 3원으로 된다고도 했다. 어떻든, 교육은 좀 더 높은 단계의 세계에 대한 눈을 열어 주고 더욱 높은 가치의 세계를 지향케 하는, 동양의 언어로는 '영혼의 눈'을 여는 일이다. 이를 위하여 발달 단계 존중 교육과 자주 교육에 역점을 두고 있다.

첫째, 발달 단계 존중 교육이다. 각 발달 단계에 맞는 교육을 말한다. 예를 들면, 신체적 발달 단계인 3살 정도의 어린이라면 진흙을 가지고 노는 흙장난 자체가 교육이다. 이 시기는 특히 단순한 자연물, 예를 들면 조개, 밤, 돌, 솔방울 등으로 놀면서 공부해야 한다. 위의 4단계는 각 7년씩이다. 각 단계에 알맞은 교재와 교육 방법이 안겨져야 한다. 뛰어넘는 것은 설익는 것으로 절대 금물이다.

둘째, 자주 교육이다. 교장이 없는 학교가 이상적이다. 왜냐하면 이 경우는 모든 교사, 모든 학생, 모든 학부모가 다 교육의 주체로서 책임과 자유를 누릴 수 있기 때문이다. 실제로 발도르프 학교 교사들은 교육내용이나 방법을 자유로이 결정하고, 학생들은 관심 주제를 매일 두 시간씩 한 달가량 집중적으로 공부하는 '에포크 수업

(Epochen unterricht)'을 받을 수 있다. 물론 통지표, 숙제, 낙제도 없다.

③ 서머힐의 자유 교육

서머힐은, 스코틀랜드 태생이지만 주로 영국에서 교육 개혁 운동을 전개한 니일(A. S. Neill 1883~1923)에 의해 1924년 영국의 돌세트 지방의 라임 레기스에 세워졌고, 학생 수 증가로 서포크 지역의 레스턴에 이주하여 현재에 이르고 있다. 예나 지금이나 학생 수는 80명 전후를 그리고 초등학교에서 고등학교 단계의 모든 연령층을 학년 구별 없이 교육하고 있다. "자유는 사랑을 키워 평화를 낳는데, 억압은 미움을 키워 싸움을 낳는다."라는 사상으로, 어린이의 자유를 최대한으로 존중하고, 어린이가 교육의 주체가 되어 자기실현을 하게 돕는다. 이를 위하여 심리적 지도, 자율 학습, 자치 생활 교육에 역점을 두고 있다.

첫째, 심리적 지도이다. 억압이나 규제로부터 해방됨으로써 어린이의 바람직하지 못한 행동을 바로잡게 도와준다. 이 같은 프로이트 심리학 발상의 도입으로 큰 성공을 거두었다. 어느 7살짜리 아이가 화장실(수세식)에만 흥미를 가지고 몰래 훔쳐보곤 했다. 성에 대한 무의식적 관심이다. 그래서 화장실에 하루 종일 마름대로 있게 해서 실컷 보게 했다. 그랬더니 깨끗하게 낫고 명랑해지더란다.

둘째, 자율 학습이다. 교과서도 그리고 시험도 출석부도 숙제도 없는 학교다. 그래서 아이들은 철저하게 학습의 자유를 누리며, 자기가 하고 싶을 때, 하고 싶은 공부만을 해 나간다. 한 주제만으로 며칠 계속해도 좋다. 출석 자유도 그렇다. 일주일은 약과이고 한 달 두 달을 놀아 대는 아이들도 있다. 그러다가 어느 날 '나도 이제 공부도 하고 싶다.'라고 정신이 퍼뜩 나면 그때부터는 정말 정신없이 공부를 해 대어 수업 결손을 순식간에 보충한다고 한다.

셋째, 자치 생활이다. 학원 안의 모든 일을 온 학원 가족이 평등하게 참여해서 결정해 가는 자유·자율·자치적 학교생활이 이상이다. 그래서 학교의 생활 규칙을 개정하거나 폐지하는 전체회의(자치회)가 자주 열린다. 이곳에서는 교장인 니일도 단 한 표요 7살짜리 꼬마도 한 표로 완전히 평등하다. "청소 따위 하지 말자."가 가결되었으나 일주일 후에 "냄새 때문에 못 견디겠다. 역시 청소는 필요하다."라고 다시 개정하더란다.

④ 비콘·힐 학원의 평화 교육

버트란드 러셀(Betrand Russell 1872~1970)은 20세기의 지성과 양심을 대표하는 시대의 예언자요, 문명 비평가로 꼽히고 있다. 해가 떨어지는 날이 없던 대영제국의 재상의 손자로 태어난 그는 그 대영제국의 죄악상을, 그 절대적 국가 권력에 지배·종속되어 있는 공교육의 비리를 냉철하게 비판하는 데 그치지 않고, 이 공교육에 항거하여 자기 두 자녀를 위해 1927년 비콘 힐에 사재를 털어 사립학교를 세워 경영까지 한 교육사상가이기도 했다.

그의 교육학적 두 주저 『교육에 대하여』(1926), 『교육과 사회 체제』(1932)는 참으로 예언적 전인 교육론이다. 그는 교육의 목적을, 덕성을 고루 지닌 인간을 키워 내 세계의 평화를 이룩하는 것으로 삼았다. 그가 1950년에 노벨 평화상을 탄 것도 이 같은 교육 활동과 핵금지 평화 운동에 대한 공로 때문이다. 전인 교육을 위하여 강조하는 것은 개성 교육, 자유 교육, 평화 교육이다.

첫째, 개성 교육이다. 개성과 시민성은 인간성의 두 극이라 할 수 있다. 그런데 오늘날 국가가 독점·지배하는 공교육에서는 이 가운데 시민성 교육, 곧 국가와 그 지배 계급에 유리한 신조나 행동 양식에 잘 따르도록 길들이는 교육에 치중하고 있다. 그래서 개성을 키우는 교육은 공교육 밖으로 뛰쳐나갈 수밖에 없다. 개성과 시민성의 조화로운 공존은 제국주의 체제와 그 교육에서는 기할 수 없기 때문이다.

둘째, 자유 교육이다. 교육은 셋이다. 느긋하게 성장의 기회를 제공하면서 나쁜 영향으로부터 보호만 해 주는 소극 교육(자유 교육), 문화로 도야하여 문화를 발전시키는 문화 교육, 유용한 시민을 만드는 시민 교육이 그것이다. 그런데 이 셋 가운데에서 가장 귀한 것이 자유 교육이다. 그 이유는 둘이다. 자유는 사랑을 키워 주고 억압은 증오를 낳기 때문이요, 자유는 지적 호기심을 환기하고 억압은 그것을 말살하기 때문이다.

셋째, 평화 교육이다. 기독교나 기독교 문화만이 올바른 종교요 앞선 문화라는 제국주의적·침략주의적·독선주의적 사고방식과 그것을 합리화해 온 국수주의 교육을 지양하고 모든 종교와 그 문화를 이해하고 존중하는 평화 교육이 긴요하다. 그러기 위해서는 교육 목적을, 삶을 즐기는 생동성, 자기 양심에 따라 행동하는 용기, 이웃과 즐거움과 괴로움을 같이 나누는 감수성 그리고 지식을 합리적 방법으로 얻는 지성, 이 네 덕을 갖추는 데 두어야 한다.

⑤ 향촌 사범학교의 해방 교육

중국은 85%의 인구를 점하는 농민의 교육을 위해 농촌 각지에 향촌 사범학교를 세워야 하며, 이곳에서 중국을 그 피식민·반식민의 굴레에서 해방시키는 위대한 평민들을 양성해야 한다는 생각에서 타오싱즈(陶行知 1891~1946)는 1927년 남경의 교외에다 효장(曉莊) 사범학교를 세웠다. 관립 사범학교 출신들은 농촌에 들어가지도 않으려니와 그들이 받은 교육학이 중국의 역사와 토양에 맞지 않으며 또 민족에 대한 사랑도 적기 때문이라 한다. 이 효장 사범학교는 그가 세운 많은 향촌 학교와 민중 학교, 곧 산해공학단(山海工學團), 부녀공학단, 아동공학단, 육재학교, 사회대학 등의 모형이 된다. 그는 이래서 중국의 민중 교육 이론가요 실천가로 추앙받고 있다. 전인 교육을 위하여 강조하는 것은 민족 해방 교육, 문화 해방 교육이다.

첫째, 민족 해방 교육이다. "비록 지금은 외국의 지배에 있지만 교육만 잘 하면 언젠가는 독립을 얻을 수 있으니, 지금은 교육에만 전념하자."라는 선교육 후독립의 논리는 아주 잘못이다. 민족의 생명이 외국의 지배에 있는데 어찌 교육의 생명이 온전하겠는가. 그러니 교육의 생명을 민족의 생명에서 찾는 선민족 후교육의 국난 해결 교육으로 민족 해방을 이룩하자! 이것이 이데올로기보다 겨레를 앞세우는 그의 민족 해방 교육 논리다.

둘째, 문화 해방 교육이다. 문화에는 서적·신문·연극·영화·학교 교육·사회 교육·민중 운동·전문적 학술 연구가 포함된다. 그런데 이 문화가 현재 소중(小衆)에 의해 독점·지배되고 있어 민중의 것이 못 되고 있다. 그러니 문화를 원래 그것을 창조한 대중의 것으로 해방시켜 이 대중이 문화를 즐기고, 그것으로 또 민족의 생명인 문화를 발전시키게 해야 한다. 문화는 삶과 겨레의 장식품이 아니고 그 해방을 기하는 무기가 되어야만 한다.

셋째, 아동의 창조력 해방교육이다. 아동의 창조력을 계발하기 위해서는 어린이가 다음 다섯 가지 해방을 이룩해야 한다. 과거의 인습·미신·선입관으로부터의 해방(머리), 묶여서 글자만 배우고 있는 상태에서의 신체의 해방(양손), 질문이나 대화가 없는 교육에서의 입의 해방, 큰 자연, 큰 사회와 담을 쌓고 있는 상태에서의 공간의 해방 그리고 시간표, 시험, 성적표로부터의 해방(시간) 다섯 가지 해방이다.

⑥ 다마가와 학원의 전인 교육

다마가와 학원(玉川學園)은 페스탈로치 연구가요, 교육 개혁 창도자요, 현대 일본의 교육을 대표하는 위대한 교사 오바라 구니요시(小原國芳, 1887~1977)에 의해 전인 교육을 표방하고, 1929년 동경 교외의 다마가와라는 곳에 창설되었다. 오바라는 원래 히로시마 고등 사범학교와 교토 제국대학 철학과를 나온 엘리트로 일류 대학 교수나 교육 관료의 길이 보장되는 사람인데도 입시 준비 위주의 '반쪽 교육'에 망국의 징후를 느끼고 초등학교 교사로 부임해서 세상을 놀라게 한 예언적 교사이기도 하다. 그러나 현재의 다마가와 학원은 명문 학교로 발전하여 초창기의 정신은 다소 희석됐지만 '전인 교육'의 이념과 방식은 잘 견지되고 있다. 전인 교육을 위하여 강조하는 것은 전인 교육(6방면 교육), 자학 자율 교육, 일관 교육이다.

첫째, 전인 교육(6방면 교육)이다. 일본인들은 '전인 교육' 하면 오바라, '오바라' 하면 전인 교육을 연상한다. 이 전인 교육은 6방면 교육의 통일을 말한다. 진·선·리·성·건·부 여섯 가닥 교육을 고루해야 비로소 '온전한 인간'이 된다는 것이다. 이것을 학문·도덕·예능·종교·건강·경제 교육이라고도 한다. 단 경제 교육은 '돈을 버는 교육이 아니고 돈을 이기는 교육'이란다.

둘째, 자학 자율 교육이다. 학생 각자가 흥미를 느끼는 논제를 계속적으로 공부하게 도와주는 자주적 학습이 권장된다. 오바라의 표현으로는 '자학 자율'이다. 이러한 교육에는 필연적으로 개성 존중 교육, 노작 교육, 창조성 교육, 체험 교육이 더불어 간다. 교실 앞 화단에 각자 물을 주고 벌레를 잡아 주고 잡초를 뽑아 줄 수 있는 꽃 몇 포기를 갖게 해서 체험에 와 닿는 교과 교육, 도덕 교육, 종교 교육으로 이어지게 한다.

셋째, 일관 교육이다. 전인 교육은 특히 일관되게 이루어져야 한다. 학교 단계별로 끝나 버릴 수 없다. 그래서 유치원·초등학교·중학교·고등학교·대학교를 한 울타리에 다 세우고 유치원에서 대학에 이르기까지 전인 교육이 이어지게 한다. 다마가와 학원 졸업생은 그 상급 학교에 계속 진학하도록 권장되고 입학생 전형에도 많은 가산점이 주어진다. 또 이렇게 각급 학교장들의 권리가 보장되어 있다. 건학 정신의 존중이다.

⑦ 풀무 학원의 평민 교육

풀무 학원은 민족 사학 오산학교의 이승훈·유영모, 민족적·민중적·토착적 기독교를 주장한 '무교회 기독교'의 신앙 동지 김교신·함석헌 그리고 이 '무교회' 안에서도 농촌 운동에 특히 관심이 많았던 송두용·류달영 등 정신적 유산과 지원으로 이찬갑(1904~1974)에 의해 1958년 충남 홍성군 홍동면 팔괘리에 '위대한 평민'의 교육을 표어로 세워졌다. 처음에는 중학교에도 가지 못하는 농촌의 자녀들을 주요 대상으로 하는 공민학교로 출발했으나, 지금은 농업고등기술학교로 발전하여 고등학교 과정만 1개 학년 1개 반, 전교생 80명 규모로 농촌에 뿌리박고 자연·유기 농법 기술, 생활화된 믿음 등을 바탕으로 보람 있게 사는 농민을 키워 내고 있다. 전인 교육을 위하여 강조하는 것은 농촌 갱생 교육, 지역 사회 협동 교육, 종교 교육이다.

첫째, 농촌 갱생 교육이다. 농촌은 우리 겨레 문화 계승·발전의 온상이다. 이 농촌을 살려내기 위해서는 자연·유기 농법을 익혀야 하며, 그것으로 농촌을 살리는 데 보람을 느끼는 확고한 신앙과 삶의 자세를 굳혀야 한다. 온실에서, 축사에서, 논과 밭에서 일하면서 배우고 배우면서 일하는 노작 교육은 이래서 생산 기술을 익히는 방법 수준의 훈련에 그치지 않고 삶의 자세를 가다듬는 도덕 교육이다.

둘째, 지역 사회 협동 교육이다. 지역 사회의 과제를 교육의 과제로 끌어들이며, 지역 사회와 밀접한 관련을 유지하고, 학교와 지역 사회가 더불어 발전하는 협동 교육이 중시된다. 그래서 이 학원 졸업생들을 중심으로 하는 협동조합, 유치원, 농산품 공장 그리고 지역 신문사까지 경영된다. 홍성 군민을 대상으로 하는 『홍성 신문』은 우리나라에서 드물게 성공한 귀한 지방 신문이라 한다.

셋째, 종교 교육이다. 토박이 지역 출신을 제외하고 전원 기숙사에 수용하여 아침저녁 생활을 같이하며 만남과 믿음과 삶을 다지고 굳힌다. 성경 공부는 필수다. 그러나 직업적인 목사, 곧 교목은 없다. 모든 선생님들이 돌아가면서 믿음을 간증하고, 인생에서 가장 소중한 것이 실은 종교라는 것을 보여 준다. 단, 그 종교는 특정 종파, 특정 종교, 특정 교리에의 예속을 거부하는 독립 종교다.

제2장 코메니우스와 율곡의 교육론 형성 배경

여기서는 코메니우스와 율곡의 교육론에 대한 본 연구의 배경을 논의하고자 한다. 다양한 배경이 있겠지만 생애와 시대적 상황 속에서 교육론 형성에 영향을 받았던 요소와, 교육론의 내용인 사상적 특징을 탐색하고 이를 토대로 한 교육개혁의 필요성을 확인할 것이다.

1. 코메니우스의 교육론 형성배경

코메니우스의 생애와 시대적 배경을 통하여 그의 사상적 형성을 고찰하고, 사상적 특징 속에서 교육론의 근본적인 원리를 찾을 것이며, 그가 가진 사상과 시대적 여건을 통하여 추구한 교육개혁의 필요성과 요소를 살펴본다.

1) 생애와 시대적 배경

코메니우스(Johann Amos Comenius)는 1592년 3월 28일 당시 독일의 지배령이었던 현재 체코의 산악지대인 모라비아의 작은 마을 우헤르스키브로드(uherskybrod)에서 출생하였다. 체코어의 본명인 얀 아모스 코멘스키(Jan Amos Komensky)라는 이름보다 라틴어 이름인 코메니우스로 널리 알려져 있다. 코메니우스는 10세에 아버지를 여의었고, 11세에 어머니마저 잃어 고모에 의해 양육되었다.

1608년 16살에 프레로프(Prèrov)에 있는 모라비아 형제교단(Moravian Brethren)[8]의 라틴어학교에 입학해서 처음으로 정규의 학교교육을

---

8) 15세기 보헤미아·모라비아 지방에서 종교개혁의 선구자로 활동했던 요한 후스(Johannes Huss)는 많은 프로테스탄트들에게 영향을 끼쳤으며, 그

받게 된다. 1612년 20세에는 나사우(Nassau)의 헤르보른(Herborn)대학에 입학하여 신학과 철학을 수학하였고, 주석가인 신학자 피셔(Johann Fischer)와 백과사전주의자인 철학자 알스테드(Johann Heinrich Alsted, 1588－1638)의 영향을 받는데 이는 그가 범지학(pansophy)을 저술하는 동기가 되었다. 2년 후에는 당시 개혁교회 학문의 중심지인 하이델베르크(Heidelberg)에서 신학 연구에 몰두하였다. 여기서는 신학자 파레우스(David Pareus)와 신학 철학자로서 신비주의자인 안드레아(Johann Valerian Andreae)의 영향을 받았다. 1년 뒤 그의 나이 24세인 1614년에 코메니우스는 고향 모라비아(Moravia)로 돌아와 모교인 프레로프 김나지움(Prèrov Gymnasium)에서 교직생활을 시작하였으며 1616년에는 학습자를 위한 「라틴어입문서(*Grammatical Facilioris Praecepta*)」를 저술하였고, 같은 해 모라비아 형제교단의 목사로 취임하여 올무츠(Olmutz)에서 2년간을 지내고, 1618년에는 풀네크(Fulneck) 시에 초빙되어 장학관과 목사로 봉직하였다. 그곳에서 헝가리인 부인 막달라(Magdalena)와 결혼하여 가정을 이루었으나 30년 전쟁(1618－1648)9)의 발발로 평생에 걸친 오랜 유랑과 고난의

들은 자신들의 세력을 확산하기 위해 모라비아형제단을 조직했다(주도흥, 1991:

9) 후스전쟁(1419－1436) 후 로마가톨릭교회와 화약(和約)을 맺고 보헤미아 국민교회가 생겨났는데, 거기에 흡수되지 않은 부류들이 동부 모라비아에 종교집단을 형성한 것이 오늘날 모라비아교회의 기원이다. 후스가 죽은 뒤 개혁운동은 분열되었으나 얼마 후 프라하에 모인 그룹은 신약성경의 '산상수훈'을 바탕으로, 사도시대(使徒時代)의 소박함을 재건하고자 교단을 설립하였다. 가톨릭의 반(反)종교개혁과 30년 전쟁으로 타격을 받았으나, 1727년 독일에서 친첸도르프(Zinzendorf) 백작의 도움을 받아 다시 일어섰다(Dale W. Brown, 1987: 12).

삶이 시작되었다(한국교육학회 교육사연구회, 1987: 119).

그 후 1622년에는 아내와 두 아들을 잃게 되었으며(Gangel, & Benson, 1992), 1624년 형제단 교회 감독 쟌 씨릴(Jan Cyrill)의 딸 마리 도로타(Mare Dorota)와 재혼하였다. 1627년 독일황제 페르디난드(Ferdinand) 2세의 칙령에 따라 모든 개신교도를 국내에서 추방하게 되자 1628년 가족과 함께 망명의 길을 떠나 폴란드의 레슈노(Leszno)에 정착하였다(Sadler, 1966). 이곳에서 그는 김나지움(Gymnasium)의 교사가 되어 언어와 사물에 관한 책을 구상하고 1631년에는 코메니우스의 범지학 체계에 관심을 가지고 있던 영국의회의 초청을 받아 영국에 가게 된다. 그는 영국에서 「빛의 길(Via Lucis)」을 집필하였고, 「열린 언어의 문(Janua Linguarum Reseraea)」도 이즈음 쓰인 책인데 이미 그가 살아 있을 때에 유럽 12개 국어와 아시아 4개 국어로 번역되어 80판이 발행되는 유명한 책이 되었다. 그의 「대교수학(Didactica Magna)」도 이 시기에 저술되었으며, 1633년에는 「유아학교(Informatorium)」를 출판했다. 이즈음 미국 하버드 대학교(Harvard

---

9) 30년 전쟁은 1618년 신성 로마 황제 페르디난트 2세가 보헤미아 왕의 자격으로 자신의 영토 내에서 가톨릭 절대 신앙을 강요하려고 하자 보헤미아와 오스트리아의 프로테스탄트 귀족들이 반란을 일으켰다. 페르디난트는 5년에 걸친 전투 끝에 승리했다. 1625년 덴마크의 크리스티안 4세는 이전에 스웨덴 측에 발트 해 연안지방을 빼앗긴 손실을 상쇄하고자 점령 가치가 뛰어난 독일의 영토를 차지할 수 있는 기회를 포착했다. 그러나 크리스티안 4세의 패배와 1629년의 뤼베크 평화조약으로 유럽 강국으로서의 덴마크 지위는 종말을 고했다. 한편 폴란드와의 4년에 걸친 전쟁을 마무리 지은 스웨덴의 구스타프 2세 아돌프는 독일을 침공, 독일의 여러 제후들을 자신이 표방한 반(反)가톨릭 및 반(反)신성 로마 제국 노선으로 끌어들였다. 이러한 상황에서 여러 열강들의 정치적 야심으로 전쟁은 더욱 확대되었다(Stoessinger G. John, 1988: 182–183).

University, 1636)가 설립되었고 코메니우스는 초대 총장으로 초대받는다. 그리고 같은 시기에 학교개혁을 위한 스웨덴 정부의 초청을 받는다. 그는 조국 해방과 형제교단원들의 망명을 도모하기 위해 스웨덴 정부의 초청을 수락했다. 그리하여 1642년부터 6년 동안 스웨덴에 머물며 「최신언어 교수법」을 집필했고 「인간세계 개선에 관한 일반담론」을 저술하기 시작했다.

코메니우스는 1648년 스웨덴 정부와의 의견 차로 레슈노(Leszno)로 귀환하던 중 다시 아내를 잃는 슬픔을 당했다. 이듬해 자녀 양육과 자신의 일을 도와줄 아내를 새로 맞아들였으며, 그해 30년 전쟁은 웨스트팔리아 평화협정(Peace of Westphalia, 1648) 체결로 종지부를 찍지만 세력이 미약한 자신의 형제단 교회가 폐쇄당하는 어려움을 겪는다. 코메니우스는 1650년 헝가리로부터 학교 개설을 위한 초청을 받고 그의 범지학 사상을 펴는 중 「세계도회(*The Orbis Pictus*)」를 출판했다.

헝가리 군주의 죽음으로 계속적인 교육활동이 어려워지자 그는 5년 만에 레슈노로 돌아왔다. 그러나 이듬해인 1656년 헝가리와의 전쟁으로 인해 레슈노가 불탈 때 범지학 사상의 결정판으로 46년간이나 준비한 「인간 개선에 관한 일반담론(*Derum Humanorum Emendatione Consultatio Catholica*, 1670)」 원고를 소실하게 되었다. 그 후 코메니우스는 암스테르담(Amsterdam)에 거주하면서 시의회의 지원으로 저술과 출판활동을 계속했는데 당시 국제정세가 많이 변한 생의 말년을 살면서 그는 개신교 국가의 연합을 촉구하였으며 신·구교를 망라한 예수공동체 결성에 힘썼다. 세계 평화를 위한 그의 노력은 오늘날도 유네스코(UNESCO: the United Nations Educational Scientific and Cultural Organization)[10]를 비롯한 세계 평화 협정을 위한 중요한 기초를 놓았다(정재현, 1996).

1657년에는 「교육학전집(*Opera Didactica Omnia*)」을 출간했다. 1668년에는 그의 전 생애의 모든 노력들, 즉 교수법의 정립, 평화사상, 범지학 사상들을 재검토하는 동시에 이것들을 실천하는 과정에서 경험했던 다양한 생의 미로를 서술하고 있는 「필요한 한가지 일(*Unum necessarium*)」을 저술 출판하였다. 삶의 마지막 순간까지 교육의 개혁과 조국의 해방 및 세계평화를 염원하는 집필활동을 계속하다가 1670년 11월 15일 79세를 일기로 이국땅인 네덜란드의 암스테르담에서 일생을 마치게 된다(이숙종, 1996: 37-67; 정영수, 1992: 169-170).

이상에서 보았듯이 코메니우스가 살았던 시대는 체코의 정치적 문제에서 촉발된 신·구교 간의 30년 전쟁으로 조국이 멸망하자 그는 독일황제의 체포를 피해 체코를 떠나야 했다. 그 길로 네덜란드에서 세상을 떠날 때까지 두 번 다시 조국 땅을 밟지 못하고 비운의 망

---

10) '유네스코'는 국제연합교육과학문화기구이다. 교육·과학·문화의 보급 및 교류를 통하여 국가 간의 협력증진을 목적으로 1946년 설립된 국제연합전문기구로서 대중교육과 문화보급, 지식의 유지·증대 및 전파, 세계유산의 보호하며 192개국으로 구성되어 있다. 주요활동으로는 ① 교육 분야: 문맹퇴치, 초등의무교육의 보급, 난민교육 등, ② 과학 분야: 생물학·해양학·환경문제에 대한 국제적인 연구, 정보교환 등 사회과학 분야에서는 인권문제에 관한 연구·분석, 개발도상국의 통신설비·정보시설 지원, 언론인을 육성 지원 등, ③ 문화 분야: 세계문화유산 지정, 가치 있는 문화유적의 보존 및 보수 지원, 세계 각국의 독자성 있는 전통문화 보존지원, 세계 각국의 문학 및 사상에 관한 문헌의 번역소개 등이다(http://portal.unesco.org).

명생활로 일생을 보냈다. 그가 폴란드에서 망명생활을 하고 있던 중 영국의회는 그에게 하버드대학의 총장직을 제의했지만 함께 망명생활을 하고 있던 그의 동족들과 조국을 생각하면서 그 제의를 단호하게 거절하고 '세계의 교사(praeceptor mundi)'가 될 것을 결심했다. 코메니우스는 자신이 평생 동안 경험한 전쟁과 종교적 박해, 망명생활을 통해 오히려 평화의 염원을 키웠으며, 그 염원을 교육을 통해 실현할 꿈을 키우게 된다.

2) 사상적 특징

코메니우스의 사상은 다양한 영향하에서 형성되었다. 그의 실천적 신앙과 교육자의 삶은 형제단교회(Unitas fratrum)의 성경중심주의와 비폭력주의 그리고 박해의 삶 속에서 싹튼 것이다. 그의 교육내용과 교육방법의 지침은 15세기에서 17세기에 걸친 루터(Martin Luther, 1483－1546)와 칼빈(John Calvin, 1509－1564), 멜랑히톤(Philipp Melanchthon, 1497－1560) 같은 종교개혁가들과 에라스무스(Desiderius Erasmus, 1466－1536), 몽테뉴(Michel Eyquem de Montaigne, 1533－1592) 등 인문주의자들 그리고 베이컨(Roger Bacon, 1214－1294)과 라트케(Wolfgang Ratke, 1571－1635), 알스테드(Johann Henrich Alsted, 1588－1638) 등 실학주의(realism)자들의 교육개혁론에 근거하고 있다(강선보·김희선, 2005: 1－23). 이처럼 그의 사상 형성 배경에는 형제단교회에서 관용적인 종교적 이상의 영향을 받았다. 인문주의를 통하여 학교교육의 내용과 방법에 대한 기본 토대를 형성하게 되었고, 실학주의(realism)에서는 혁신적인 교육방법론의 원칙들에 대한 영향을 받았다. 이러한 영향을 통하여 그는 자신의 사상을 정립하였다. 여기서는 그의 교육론 형성의 근본이 되는 신관과 인간관 그리고 자연관에 나타난 사상적 특징을 살펴보고자 한다.

(1) 신 관

코메니우스는 그의 신학의 중요한 주제로 '인간'과 '하나님', '자연' 삼자의 상관관계성을 토대로 다루고 있다. 이것이 그의 독특한 신학적 형이상학으로서 그 핵심은 인간과 하나님의 인격적 관계, 인간과 자연의 조화, 인간의 본래적 형상으로의 회복과 그리고 사회 공동체의 구원을 상징하는 '천년왕국(千年王國)'[11]사상을 포함하고 있다.

코메니우스는 극단적인 교파주의(sectarianism)와 교리를 강조하는 전통적이고 근본적인 신학의 경향을 배격하였다. 모든 교파의 교리와 교회조직의 기준을 성경에 근거하였다. 코메니우스의 신학의 핵심은 인간과 하나님의 인격적 관계 및 인간과 자연의 조화, 인간의

---

11) 기독교 신학에서 예수 그리스도가 재림하여 지상에 자신의 왕국을 건설하고 통치하는 1,000년 기간이다. 초기 기독교도들의 천년왕국 사상 또는 천년왕국 신앙은 주로 유대교의 종말론적 대망에서 비롯된 것으로, 흔히 기독교도들이 세상에 대해 승리할 날이 다가왔음을 의미했다. 신약성경에서 천년왕국 교리는 요한계시록 20장에 나타난다. 거기에 나타난 계시에 관한 설명에 따르면, 사탄은 1,000년 동안 깊은 심연 속에 결박당한 채 던져지고 순교자들은 부활하여 그리스도와 함께 1,000년 동안 다스릴 것이라고 한다. 또 1,000년이 끝나면 사탄은 갇혔던 감옥에서 한동안 풀려나와 뭇 나라들을 현혹하지만 결국 패배할 것이고, 그때 모든 죽은 자들이 한자리에 모여 마지막 심판을 받을 것이다(Robert G. Clouse, 1980: 210).

본래적 형상으로의 회복과, 사회 공동체의 구원을 상징하는 천년왕국사상을 포함하고 있다.

첫째, 코메니우스는 하나님의 사역을 인간과 하나님의 인격적 관계 및 인간과 자연의 조화에서 찾고 있다. 그는 플라톤(Plato, B.C 427－B.C 347)을 인용하여 "하나님은 지고한 선이며, 모든 존재 위에 군림하고, 모든 창조가 지향하고 있는 자연을 초월한 분"(Comenius 1910: 47)으로 보았다. 하나님이 창조한 모든 것은 하나님이 가진 솜씨의 절대적인 완전성을 나타내고 있다. 하나님은 모든 사물들 하늘과 땅, 천사와 사람, 모든 백성들, 모든 종(種)들을 소유하며, 그것들을 영원성에서 통합한다. 하나님은 어느 곳에서든지 존재하고 있는 모든 것의 중심이 된다. 그는 하나님을 이론적인 신학의 논쟁과 관념에 근거하기보다는 하나님의 창조물인 자연세계와 인간의 역사 및 일상생활 속에 깊이 개입하여 활동하는 그의 섭리와 목적을 중시하고 있다. 하나님은 자연과 인간과의 인격적 관계를 통하여 완전성이 나타난다. 따라서 하나님의 속성은 인간과 하나님과의 바른 관계가 다시 회복될 때 역사의 과정과 생활 속에서 이해할 수 있다.

둘째, 예수 그리스도가 인간의 본래적 형상으로의 회복을 이루신다는 것이다. 코메니우스는 영으로 존재한 하나님이 사람의 형태로 '성육신(incarnation)'하였다는 사실을 강조하고 있다. 성육신한 하나님은 모든 사람들이 하나님 창조의 본래적 형상으로 회복될 수 있도록 모범을 보였다(Comenius, 1910: 74). 하나님의 성육신은 창조 이래로 계획된 하나님의 구속사업의 현시(顯示)였으며, 그 구체적 존재는 예수 그리스도였다. 따라서 예수 그리스도는 우주 창조의 의미이자 목적이었으며, 그 안에서 나타난 하나님의 은혜는 전 인류를 구속의 대상으로 의도하고 있었다. 하나님은 이 세상에서 그의 독특한 속성을 나타내는 정의, 자유, 권능으로 활동한다. 하나님은 인간을 위하여 이와 같은 독특한 그의 속성을, 그의 창조적인 낙원을 영원히 보존하려 하였다. 하나님은 그의 위대한 역사로 인간에게 낙원에서 영생을 위한 능력과 자유를 부여하며, 동시에 조화 있는 그의 창조의 지혜를 제공하였다.

셋째, 성령 하나님이 사회 공동체의 구원을 상징하는 천년왕국을 이룩하신다는 사상이다. 코메니우스는 이 세상에서 역사의 전 과정을 하나님의 활동 영역으로 이해하였다. 따라서 그는 역사의 종말론적이며 구속적인 시점에 예수 그리스도가 재림하여 천 년 동안 이 세상을 통치하는 천년왕국사상(Chiliasm)을 신학의 중요한 내용으로 생각하고 있다. 천년왕국은 인간의 하나님에 대한 구체적인 지성과 경건에 의하여 실현될 수 있는 구속받은 사회공동체를 의미한다. 천년왕국의 신비주의사상은 그의 생의 과정에서 피할 수 없는 절대적인 정신적 안정과 유일한 그리스도적 소망이 되었다(이숙종, 1996: 168-181). 그의 천년왕국사상은 미래에 대한 환상이나, 내세로의 안일한 영적 도피가 아니라, 구체적으로 인간이 살아가고 있는 지금 여기에서 인간들로 하여금 모든 죄악과 불의와 투쟁하게 하는 근원적 힘이다(정미현, 2006: 25).

이와 같이 코메니우스의 신학사상의 기초는 '삼위일체 하나님'에 대한 경건이다. 창조주 하나님이요 구속주로서의 회복자이신 예수 그리스도, 종말론적 희망의 주체이신 성령의 사역에서 그의 신관을 읽을 수 있다. 그는 이러한 삼위일체 하나님에 대한 경건을 토대로 열정 가운데 '삼위일체의 흔적(Vestigia trinitatis)'을 찾고자 하였다.

이것은 성스러운 삼위성의 조화를 추구하려는 시도이기도 하고, 성경, 세계, 이성의 조화 그리고 하나님, 자연, 예술 인식의 삼위성의 조화이기도 하다. 무엇보다도 코메니우스가 염두에 두는 것은 하나님, 인간, 자연의 관계 안에서 삼위성의 조화이다. 따라서 코메니우스의 신관은 하나님을 인간과 하나님과의 바른 관계를 다시 회복하여 새 인간성을 실현할 수 있는 역사의 과정과 실제 생활 속에서 이해할 수 있다고 하였으며, 하나님은 창조자, 육신을 입은 구속자, 모든 지혜의 근원이라고 이해하였다.

(2) 인간관

코메니우스에게 있어서 인간이라는 말은 모든 종족들, 모든 백성들, 개인들 그리고 심지어 가정까지 포함하는 보편적인 의미로 사용되고 있다(이숙종, 1990: 766). 코메니우스는 인간을 하나님의 형상으로 창조된 가장 귀중한 피조물임과 동시에 타락으로 인해 죄를 범하였을 뿐만 아니라, 본래의 하나님의 형상을 상실하게 되었다고 보아 인간을 '하나님의 형상(Imago Dei)', '타락한 존재(a depraved existence)', '이성적 존재(a rational existence)'로 파악하고 있다. 이러한 인간의 이해는 인간성 교육을 위해 매우 중요한 의미를 제공한다. 하나님의 형상을 지닌 인간이 타락하여 많은 그 본래적 인간성을 상실하였지만, 교육을 통하여 하나님이 주신 본래적 인간성을 회복할 수 있는 교육의 전거(典據)를 제시하고 있다.

첫째, 하나님의 형상[12]으로서의 인간이다. 인간은 하나님의 형상

---

12) 에릭슨에 의하면 초대교회의 거의 모든 기독교 사상가들이 하나님의 형상에 대하여 실체론적인 견해를 가지고 있었다(Millard J. Erickson,

으로 태어나, 모든 사물들을 지배하고, 그것들에 이름을 명명하는 고유한 권한을 부여받았다. 그는 「대교수학」의 첫 장에서 인간은 창조된 모든 사물들 중에서 가장 고상하고, 가장 탁월한 존재로 언급하고 있다(Comenius, 1657: 27). 하나님의 형상을 입은 인간은 세상의 모든 악덕과 부정의 요소로부터 보호받을 수 있는 신의 성품을 소유하고 있으며, 하나님 창조의 걸작품들인 가시적인 모든 피조물들을 지배할 수 있는 권리를 부여받았다(시편 8: 6-7). 인간은 다른 피조물과 구별되어 모든 완전성과 영광과 행복의 정점인 하나님과 하나가 될 수 있어서 하나님과 함께 영원히 즐거움을 누릴 수 있는 완전한 피조물로 태어났다. 그러므로 인간은 본질적으로 자신 속에 내재해 있는 신의 성품을 통하여 하나님의 완전성을 지향하여 노력을 경주하도록 지음받았다. 인간은 하나님 지향적인 자신의 완전성과 순결성을 형성하며 하나님께 접근할 수 있는 힘과 잠재력을 소유하고 있다. 이숙종은 이것에 근거하여 하나님의 형상으로서의 인간에 대하여 하나님을 추구하며 인식할 수 있도록 세상에 태어났으므로

1993: 85-86). 클레멘스(Clemens)와 오리겐(Origenes)은 하나님의 형상을 인간 영혼에서 발견하고자 하였다. 그러나 터툴리안(Tertullian)과 락탄티우스(Lactantius) 같은 라틴 교부들은 인간의 육체까지 하나님의 형상과 결부시켰다. 터툴리안에 의하면 죄 된 인간도 하나님의 형상이다. 인간은 그의 영혼이나 이성 속에 있는 하나님의 형상에 따라 창조되었으며, 영혼이나 이성 속에 있는 하나님의 형상은 인간의 타락과 함께 완전히 파괴되지 않았다. 즉 하나님의 형상은 다시 '형상(imago)과 모양(similtudo)'으로 구별되는데 타락한 후에 하나님의 '모양'은 상실하였으나 하나님의 '형상'은 상실하지 않았으므로 인간은 의지의 자유와 이성을 지니고 있어 동물과는 구분되는 인간됨을 지닌다고 보았다(A. A. Hoekema, 1995: 65).

인간은 하나님의 청지기이자, 하나님의 창조의 능동적인 동인(動因)이 된다(이숙종, 1990: 767)고 보았다.

둘째, 타락한 존재의 인간이다. 아담은 선악을 알게 하는 나무의 실과를 먹지 말라는 하나님의 명령에 순종하지 않았기 때문에, 그의 후예인 인간은 죄의 속성을 가지게 되었다. 코메니우스는 성경에 근거하여 인간의 타락 양상과 상실된 기능들을 언급하고 있다. 인간은 타락과 동시에 하나님의 형상으로서의 순결하고 거룩하고 지혜로운 성품을 상실하게 되었을 뿐만 아니라, 세상의 모든 피조물들을 지배하는 신령한 권한을 행사할 수 없게 되었다. 그 결과, 인간은 영적인 것과 육신적인 행복과 기쁨의 안식처인 에덴에서 추방되고, 하나님을 경외하며 순종하는 자발적인 성품도 오염되어 상실하게 되었다. 동시에 인간은 올바른 선택을 하며 하나님의 지혜를 배울 능력과, 다른 사람들과 교제할 언어의 능력과 그리고 그의 과업들을 성취하기 위하여 기술을 활용할 솜씨의 능력을 상실하게 되었다고 보았다. 타락한 인간은 실제적으로 선과 악, 정의와 불의를 구분할 수 없게 되었을 뿐만 아니라, 하나님의 영광을 가로막고, 심지어 하나님의 영광을 박탈하고 말았다(창세기 2장).

셋째, 회복이 가능한 이성적 존재로서의 인간이다. 코메니우스는 인간을 세상에서 가장 가치 있고 지고한 이성적 존재로 생각한다. 인간은 하나님의 형상과 이성적 존재로 창조되었기 때문에(창세기2: 7) 타락에도 불구하고 다른 피조물들과 구별되는 신·인적 속성을 함께 소유할 수 있었다. 이성적 능력에 의하여 자연의 지식과 하나님의 속성을 터득할 수 있다. 이성적 요소들을 잘 활용할 수 있도록 하나님으로부터 물려받은 중요한 세 기능들은 이성, 언어, 손이며 이

도구를 활용하여 모든 사물들의 지식의 요소와 진리를 습득하며, 그 자신이 합리적이고 영적이며 신령한 생활을 영위할 수 있다(Comenius, 1638: 198). 코메니우스는 인간이 사물들에 대한 지식을 얻게 되는 과정을 토마스 아퀴나스(Thomas Aquinas, 1225–1274)가 제시한 인간의 세 가지 마음상태인 식물적, 동물적, 이성적 혹은 영적인 요소를 인용하여 설명하고 있다. 그는 인간이 모든 사물들의 지식을 터득할 수 있는 이성적 마음의 상태에 도달하기 위해서는 교육과 양육이 절대적으로 필요함을 강조하였을 뿐만 아니라 교육을 받을 수 있는 피조물(Comenius, 1657: 56)임을 강조한다. 하나님은 이러한 인간 이성을 통하여 타락한 상태로부터 회복과 무한한 존재로서 수많은 사물들에 안목을 돌려서 그 자신을 다양한 방법으로 변화시킬 수 있다(Piaget, 1967: 176)는 사실이 중요하다. 무엇보다 그의 인간이해에서 중심적인 주제가 되는 것은 타락한 인간이 하나님의 형상을 다시 찾는 유일한 방법은 인간을 교육시키는 일이다(이숙종, 1990: 763).

이러한 인간에 대한 코메니우스의 관심은 그의 신학의 핵심이 되는 성경적 관점에서 하나님과 인간의 관계성의 회복을 모색하고 있다. 인간이 그의 죄악 때문에 타락하여 파멸에 이르렀다 하더라도 하나님 은혜의 확실한 방법으로 하나님과의 새로운 관계를 맺을 수 있다는 가능성을 제시함으로써 새로운 인간성 회복의 과정을 교육으로 간주하고 있다. 따라서 교육에 의하여 인간은 본래적인 모습을 회복할 수 있을 뿐만 아니라 모든 사물에 대한 지식을 얻을 수 있는 존재임을 강조한다.

(3) 자연관

코메니우스는 자연을 하나님의 지혜를 나타내는 속성으로 간주하고 하나님의 속성과 지혜에 가장 쉽게 접근할 수 있는 살아 있는 교과서이자 학교가 된다고 보았다(Comenius, 1657: 107).

첫째, 자연은 하나님의 지혜를 나타내는 속성이다. 자연 속에서 창조된 모든 사물들은 하나님 속에 포함되어 있고 그를 통해서만 존재하고 유지될 수 있으므로 하나님 없이 자연은 존재할 수 없다. 그런 의미에서 자연은 하나님의 모방이자 하나님의 딸이다(Comenius, 1641: 63). 뿐만 아니라, 자연은 하나님의 신령한 지혜의 상징이 되고 인간은 그 자연을 통하여 일상생활에서 준수할 수 있는 정확하고 확실한 규범과 기준들을 습득할 수 있다. 자연 속에서 선과 악, 지혜와 무지, 진실과 거짓의 관계를 구분할 수 있으며 자연을 통하여 하나님의 참된 진리와 지식을 얻을 수 있다. 코메니우스는 자연의 질서를 순수한 기계적 원리로서 자연세계의 다양한 부분들과 전체가 상호 독특한 기능을 수행하며 정연하게 지탱하는 힘으로 간주하고 있다. 이미 생성된 것과 후에 나타나는 것, 우월한 것과 열등한 것, 미세한 것과 거대한 것, 유사한 것과 상이한 것 등은 서로의 기능을 원활하게 수행하도록 창조되었다. 봄, 여름, 가을, 겨울 계절의 순환과 기후 변화 등은 모든 피조물들이 그들의 생존을 위하여 상호 협동하며 관계를 유지 할 수 있도록 적절한 조건과 환경을 제공해 준다. 코메니우스에게 있어서 자연은 인간의 성장과 양육을 위한 교육의 자료들과 선물을 제공하기 위해 창조되었다. 인간은 자연과 밀접한 관계가 있고, 실제적으로 자연의 한 부분에 불과하지만, 정신적인 발달을 위해 매우 중요한 위치를 차지하고 있다. 자연 속에 존재하고 있는 모든 사물들은 인간의 교육에 필요한 자료들을 제공하고 있다.

둘째, 자연은 인간교육을 위한 교과서이자 학교이다. 자연은 인간 교육의 장이 되어 인간의 도덕적 행위의 규범과 법칙을 제공하며, 무엇보다 하나님의 사랑을 이해할 수 있는 사실들을 제공한다 (Comenius, 1641: 63). 자연세계의 창조의 신비한 목적을 이해한다면 자연과 인간의 내면세계는 분리될 수 없다. 자연의 모든 사물들을 인간의 내면세계(內面世界)와 밀접한 관계가 있다. 그러므로 가시적인 자연세계는 첫째가 되는 가장 위대한 '하나님의 책'이라고 하였다(Comenius, 1641: 64). 하나님은 자연의 창조를 통하여 인간에게 체계적인 모든 지식을 터득할 수 있는 기회를 부여하였다. 한편 인간은 지식의 보고인 자연 사물들을 정확하게 관찰하여 분류하고 각각의 종류와 특징에 따라 명칭을 줄 권한을 가지고 있다(Comenius, 1657: 38). 뿐만 아니라 자연의 세계는 세상 모든 사람들이 온전하게 성장하는 데 필요한 모든 것을 제공하고 있다. 자연의 모든 사물들은 인간의 지적 활동과 욕구를 위해 존재하고 있다(이숙종, 1989: 964). 따라서 하나님의 지혜와 지식의 근원이 되는 자연의 모든 사물들은 인간에 의하여 개발되고 알려져야 한다.

이상에서 알 수 있듯이 코메니우스는 하나님, 인간 그리고 자연을 우주의 가장 중요한 주제들이라 여겼다. 이 삼자는 긴밀한 상관관계를 맺고 있다고 생각하였으며 세 가지 요소들의 상관관계에 근거하여 그들의 본질적인 속성들을 설명하고 있다. 하나님은 자연과 성경의 저자요, 인간은 자연의 해설자요, 자연은 하나님의 지혜를 반영하는 하나님의 생명의 책이다(이숙종, 1989: 966). 이러한 삼자의 상관관계성이 코메니우스의 신학적 형이상학의 기본개념이 될 뿐만 아니라 그의 교육론의 중심적 내용이 된다.

3) 교육개혁의 필요성

앞 절의 사상적 특징에서 코메니우스의 신관과 인간관 그리고 자연관을 살펴보았다. 결국 신학은 시대가 제기하는 물음에 대한 반응이다. 바른 물음은 바른 대답으로 이어질 가능성이 높기 때문에 시대의 물음에 적절한 대답을 얻기 위해서는 시대를 바르게 진단할 필요성이 생긴다. 정확한 진단은 예측의 정확성을 높여 주며 미래에 대한 대응을 가능하게 한다(백용기, 2000: 77). 코메니우스의 사상은 시대를 바르게 진단하게 했고 미래에 대한 대응으로서의 신학적 실천으로 답한 것이 바로 새 교육론의 필요성이라 할 수 있다.

코메니우스는 자신이 평생 동안 경험한 전쟁과 종교적 박해, 망명 생활을 통해 평화의 염원을 키웠다. 잿더미가 된 전장에서 더 이상 전쟁과 같은 갈등과 싸움이 없는 세계, 즉 평화와 공존의 새로운 인류공동체를 형성하려는 소망을 키운 것이다. 영국과 스웨덴, 폴란드 등 유럽을 떠돌며 오랜 사색과 연구를 한 끝에 코메니우스는 인류가 평화롭게 공존하는 공동체를 지상에서 실현하는 유일한 길은 하나님의 형상으로 태어난 모든 사람들에게 새로운 인간성을 가르치는 교육뿐이라는 결론을 내렸다. 따라서 코메니우스의 새 교육론의 필요성은 전체사회의 변화, 조국의 해방과 재건, 그리고 모든 백성의 자유를 회복하고자 하는 신념에서 시작하였다고 할 수 있다.

첫째, 코메니우스는 전체 사회를 변화시키고자 새 교육론을 시도하였다. 이러한 변화가 필요한 이유는 특히 그의 책「세상의 미로와

마음의 낙원」(1631)에 잘 나타나 있다. 이 저서 속에서 그는 세상이
단지 전쟁을 통해 파괴되는 것이 아니라 이러한 전쟁을 일으키는 인
간의 부정성에 의해 파괴됨을 잘 묘사하고 있다. 이 책은 라틴 교부
아우구스티누스(Aurelius Augustinus, 354 - 430)의 「하나님의 도성(De
Civitate Dei)」(410)과 비슷한 유형의 책으로서, 코메니우스의 실제적
역사적 경험과 경건의 내용을 은유와 상징의 언어로써 소설화한 것
이다. 혼돈과 착취, 기만과 비애와 절망 등과 같은 미로로 가득한
세상과 참빛이신 예수 그리스도로부터 얻게 되는 기쁨과 자유, 행복
이 가득한 마음의 낙원을 대비적으로 묘사한다.

> "이곳에 있는 모든 것이 세상과는 대비가 된다. 세상에서 나는 그
> 어디에든지 맹목과 어두움을 보지만, 여기에 밝은 빛이 있다. 세상에는
> 기만이 있지만, 여기에는 진리가 있다. 이 세상은 무질서로 가득하지
> 만, 여기에 가장 고결한 질서가 있다. 이 세상에는 광란이 있지만, 여
> 기에 고요함이 있으며, 세상에는 걱정과 문제가 있으나, 여기에는 기쁨
> 이 있다. 세상에는 부족함이 있지만, 여기에는 풍족함이 있다. 이 세상
> 에는 종속과 억압이 있지만, 여기에 자유가 있으며, 이 세상에서는 모
> 든 것이 힘들지만, 여기에서는 모든 것이 용이하다. 세상에는 어디든
> 슬픈 사고들이 있지만, 여기에는 안전함이 있다."(Comenius, 1631: 31)

책의 서두에 인용된 전도서 1장 14절의 말씀은 이 책의 방향성을
가늠하게 한다. 언뜻 보기에 이 책은 미로로 가득한 이 세계로부터
의 도피, 염세주의, 체념, 회의주의의 색채를 가득 지닌 듯하다. 그
러나 그러한 단계에 머무는 것이 아니라, 예수 그리스도의 빛에 힘
을 얻어 마음의 낙원으로부터 다시 적극적으로 이 세계의 미로 속으

로 뛰어들어가라는 메시지를 담고 있다. 세상의 미로 속에 그냥 빠져 허우적대는 것만도 아니고, 그 반대로 마음의 낙원에만 머물러 '여기가 좋사오니' 하는 식으로 도취되어 있어서도 안 되는 것이다. 어느 한쪽으로 치우치는 위험성을 경계하고 있다. 이러한 세계를 꿈꾸며 실현하기 위해 새로운 교육론에 관한 관심을 가지고 다양한 저서들을 저술하게 된다.

둘째, 그는 신·구교 간의 30년 전쟁으로 황폐되어 가는 조국에 대한 해방과 재건 그리고 모든 백성의 자유를 회복하고자 하는 신념에서 교육론을 쓰기 시작하였다(Jitka Kramarova, 2007: 306). 그는 풍전등화와 같은 위기에 처한 조국의 회복을 위하여 이바지할 수 있는 유일한 방법이 있다면, 그것은 가능한 한 최선의 학교 교육, 교육내용, 교수방법, 교육자료 및 시설을 제공하는 일이라고 믿고 있었다. 그 이유는 부정성으로부터 보호받고 인간성을 회복하는 교육을 받은 세대가 보다 좋은 미래를 위해 최선의 보장이 될 수 있기 때문이다. 그는 조국의 회복을 위한 교육의 시도로써 통합적이고 즐거운 학습을 위한 새로운 교육을 구상하게 된다. 코메니우스는 학문의 다양한 분야들의 단편적인 지식은 개인의 전인성의 성장뿐만 아니라, 사회공동체의 발전과 진보에 공통적인 이해와 목적을 제시하지 못한다는 사실을 인식하여 철저하고 일관성 있는 원리에 기반을 두어야 할 지식의 종합적 체계를 모색하였다. 이 지식의 종합적 형태를 범지학이라 부른다(이숙종, 1991: 148). 범지학은 하나님의 말씀인 성경과 기독교 신학 및 경건을 기반으로 형성된 것으로써 그의 형이상학의 중심이 되는 사상이다. 그 당시 분열과 갈등 속에 있었던 기독교 교회의 다양한 종파들뿐만 아니라, 다양한 정치 형태와 문화 그리고 인종의 통합과 화해를 통하여 지구상의 모든 인류가 하나가 되는 참평화와 조화로움을 그 목적으로 하고 있다(이숙종, 1996: 316).

따라서 코메니우스의 교육론은 전체 사회를 변화시키기 위하여 예수 그리스도의 빛에 힘을 얻어 마음의 낙원으로부터 다시 적극적으로 이 세계의 미로 속으로 뛰어 들어가라는 것이다. 또한, 조국의 해방과 재건, 모든 백성의 자유를 회복하기 위하여 지식이 전체적인 상태로 인식되도록 하기 위해서다. 그것은 부분적이지 않은 방법으로 현재와 미래를 파악하고 서로 조화를 이루게 함으로써 상호 보완적이며 관련을 맺게 하는 데 그 필요성을 두고 있다. 이를 위하여 모든 사람들이 피상적이 아니라 근본적으로 개선될 수 있도록 전체적이며 포괄적인 것을 강화하도록 요구하고 있다.

2. 율곡의 교육론 형성배경

율곡의 생애와 시대적 상황 속에서 교육론 형성에 영향을 끼친 사실들과 사상적 특징을 통해서 그의 교육개혁의 목적과 필요성을 살펴본다.

1) 생애와 시대적 배경

율곡(栗谷)은 성은 이(李), 이름은 이(珥), 자(字)는 숙헌(叔獻)이고 율곡(栗谷)은 그의 호(號)이며 이외에 석담(石潭) 또는 우재(愚齋)라는 호를 쓰기도 했다. 그는 서기(西紀) 1536년 음력(陰曆) 12월 26일 강릉 북평촌(北坪村)에 있는 외가인 오죽헌(烏竹軒)에서 사헌부(司憲府) 감찰(監察) 이원수(李元秀) 공의 셋째 아들로 태어났다. 어머니는 신사임당(申師任堂)이다. 1536년 그의 어머니인 신사임당이 꿈에 동해가에서 신녀(神女)가 바다로부터 한 남자아이를 안고 나와 신사임당의 품에 안겨 주었는데 이때부터 태기(胎氣)가 있었다고 한다. 그리고 그가 태어나는 날 저녁에는 흑룡(黑龍)이 바다로부터 날아올라 부인의 침소(寢所) 처마모서리에 서리는 꿈을 꾸었는데 조금 있다가 율곡이 태어났다. 그런 연유로 어릴 때의 자를 현룡(見龍)이라 하였다(한국학중앙연구원, 2002, 국역 율곡전서Ⅶ: 10). 그는 말을 배우자 곧 글을 읽을 줄 알았다. 6세(1541)에 강릉(江陵) 외가(外家)로부터 서울로 왔다. 7세(1542)에 「진복창전(陳復昌傳)」을 지었다. 율곡은 이 때 이미 문리(文理)를 통하여 사서오경(四書五經)에 모두 스스로 통했다. 8세(1543)에 파주(坡州) 율곡리(栗谷里)에 있는 화석정(花石亭)에 올라 「화석정시(花石亭詩)」를 지었다. 11세(1546)에는 부친이 병환이 위독하자 팔뚝을 찔러 피를 내어 드리고, 사당(祠堂)에 들어가 대신 죽도록 해 달라고 울면서 기도하였는데 병환이 곧 나았다(한국학중앙연구원, 2002, 국역 율곡전서Ⅶ: 12). 13세(1548)에 진사초시(進士初試)에 합격하였으며 16세(1551) 되던 해 어머니인 신사임당이 48세의 나이로 돌아가셨다. 율곡은 처음 어머니로부터 글을 배우기 시작했으며 또한 어머니에 대한 사랑이 남달랐다. 그래서 이때 율곡이 느꼈던 인생에 대한 무상감(無常感)은 매우 컸다. 율곡은 이에 상복(喪服)을 벗고 난 뒤 다시 어머니를 위해 심상(心喪) 일 년을 더하였으며, 심상을 마친 18세에 관례(冠禮)를 행하였다. 그리고 19세(1554)에 금강산(金剛山)에 입산(入山)하여 선수행(禪修行)을 통해 어머니를 잃은 슬픔을 극복해 보려 한 것으로 보인다. 20세(1555)에 금강산에서 나와 강릉 외가로 갔다가 「자경문(自警文)」을 지어 성인(聖人)을 준칙(準則)으로 삼아 공부할 것을 스스로 기약하였고, 21세에 서울로 돌아와 한성시(漢城試)에 수석(首席) 합격하였다. 22세(1557)에 성주목사(星州牧使) 노경린(盧慶麟)의 딸과 결혼하였다.

23세(1558)에 예안(禮安)의 도산(陶山)에서 퇴계(退溪)를 알현(謁見)하였다. 율곡을 만나본 퇴계는 그의 문인인 월천(月川) 조목(趙穆)에게 편지를 보내어 말하기를 "후생(後生)을 두려워할 만하다(後

生可畏)라는 성인(聖人)의 말씀이 진실로 나를 속이지 않았다."라고 하였다(한국학중앙연구원, 2002, 국역 율곡전서Ⅶ: 16). 그곳에서 율곡은 이틀을 묵으며 시나 편지를 주고받으며 학문과 경세(經世) 및 출처진퇴(出處進退) 등에 관한 논의를 하였다. 29세(1564)에 명경과(明經科)에 급제하여 호조좌랑(戶曹佐郎)에 제수(除授)됨으로써 9번 과거시험에 응시하여 9번을 모두 장원급제(壯元及第)하였다. 34세(1569)에 「동호문답(東湖問答)」을 지어 올렸다. 39세(1574)에 「만언봉사(萬言封事)」와 「성학집요(聖學輯要)」를 왕에게 지어 올린 후 해주(海州) 석담(石潭)으로 돌아가 그곳에 정착하기로 결심하고 먼저 청계당(聽溪堂)을 지었다. 42세(1577)에 석담에서 집안사람들을 모아 놓고 「동거계사(同居戒辭)」를 지어 함께 살아가면서 지켜야 할 규칙(規則)을 정하였으며, 12월에 「격몽요결(擊蒙要訣)」을 지었다(한국학중앙연구원, 2002, 국역 율곡전서Ⅶ: 75). 43세(1578)에 고산(孤山) 석담(石潭)의 청계당(聽溪堂) 동쪽에 은병정사(隱屛精舍)를 지었다. 46세(1581) 되던 해에 「경연일기(經筵日記)」가 완성되었다. 47(1582)세 되던 해 「극기복례설(克己復禮說)」을 지었다. 48세(1583) 되던 해 10만 양병설(養兵說)을 주장했으며, 판돈녕부사(判敦寧府事)에 제수(除授)되었고, 또 이조판서(吏曹判書)에 제수(除授)되었다. 상소(上疏)를 올려 사양하였으나 왕이 허락하지 않았으며, 10월에 다시 왕에게 나아가 사은하고 다시 상소를 올려 사직(辭職)을 청하였으나 허락하지 않았다. 이에 우계(牛溪)와 한강(寒岡)을 왕에게 추천하였으며, 왕의 신임 속에서 조정을 바로잡고 사류(士類)들을 조화시켜 크게 일을 해 보려 하였으나 이미 병이 들어 49세(1584) 되던 해 1월 16일에 졸(卒)하였다. 부고(訃告)를 들은 선조(宣祖)는 슬피 통곡하고 3일간 조회(朝會)를 보지 않았다. 선생이 돌아가시자 원근의 선비들이 모두 통곡하지 않은 이가 없었으며 아래로 노비(奴婢), 군인(軍人), 시골의 백성들까지 모두 탄식하며 눈물을 흘렸다 한다. 또한 상여(喪輿)가 나갈 때 전송하는 사람들이 길을 메우고 곡소리가 하늘까지 진동시켰으며 횃불을 들고 따라나선 사람들이 성문 밖 수십 리까지 늘어섰다고 한다. 선생이 돌아가시자 집안에는 남은 재산이 하나도 없어 친구들의 도움으로 겨우 장례를 치렀으며 집도 셋집이어서 가족들이 살 곳이 없었으므로 문생(門生)들과 친구들이 돈을 내어 집을 사서 살게 해 주었다고 한다. 인조 원년에 대광보국숭록대부의 정부영의정겸 영경연홍문관 춘추관 관상감사(大匡輔國崇祿大夫議政府領議政兼領經筵弘文館春秋館觀象監事)에 증직(贈職)되었으며, 인조(仁祖) 2년에 문성(文成)이라는 시호(諡號)를 하사(下賜)하였다. 그리고 숙종(肅宗) 8년에 문묘(文廟)에 배향(配享)되었다(한국학중앙연구원, 2002, 국역 율곡전서Ⅶ: 130).

한편 율곡이 대유학자요 철학자임과 동시에 정치와 행정, 사회와 교육의 각 방면에서 '현실주의적(現實主義的)',[13] 또는 '실용주의적 개혁(實用主義的 改革)'[14]에 앞장설 수 있었던 이유에는 시대적 배경이 있었다. 율곡이 살았던 시기는 4대 사화(士禍) 가운데 무오, 갑자, 기묘사화는 율곡이 태어나기 이전에 이미 있었고, 을사사화(1545)는 율곡의 나이 9살 때의 일이었다. 그러므로 율곡이 활동했

---

13) 현실을 가장 중요시하는 태도. 이상에 구애되지 않고 현실에 적응하여 일을 처리하는 태도(두산대백과사전).
14) 철학에서 실생활에 유용한 지식과 실용성이 있는 이론만이 진리로서의 가치가 있다고 하는 생각(두산대백과사전).

던 시대는 4대 사화가 끝나고 선조에 의해 새로운 정치가 모색되던 때에 해당된다. 율곡은 사화기(士禍期) 말엽의 사회 현실을 체험하면서 임진왜란이 일어나기 전 10년까지 살았다. 그렇기 때문에 당시의 대부분 지식인들은 각종 모략과 중상에 의한 공포와 위협을 두려워한 나머지 조심스럽게 살아가는 분위기가 팽배하였다. 따라서 어느 누구도 자신 있게 정치나 사회 그리고 교육풍토에 대한 개혁론을 주장하고 실천하려고 하지 않았다.

이와 같이 16세기 조선사회는 폐법(弊法)과 제도가 제대로 개혁되지 못하여 그대로 경제적 혼란으로 이어졌다. 그 당시 조선시대의 전반적인 경제체제는 농업중심체제였기 때문에 대부분의 사회구성원은 농민이었고, 국가의 주요 사업도 농업이었다. 그리고 국가의 수입도 대부분 토지와 그에 부속된 농민들에게서 거두어들이는 조, 공, 역(租, 貢, 役) 세 가지에 의존할 수밖에 없었다. 그런데 16세기 이후에도 조, 공, 역에 대한 연산군 때의 폐법을 개정하지 않고 그대로 두어 강호 대지주와 조정(朝廷) 및 지방의 중소 지주들은 납공(納貢), 진상(進上) 등 방법으로 농민들의 생활을 압박하고 있어 농민들은 이러한 압제(壓制)와 수탈(收奪)로 큰 곤란을 겪고 있었다. 이와 같은 16세기 조선조 사회가 당면한 어려움들에 대하여 율곡은 총괄적으로 위태로운 시대를 바라보며 자신은 죽음을 무릅쓰고 임금에게 바른 말로 상소했다. 그 시대의 형편에 대하여 "세속은 인습에 젖었고, 공적은 식지(食志)에서 무너지며, 정사(政事)는 뜬 의논에 어지러워지고, 백성은 쌓인 폐단에 궁(窮)하고 있다."(한국학중앙연구원, 2006, 국역 율곡전서Ⅱ: 127)라는 말로 이 네 가지를 해결함이 급선무라고 호소하고 있다.

율곡은 이러한 부조리한 현실에 대하여 위기의식을 느끼면서 개탄하고 있었다. 그는 이 시기를 젊을 때의 방탕한 생활로 원기가 모두 손상되어 버려서 더 이상 지탱하기 어려운 지경에 빠진 노인에 비유하면서, 10년이 못 되어 반드시 화란(禍亂)이 일어나리라고 예견하였다. 당시의 조종들의 공은 이미 잊히고, 권세 있는 간신들이 남겨 놓은 해독이 작용을 일으키고 있어서, 훌륭한 논의가 비록 행해진다 하더라도 백성들의 힘은 바닥이 나 버렸다고 보았으며 비유를 들어 실태를 비판하였다.

"어떤 사람이 젊고 건강했을 때 주색에 빠져서 몸을 많이 손상했으나 혈기가 왕성하여 그 손상한 것이 나타나지 않다가, 노년기에 이르러서 해로운 독이 몸의 쇠약해진 틈을 타서 한꺼번에 나타나듯이 그 때 가서는 아무리 근신하고 조리를 하여도 이미 원기가 없어져 걷잡을 수 없다."(한국학중앙연구원, 2006, 국역 율곡전서Ⅱ: 235)

따라서 율곡은 당시의 사회를 경제적으로 빈곤하고, 인륜적으로도 신의가 없어져 경제적 불안과 사회적 불신이 겹친 총체적 위기가 발생될 수 있는 상황으로 보았다. 이런 시대적 어려움에도 불구하고 정권을 장악한 사람들은 여전히 당파 싸움에 휘말리고 있었다. 이같은 정치 사회적 상황 아래서 오직 나라와 백성을 걱정하던 율곡은 진솔하고 사심 없는 마음으로 임금을 비롯한 지도층을 먼저 교화하고자 한 외로운 개혁주의자였다. 따라서 율곡은 개혁의 방향을 임금에게 주장하되 일신의 어려움은 조금도 두려워하지 않은 희생봉사의 의인이었다. 그는 "만일 임금이 자신의 말을 망령되지 않다 여긴다면, 대신들과 논의해서 조금이라도 자신의 대책을 채용하고 사람을 얻어 정사를 맡겨서 기강(紀綱)을 진작하고 쌓인 폐단을 개혁하여 의논에 동요되지 말 것"(한국학중앙연구원, 2006, 국역 율곡전서Ⅱ: 128)을 제언하였다. 이러한 "자신의 제언을 실행하고서도 세도(世道)가 세워지지 않고 정치가 잘 되지 않거나 조정이 안정되지 않아 백성이 편안하지 않거든, 자신에게 임금을 속인 죄로써 징계를 내린다면 오히려 영광이라."(한국학중앙연구원, 2006, 국역 율곡전서Ⅱ: 128)라고까지 말하고 있다. 이러한 모습은 오직 애민·애족의 충심에서 임금을 향해 간청한 목숨을 건 정의의 소리였다. 이것은 오늘날 소신 있는 정의의 목소리를 내지 못하는 정치, 사회, 교육의 지도자들에게 귀감이 될 만한 살아 있는 교훈이라 할 수 있겠다.

율곡은 당시의 부패한 사회 현실을 볼 때 더 이상 사회개혁을 늦추어서는 안 되는데도 불구하고 통치자와 관료들이 감히 뜻을 세우지 못하고 개혁을 하지 못하는 상황과 이로 인하여 고통받는 백성들을 구하고자 한 용기 있는 지도자의 자세를 보여주고 있다. 그는 무엇보다 개혁의 성패는 그것을 주도하는 인재에 달려 있다고 보아 인재를 양성하고 선발하는 교육제도와 과거제도를 개혁하였다. 직접 교육을 실시하고, 향약 등을 통하여 민중을 교화하였다. 율곡이 현실주의적이고 실용주의적인 교육개혁 운동을 전개한 이면에는 이러한 시대적 배경이 있었다.

2) 사상적 특징

율곡은 한국 토양에서 나온 사상가요, 한국사상사 속에서 고전적 위치를 차지하고 있다. 율곡은 유교 문화가 지배적인 영향력을 행사하던 시대에, 유교적 교육을 받고 성장했으며, 유교를 정치적, 사회적, 개인적 삶의 원리로 삼았고, 유교를 탐구의 대상으로 한 전형적인 유학자(儒學者)였다(박의수, 2000: 213). 율곡의 사상 중 인간의 가치실현에 관한 이론이 '성경론(誠敬論)'이다. 교육의 전 과정에 필수적인 경(敬)의 태도와 지향해야 할 목적으로서의 성(誠)을 명확히 제시함으로써, 완전한 인격의 세계를 지향한다. 그러므로 敬뿐만 아니라 誠의 두 측면을 모두 강조한다는 점에서 율곡 교육사상의 핵심을 성경론이라고 정의할 수 있다. 그는 교육을 유가적 성인을 기약하는 것으로 보며 기질변화의 문제(교기질: 矯氣質)를 본성의 회복 문제(복기성: 復其性)로 이해한다. 따라서 여기서는 율곡의 교육론을 이해하기 위해 그의 사상의 중심이 되는 철학사상과 인간관, 사회관을 그의 교육론 형성에 미친 배경으로 고찰한다.

(1) 존재 근원으로서의 이기론

율곡의 사상적 특징은 성리학의 '이기론(理氣論)'에서 출발한다. 그의 이기론을 '이기지묘(理氣之妙)', '기발이승일도설(氣發理乘一途說)' 그리고 '이통기국설(理通氣局說)'에서 살펴본다.

첫째, 이기론은 이기지묘이다. 율곡은 세계를 이(理)와 기(氣)로 구성된 세계로 본다. 理는 무형(無形), 무위(無爲)의 형이상자로서 일체 모든 존재가 그러한 존재일 수 있는 까닭이다. 율곡에 의하면 理는 氣의 주재(主材)가 되고, 氣는 理의 탈 바가 된다(한국학중앙연구원, 2006, 국역 율곡전서Ⅲ: 78). 또한, 理는 무형한 것이기 때문에 언제, 어디에서든지 통할 수 있고, 氣는 유형한 것이기 때문에 언제,

어디에서든지 국한된다. 따라서 理는 보편성을 갖는 것이라면 氣는 특수성을 갖는다. 또한 발(發)하는 것은 氣이지만 발하는 까닭은 理이다. 氣가 아니면 발할 수 없고, 理가 아니면 발할 바가 없다. 따라서 理와 氣는 세계의 존재에 있어 반드시 있어야 할 요소로서 양자는 대등한 가치를 갖는다. 理氣는 본래 하나의 존재양상으로 있는 것이다. 그러나 하나로 있다고 해서 理가 氣이고 氣가 理는 결코 아니다(한국학중앙연구원, 2006, 국역 율곡전서Ⅴ: 61). 이같이 둘이면서 하나로 있고 하나로 있으되 둘인 이기의 관계를 율곡은 이기지묘라는 말로 표현하고 있다(한국학중앙연구원, 2006, 국역 율곡전서Ⅱ: 95). 이기지묘는 이기의 묘합(妙合)이라는 말로 이기가 시간적으로 선후가 없고 공간적으로 이합(離合)이 없는 묘합의 존재구조를 의미하는 말이다. 이기지묘처(理氣之妙處), 이기지묘체(理氣之妙體)의 체인(體認)이야말로 율곡 성리학의 관건이라 하겠다.

둘째, 이기론은 '기발이승일도설(氣發理乘一途說)'에 있다. 퇴계는 사단(四端)을 이발이기수지(理發而氣隨之), 칠정(七情)을 기발이이승지(氣發而理乘之)라 하여 두 개의 존재구조를 설정하고 있지만, 율곡은 이발이기수지는 그릇된 것으로 보아 오로지 기발이승 하나의 길밖에 없다고 본다. 율곡은 천지의 변화에 이화(理化) 기화(氣化)가 없듯이 오심(吾心) 또한 이발(理發) 기발(氣發)의 두 길이 없다고 하여 퇴계의 호발(互發)을 반대한다(이용근, 1993: 16 - 17). 기발이승이란 발하는 氣 위에 理가 올라탄 상하의 존재구조를 말한다. 율곡은 자연세계를 막론하고 일체 존재의 존재구조를 기발이승으로 일관하여 설명한다. 물론 그가 기발이승을 말하는 일차적 논거는 '이무위기유위(理無爲 氣有爲)'라는 理氣 개념에 근거한다. 즉 氣는 발하는 것이지만 理는 발하지 않는다는 것이다. 理는 그 자신은 발하지 않지만 기발의 원인이 되고 주재가 되는 것이다. 그는 理의 發을 부정하기 때문에 기발이승으로서 존재구조의 형식을 삼는다. 氣가 發함에 理가 탄다고 할 때 기발과 이승은 동시적인 것이다. 또 공간적으로도 이합(離合)이 없는 것이다. 본래부터 하나로 있는 묘합(妙合)구조를 기발이승이란 말로 표현한 것이다(한국학중앙연구원, 2006, 국역 율곡전서Ⅲ: 56). 따라서 기발이승은 존재 자체의 표현으로 이기지묘의 다른 표현이며 이통기국의 다른 표현이다.

셋째, 이기론은 '이통기국설(理通氣局說)'을 의미한다. 이통기국이란 '이무형 기유형(理無形 氣有形)'이라는 그의 이기 개념에서 비롯된 것이다. 理가 무형하다는 말은 理가 시간, 공간에 제약을 받지 않는 보편성을 가졌다는 말이고, 氣가 유형하다는 말은 氣가 시간, 공간에 제약을 받는 국한성을 가졌다는 말이다. 따라서 理는 언제, 어디서나 두루 통하는 것이고, 氣는 언제 어디에서든지 한계 지어지고 국정(局定)된다는 의미이다. 이통기국의 철학적 의미는 '이일분수(理一分殊)', '기일분수(氣一分殊)'의 사고를 거쳐 창출된 이론이다. 이일분수는 존재를 체용 양면으로 나누어 구별하면서도 동시에 하나로 보는 관점이라 하겠는데 다만 理를 중심으로 하여 본 것이다.

율곡에 의하면 '본연자(本然者)'는 이일(理一)이고 '유행자(流行者)'는 분수(分殊)인데 유행지리(流行之理)를 버리고 달리 본연지리(本然之理)를 구하려 함도 옳지 못하고, 理에 선악이 있는 것으로서 理의 본연을 삼는 것도 또한 옳지 못하다. 그래서 이일분수 네 글자를 마땅히 체구(體究)해야 한다(한국학중앙연구원, 2006, 국역 율곡전서Ⅴ: 69). 또한 이일분수를 '통체일태극(統體一太極)'과 '각일기성

(各一其性)'으로 설명한다. 천지인물(天地人物)이 비록 각각 그 理가 있으나 천지지리(天地之理), 만물지리(萬物之理), 오인지리(吾人之理)가 하나인 것은 통체일태극인 동시에 理一이다. 비록 하나의 理이지만 사람의 성, 사물의 성, 개의 성, 소의 성이 각각 구별되어 다름은 각일기성으로 이것이 분수의 측면이다. 따라서 일본지리(一本之理)는 理의 체가 되고 만수지리(萬殊之理)는 理의 용이 된다. 그런데 理의 體는 하나인데 어떻게 그 용이 만 가지로 다른가 하면 그것은 氣가 같지 않기 때문에 유행 변화하는 氣를 탄 理는 만수지리로 전개될 수밖에 없다.

율곡은 또한 기일분수(氣一分殊)를 말한다. 그는 「천도책」에서 하나의 氣가 운화(運化)되어 만 가지로 다르게 되는데, 나누어서 말하면 천지만상이 각각 하나의 기(各一氣)가 되고, 합해서 말하면 천지만상이 같은 하나의 기(同一氣)이다. 여기에서 동일기는 바로 기일지기(氣一之氣)이고 각일기는 분수지기(分殊之氣)로서 기일분수가 된다. 또한 합해서 말하면 천지만물이 동일기가 되고, 나누어 말하면 천지만물이 각일기가 된다. 그리고 동일기이기 때문에 이일이 되고, 각일기이기 때문에 분수가 되는 것이다. 여기에서도 동일기는 기일지기이고, 각일기는 분수지기로서 기일분수가 된다. 따라서 이일분수는 이기지묘에서 理를 중심으로 본체와 현상을 아울러 본 것이라면, 기일분수는 이기지묘에서 氣를 중심으로 본체와 현상을 아울러 본 것이다.

율곡의 성리학에서는 이일분수든 기일분수든 이기지묘의 관계성을 떠나지 않는 데 특징이 있다. 그러나 이일분수는 理에 치우쳐 체용관계를 본 것이고, 기일분수는 氣에 치우쳐 체용관계를 본 것이다.

이렇게 理와 기 어느 한 면으로 치우쳐 보는 관점을 지양하고, 이기지묘의 관점에서 이일과 기일, 이분수와 기분수를 아울러 보고자 한 것이 율곡의 이통기국이다(한국학중앙연구원, 2006, 국역 율곡전서 Ⅲ: 80). 따라서 율곡의 이통기국은 理만도 아니고 氣만도 아니며, 理의 통과 氣의 국이 하나로 묘합(妙合)된 이기지묘의 세계와 가치를 표현한 데서 그 의미를 찾을 수 있다.

(2) 인성론

율곡은 인간의 존재와 본질문제를 천인합일의 관점에서 전개하였다. 그의 인간관을 기질지성(氣質之性)과 본연지성(本然之性), 사단(四端)과 칠정(七情), 인심(人心)과 도심(道心)으로 나누어 살펴보고자 한다.

첫째, 기질지성(氣質之性)이다. '기질지성'은 성리학에서, 후천적인 혈기(血氣)의 性을 이르는 말이다. 기질의 性은 氣에서 생기기 때문에, 기의 청탁(淸濁)·혼명(昏明)·후박(厚薄)에 의하여 性에도 차별이 생겨 사람의 선악, 현우(賢愚)가 생긴다는 것이다. 율곡이 인간의 性을 어떻게 이해하는가 하는 문제는 그에 있어서의 理와 性의 개념 구별에서부터 시작되어야 할 것이다. 율곡에 의하면 性은 이와 기의 합이다. 대개 理가 氣 가운데 있은 연후에 性이 된다. 만약 형질 가운데 있지 않으면 마땅히 理라 해야지 性이라 하는 것은 옳지 않다. 다만 형질 가운데에 나아가 단지 그 理만을 가리켜서 말한다면 본연지성인 것이다. 본연지성은 氣와 섞일 수 없는 것이다(한국학중앙연구원, 2006, 국역 율곡전서Ⅲ: 45). 이와 같이 율곡은 性을 이기지합 내지 이기지묘로 보기 때문에 형질 중에서 性을 파악하는 관점에 선다. 형질을 떠나 있는 것은 理이지 性이라 할 수 없다. 본연지성이란 단지 형질 중에서 理만을 가리켜 부르는 이름으로 氣가 배제된 순수 이(純粹 理)를 의미한다. 理는 율곡이 기질지성 하나만을 성으로 보는 것으로 본연지성의 성을 理로 이해하는 것이라 하겠다. 따라서 본연지성과 기질지성은 두 성이 아니라 기질상에 나아가 단지 그 理만을 가리켜 말해 본연지성이라 하고, 理와 기질이 묘합된 것을 기질지성이라 하는 것이다. 그러므로 본연지성은 기질을 겸해 말할 수 없으나 기질지성은 오히려 본연지성을 겸할 수 있다.

율곡의 기질지성 중심의 성론은 인간을 천지지리(天地之理)와 천지지기(天地之氣)의 묘합체로 이해하는 그의 입장에서 연유하는 것이다. 우주 자연이 그렇듯이 인간 존재 자체를 性과 形, 수(帥)와 색(塞), 理와 氣의 묘합적 존재로 파악하기 때문에 氣를 떠난 인간의 性을 말하기보다는 理氣가 불리지묘(不離之妙)한 性을 일컫게 된다(한국학중앙연구원, 2006, 국역 율곡전서Ⅴ: 103). 아울러 율곡의 이러한 성론은 현실적으로 존재하는 인간을 중심으로 하여 性을 말하는 것이지, 관념적인 性이나 개념적인 性을 일컫는 것은 아니다. 여기에 율곡의 철학이 결코 현실을 떠나지 아니하고 또한 관념적 한계를 극복할 수 있는 철학적 특성을 보여 주는 것이라 하겠다.

둘째, 사단칠정이다. '사단(四端)'이란 측은(惻隱), 수오(羞惡), 사양(辭讓), 시비(是非)의 마음을 말한다. 여기서 측은은 인(仁)의 단이고 수오는 의(義)의 단이며 사양은 예(禮)의 단이고 시비의 마음은 지(智)의 단이다(황의동, 1998: 26). 율곡은 인의예지(仁義禮智)는 인간본성이며 인간의 性으로 보았다. 대개 性 가운데에는 인의예지신의 오상(五常)이 있고, 본연지성(本然之性)을 드러내는 것이 情인데

이 情을 통하여 사단이 나오는 것이다. 情 가운데 '칠정(七情)'15)이 들어 있다고 보았다. "오상 밖에 다른 性이 없고 칠정 밖에 다른 情이 없다. 칠정 중에 인욕이 섞이지 않고 수연(粹然)하게 천리에서 나온 것이 사단이다."(한국학중앙연구원, 2006, 국역 율곡전서Ⅲ: 59). 율곡은 사단칠정의 관계를 사단은 선한 情을 따로 부른 말이고 칠정으로 말하면 사단은 칠정 중에 있다(한국학중앙연구원, 2006, 국역 율곡전서Ⅲ: 59-60). 그런데 율곡은 사단칠정의 구조를 기발이승으로 본다. 사단도 정이고 칠정도 정이다. 性이 氣를 타고서 움직인 것이 情이다. 율곡의 사단칠정론은 사단의 선과 칠정의 중절된 선을 중요시한다(한국학중앙연구원, 2006, 국역 율곡전서Ⅳ: 32-33). 현실적 인간의 입장에서는 칠정을 어떻게 理의 주재에 따라 氣가 발하도록 하느냐 하는 것이 중요한 문제라 하겠다.

셋째, 인심도심(人心道心)이다. '인심도심'에 관한 문제는 율곡 성리학의 중요한 비중을 차지한다. 율곡은 칠정을 인심도심으로 보고 사단은 곧 도심(道心) 및 인심(人心)의 선(善)이라고 보았다(한국학중앙연구원, 2006, 국역 율곡전서Ⅲ: 59). 만약 인심도심에 투철하지 못하면 理氣에도 투철할 수 없다. 인심과 도심은 어떻게 구별되는가에 대하여 율곡은 인심이나 도심은 결국 하나인데 이름이 다른 것은 심이 어떠한 의지적 정향(定向)을 갖고 작용하느냐에 따라 구별된다. "인심과 도심이 비록 두 이름이나 그 근원은 단지 일심인데, 발함에 혹 이의(理義)를 위한 것과 식색(食色)을 위한 것이 있기 때문에 발함에 따라 이름이 달라지는 것이다."(한국학중앙연구원, 2006, 국역

---

15) 七情: 喜怒哀樂愛惡欲(한국학중앙연구원, 2006, 국역 율곡전서Ⅳ: 32; Ibid Ⅲ: 306).

율곡전서Ⅲ: 35-36)

율곡은 본원상에 있어서는 인심도심이 하나이지만 주자의 혹생혹원(或生或原)이 모두 기발을 보고 입론한 것으로 여기에서 인심도심이 구별된다고 보는 것이다. 율곡에 의하면 인심과 도심은 모두 기발인데 氣가 본연지리에 순하면 氣 또한 이것이 본연지기이므로 理가 본연지기를 탄 것이 도심이 된다. 그리고 氣가 본연지리에 변함이 있으면 본연지기에도 변함이 있으므로 理 또한 소변지기(所變之氣)에 타게 되어 인심이 되므로 과불급(過不及)이 있게 된다. 理가 본연지기에 승재(乘載)한 것이 도심이고, 理가 소변지기(所變之氣)에 승재한 것이 인심이다(한국학중앙연구원, 2006, 국역 율곡전서Ⅲ: 305). 여기에서 氣가 본연지리에 순한다는 것은 氣가 발하는 것인데 그 氣가 理에 청명(廳命)하는 것이므로 理에 있어서 주리로 말할 수 있다. 氣가 본연지리에 변한다는 것은 理에 근원하였지만, 이미 氣의 본연이 아니어서 理에 청명할 수 없으므로 주기(主氣)로 말할 수 있다.

한편 그는 인심과 도심이 서로 시작과 끝이 될 수 있다는 '인심도심 상위종시(人心道心 相爲終始)'(한국학중앙연구원, 2006, 국역 율곡전서Ⅴ: 85)를 주장한다. 인간의 마음이 처음에는 성명의 바름에서 나오다가 순할 수 없어서 그 사이에 사의(私意)가 섞이면 도심으로서 시작해서 인심으로서 끝마치게 된다. 혹은 형기(形氣)에서 나왔으나 정리(定理)에 어긋나지 않으면 도심에 틀리지 않는 것이다. 정리에 어긋나더라도 그릇된 줄 알고 고쳐서 욕심에 따르지 않으면 인심으로 시작해서 도심으로서 끝나게 된다. 이와 같이 인심과 도심은 이미 결과한 心이지만 의(意)를 겸하였기 때문에, 고정화된 것이 아니라 인심의 도심화와 도심의 인심화가 가능하다. 따라서 인심도심 상위종시설의 이론적 근거가 意에 있고, 의지를 중시하는 율곡 철학의 특징이다.

결국 율곡의 인심도심설은 情의 발현이 육체의 욕구에 연유한 것이면 인심이고, 도의를 위한 것이면 도심이다. 그 구분은 기질(氣質)의 영향을 크게 받기 때문에 기질을 바꾸어서 인심을 도심으로 전환하려는 노력이 필요하다. 그러므로 행위의 연원이 인심인지 도심인지 스스로 구별하고 정화하려는 능력을 갖추어야 한다는 점에서 교육의 내용과 방법까지를 내포하고 있다. 즉 인심에 자리하고 있는 악의 실현가능성을 억제함으로써 선의 실현을 지속시키려는 일종의 자기수양방법이다. 인욕에 사로잡히지 않기 위해서 마음을 다스리는 공부가 필요한 것이다. 인간의 행위가 항상 도덕적이라면 인심과 도심의 구분이 필요 없다. 그러나 인심은 항상 악으로 흐를 위험성을 내포하고 있다. 이 양자를 구분하여 도심일 때는 확충하여 그대로 행하도록 노력하고 인심이라면 살펴서 준칙을 따르도록 노력해야 한다(한국학중앙연구원, 2006, 국역 율곡전서Ⅲ: 59, 307). 이렇게 볼 때 율곡은 천인일관(天人一貫)의 입장에서 인심, 도심을 이기설과 일체화시켜 논리를 전개한다. 뿐만 아니라 본연지성과 기질지성, 사단과 칠정, 나아가 意에까지 연관시켜 설명하고 있음을 알 수 있다.

(3) 사회개혁론

율곡은 사회를 하나의 실체로 파악하였으며 '기발이승(氣發理乘)', '이통기국(理通氣局)'의 원리에서 사회관을 찾아볼 수 있다. 실체로서의 사회는 시대를 초월하여 변함없이 지켜 가야 할 상경(常經)의

道(이통: 理通)와 그 道와 함께 사회를 변화 발전시키는 제도와 법(기국: 氣局)으로 구성되어 있다.

첫째, 상경의 도가 실현되는 사회관이다. 율곡이 말하는 언제나 지켜져야 할 '상경(常經)의 道'[16]는 고금(古今)을 통하여 변할 수도 없고 변해서도 안 되는 '왕도(王道)'[17]와 인정(仁政)[18] · 삼강(三綱) · 오상(五常)으로 유교의 인류적 가치인 천리(天理)를 벗어나지 않는다. 여기서 三綱[19]은 임금과 신하, 부모와 자식, 남편과 아내 사이의 기본 윤리를 말하는 것이다. 五常은 아버지는 의롭고 어머니는 자애롭고 형은 우애가 있고 아우는 공경스럽고, 자식은 효성스러워야 한다는 인간의 기본윤리 또는 인의예지신(仁義禮智信)의 다섯 가지 덕목을 말한다. 그러나 제도와 법은 하늘이 명한 理와 달리 사람이 제정한 것으로 이것은 얼마든지 변화가능하다고 보았다(한국학중앙연구원, 2006, 국역 율곡전서Ⅱ: 415). 상경의 道를 회복시키기 위해서는 먼저, 그 시대가 당면하고 있는 문제를 정확하게 인식해야 한다. 그리고 자신은 자신의 시대를 경장기(更張期)로 진단하였다.[20] 율곡

---

16) 사람으로서 마땅히 지켜야 할 올바른 도리(道理)(두산대백과사전).

17) 임금이 어진 덕으로 백성(百姓)을 다스리는 도리(道理)(두산대백과사전).

18) 어진 정치(政治)(두산대백과사전).

19) 유교(儒敎)의 도덕(道德)에 있어서 근본(根本)이 되는 세 가지 綱目(강목)으로서 임금과 신하(臣下), 어버이와 자식(子息), 남편(男便)과 아내 사이에 마땅히 지켜야 할 도리(道理)이다. 곧, 君爲臣綱(군위 신강), 父爲子綱(부위 자강), 夫爲婦綱(부위 부강)임.

20) 경장기란 사회변혁이 요구되는 시기를 의미한다. 일반적으로 사회의 변화를 창업(創業) · 수성(守成) · 경장(更張)으로 구분할 때 창업은 새 나라를 개국하는 시기이고, 수성은 창업의 정신을 보존하고 계승하는 시기이며, 경장은 이 이후의 시기를 말한다.

이 살았던 16세기 말의 조선은 연산군 때의 제정된 법이 고쳐지지 않아 많은 폐단이 생기고, 인습은 안일에 젖어 고루하였으며, 제도 또한 해이해져 나라가 잘 다스려질 수 없는 상태였다. 그래서 율곡은 이 시기를 낡은 습관을 혁신하고 오래된 폐단을 바로잡아야 하는 경장기로 보았던 것이다. 그 시대는 정치, 국방, 경제, 정신문화가 모두 극도로 악화된 상태에 있었지만, 외환(外患)이 없었기 때문에 경장할 수 있는 시기였다. 이 시기에 율곡이 제시한 정책들은 득중합의(得中合宜)의 원칙에 따라 성립되었다. 그는 시대에 맞추어서 일을 하되 그 일의 처리를 義를 기준으로 처리할 것을 원칙으로 하였다.

둘째, 시의적(時宜的)[21] 사회관이다. 율곡은 당시 사회의 현상을 실체 위주로 간파하고 '시의론(時宜論)'에 입각해서 개혁정책을 실현했다. 그는 상경의 道는 법령과 제도(기질: 氣質)가 시의(時宜)에 맞지 않을 때는 지켜질 수 없고 법령과 제도가 시의에 맞을 때에는 지켜질 수 있다는 것이 율곡의 경세론의 기본 전제이다. 따라서 율곡은 시의에 알맞게 법을 개혁하고 제정하는 것을 사회변혁의 기본 원리로 삼았다(한국학중앙연구원, 2006, 국역 율곡전서Ⅳ: 416). 그의 사회관의 하나가 시의론에 입각한 개혁주의였을 뿐만 아니라 인간 평등론에 입각한 민본주의였다고 볼 수 있다.

셋째, 율곡은 義와 實利 중 어느 한편으로 치우치지 않는 합리적 경세론(經世論)의 사회관이다. 중화의 사회관은 합리적 경세론(經世論)에서 나온 것으로서 시대에 알맞은 개혁을 통하여 '의와 실리'를 동시에 추구하는 것이다(한국학중앙연구원, 2006, 국역 율곡전서Ⅳ:

---

21) 시의란 시대 상황에 따라 수시로 법을 변용하여 국민생활의 안정을 도모한다는 뜻이다.

416). 그는 일을 처리할 때 道의 옳고 그름(是非)만 따질 것이 아니라 그 일을 처리함에 있어 이로움(利)과 마땅함(義)을 동시에 고려할 것을 주장함으로써, 실리를 당당하게 추구하는 사상의 일단을 보여준다. 경제적 실리만을 중시하고 시비의 소재를 무시한다면 일을 다루는 데 있어서 의로움에 어긋나고, 시비만을 중시하고 실리의 소재를 무시한다면 변화에 대응하는 데 있어서 권능에 어긋난다. 이것은 인간적 의리와 경제적 실리가 서로 원만하게 만나는 묘합의 논리이다. 利와 義를 동시에 추구하는 사회관에서는 실리만을 추구함으로써 생기는 인간 소외 현상과 같은 위기나, 정의만 중시함으로써 생기는 정신적·초월적 존재에 대한 추앙과 같은 비인간화 현상과 같은 문제는 생기지 않는다. 이와 같이 이해와 시비를 대립의 측면에서 보지 않고, 그 양자를 동시에 중화(中和)22)의 시각으로 논의한 대표적인 율곡의 경세론은 당시 조선이 당면하고 있었던 인륜상실과 경제의 갈등 및 대립을 해소할 수 있는 대안이다.

넷째, 율곡은 평등사상에 기초한 민본주의(民本主義)23) 사회관이다. 민본주의는 백성을 귀중하게 생각하는 의식으로 보국안민(輔國安民)하는 것을 뜻한다. 이러한 정신은 공자와 맹자를 중심으로 하는 원시 유가의 사회사상의 특징이기도 하다. 그는 공자의 말을 인용하여 대개 천하 국가를 다스리는 데 있어서는 '아홉 가지 상도'24)

---

22) 덕성(德性)이 중용(中庸)을 잃지 아니한 상태(狀態).
23) 국민의 이익과 행복의 증진을 근본이념으로 하는 정치사상.
24) 무릇 천하국가를 다스리는 데 아홉 가지 불변의 원칙이 있으니, 일컬어 자신의 몸을 닦는 것과, 어진 이를 존경하는 것과, 친근한 이부터 친하는 것과, 어진 이를 존경하는 것과, 여러 신하들과 일체가 되는 것과, 모든 백성들을 자식처럼 사랑하는 것과, 모든 상공인이 찾아오도록 하

가 있는데, 대신을 공경하고 서민을 사랑하는 것을 중요한 도리라고 했다(한국학중앙연구원, 2006, 국역 율곡전서Ⅴ: 274). 이것은 이통기국(理通氣局)의 논리에 근거한 기질성(氣質性)을 갖춘 인간론에 기초한 사상이다. 율곡은 사람이란 본성에 있어 기본적으로 차이가 없으며 품수받은 氣는 끊임없이 변화하므로 성인을 제외하고는 정성(定性)이 없다고 보았다. 인간은 끊임없이 변화하는 기질을 가지고 있지만, 누구나 다 성인이 될 수 있는 가능성을 가지고 있다. 따라서 율곡은 기질의 차이를 인정하면서도 누구나 다 성인이 될 수 있는 가능성에는 차별을 두지 않았다(한국학중앙연구원, 2006, 국역 율곡전서Ⅴ: 105).

율곡의 안민책(安民策)은 이와 같은 평등사상에서 군주와 백성의 관계를 단순한 상하의 위계적 관계로만 보지 않고 상호의존 관계로 파악한 것에서부터 출발한다. 그는 임금은 나라에 의지하고 나라는 백성에 의지하는 것이기 때문에 백성을 편안하게 하는 것이 첫째라고 하였다(한국학중앙연구원, 2006, 국역 율곡전서Ⅱ: 134). 이러한 시각에서 백성들의 실제 생활상태를 정확하게 알고 그에 적절한 정책을 실시할 것을 임금에게 요구하는 민본 정치사상을 전개하였다. 당시 고통과 빈곤에 처해 있는 백성들의 고통을 절실히 느끼고 가슴 아파했다. 이러한 그의 생각은 시대적 당면 과제를 논하는 글들[25]에서 누누이 강조되고 있다.

는 것과, 모든 상공인이 찾아오도록 하는 것과, 먼 곳에 있는 사람에게 유순하고 관용으로 대하는 것과, 여러 제후들을 포용하는 것이니라(한국학중앙연구원, 2006, 국역 율곡전서Ⅴ: 274).

25) 「동호문답」(東湖問答), 「진시폐소」(陳時弊疏), 「시무책」(時務策), 「간원진시사소」(諫院陳時事疏), 「옥당진시폐소」(玉堂陳時弊疏).

이렇게 볼 때, 율곡은 천인일관의 입장에서 인심도심을 이기설과 일체화시켜 그 논리를 전개하고 있다. 또한 인심도심의 상호가능성을 말하면서 본연지성, 기질지성, 사단칠정, 나아가 의(意)에까지 연관시켜 설명하고 있다. 그가 추구하는 이상적 사회는 정치가 이상적으로 실현되어 모든 사회의 구성원들이 정신과 물질의 양면에서 안정된 생활을 누리는 민본주의 사회이다. 그는 통치자와 지성인의 자질 및 능력이 시의에 맞고 민본주의에 이르면 이상사회를 이룰 수 있다고 보고 인재양성과 서민교육에 관심을 가졌던 점에서 현대적 의의가 높다.

따라서 율곡의 사상적 특징을 통해서 이기론에 근거한 성(性·誠·聖)의 인간교육은 기독교적 관점에서 다음과 같이 요약할 수 있다. 性은 하나님이 명부(命賦)하신 것이다(中庸). 性은 하나님이 명부하신 선물인 동시에 우리가 실존적으로 실현해야 할 과제이다. 性은 聖人 됨의 가능성인 동시에 聖人 됨에의 책임이다. 性은 곧 하나님의 형상이며, 性의 내용은 사랑이다. 하나님이 사랑이시고, 인간은 사랑의 존재가 되어야 한다. 性의 실존적 실현은 실심지성(實心之誠)을 통해서이다. 이 誠은 진리에 대하여 정성된 마음, 오직 진리로써만 氣, 즉 생명의 에너지를 연소하려는 마음, 사랑의 理와 생명적 氣로 불타는 마음을 우주 끝까지 넓히려는 마음, 즉 호연지기를 얻고자 하는 마음이다. 이렇게 誠한 자는 聖하게 된다. 聖한 자는 이상적인 기발이이승지의 경우이므로 생명의 氣가 發하는데 거기 眞理가 함께하는 경우가 眞理를 위해서만 氣가 움직이는 경우이다. 이렇게 聖한 자는 스스로 기쁨이요, 하나님의 기쁨이 된다. 하나님의 영광을 빛내는 자, 곧 하나님의 성례전이 된다(송성진, 2000: 68-

85). 그는 예수 그리스도께서 말씀하신바, 하늘에 계신 하나님이 온전하신 것같이 온전한 자가 된 사람이다(마태복음 5: 48).

이미 그리고 항상 性 곧 하나님의 형상을 지닌 존재로서 이 말했다.

"처음으로 배우는 사람은 먼저 뜻을 확립하는 것을 필요로 한다. 반드시 聖人이 되기를 자기의 목표로 삼고서, 한 터럭만큼도 스스로 포기하거나 물러서고 미루려는 생각을 해서는 안 된다. 대개 뭇사람도 성인과 그 본성은 동일하다."(한국학중앙연구원, 2006, 국역 율곡전서Ⅵ: 2)

율곡의 성인(聖人)은 결국 기독교의 聖化를 강조한 "너희는 거룩하라 나 여호와 너희 하나님이 거룩함이니라."(레위기19: 2). "오직 사랑 안에서 참된 것을 하여 범사에 그에게까지 자랄찌라 그는 머리니 곧 그리스도라."(에베소서 4:15) 하신 말씀 안에서 교육론의 목표 지향점이 같음을 찾을 수 있다. 율곡의 사회개혁론은 성인을 양성하여 인륜이 실현되는 이상사회이다. 이것은 기독교의 위로 하나님을 사랑하고 이웃을 네 몸과 사랑하라는 말씀 안에서 찾을 수 있다(누가복음 10: 27). 하나님의 사랑은 존재론적인 근거되심의 활동 외에, 모든 존재자들과의 적절한 사회적 관계, 즉 사랑으로 표현된다. 인간의 사랑이 표현될 부분은 바로 하나님 및 이웃 존재자들과의 진실한 사귐이다. 이때에도 인간의 사랑은 하나님의 사랑과는 그 범위와 정도에서 차이가 난다. 하나님의 사랑의 대상은 우주만물이다. 하나님의 사랑은 참으로 우주적이다. 그러므로 철학자 핫스혼(Hartshorne)은 우주를 하나님의 몸으로 그리고 하나님은 세계의 마음으로 비유하는 것이다(Hartshorne, 1984: 52-63). 이에 비하여 인간의 사랑은 그 범위가 상당히 제한적이다. 율곡의 인의예지는 仁 한마디로 요약된다. 仁은 한자의 모양이 지시하듯이 관계적 개념이다. 仁은 곧 바른 관계, 즉 사랑이다. 이것은 참된 사람됨이란 곧 사랑의 존재됨에서 본 기독교 신앙의 이해와 비슷하다. 본래적 실존은 사랑의 존재이다. 진실한 사람은 하나님을 사랑하고 또 이웃을 사랑하는 사람이다. 인의예지로 이루어지는 율곡의 사상과 사랑으로 이루어지는 하나님 형상의 기독교 사상은 상당히 비슷하다(Hartshorne, 1948: 120-124)고 볼 수 있다.

3) 교육개혁의 필요성

율곡은 어머니 신사임당의 가정교육과 정치가인 부친의 영향 그리고 자신의 탁월한 학문적 배경하에서 성장하였고, 또한 당시의 시대적 상황으로 인한 시대 개혁을 교육을 통하여 이루고자 했다. 그의 교육개혁의 근거는 성리학에 기인하고 있다(한국학중앙연구원, 2006, 국역 율곡전서 V: 114).

(1) 주기적 인간론의 기질변화에서 찾고 있다

만물 중에서 사람이 가장 귀한 까닭은 '오행(五行)'의 빼어난 氣를 갖추고 있는 천지의 마음이라고 보았기 때문이다(한국학중앙연구원, 2006, 국역 율곡전서 V: 66). 오행26)의 氣 중에서 식물이나 동물

---

26) 오행이란 火·水·木·金·土라는 다섯 가지 성분의 氣이다(한국학중앙연구원, 2006, 국역 율곡전서 III: 55).

은 이 氣를 온전하게 갖추지 못하는 데 비하여 사람은 이 모든 성분의 기운을 갖추고 있는 존재이다. 오행은 온전한 德, 즉 인의예지신(仁義禮智信)과 대응한다. 기발이승(氣發理乘)의 원리에 비추어 보면, 사람이 오행을 다 갖추었다는 것은 다섯 가지 덕이 탈(乘) 수 있는 것이 갖추어졌다는 것을 의미한다. 그러나 식물과 동물들은 하늘이 명령한 본연의 性을 가지고 있지만, 오행의 일부분만을 받았기 때문에 온전한 덕을 다 태울 수 없다는 것이다. 그에 비하여 사람은 오행의 氣를 모두 받은 유일한 존재다. 그러나 사람이 품수(稟受)받은 온전한 氣는 사람에 따라 그 치우침과 맑음과 탁함이 달라 인성과 개성의 차이가 나타난다. 즉 사람이 氣를 타고나는 것이 동일하지 않다. 한쪽은 맑고 한쪽은 탁하기도 해서 어버이에게는 효도하면서 형제와는 불화하게 된다. 어버이에게 효도하는 것은 한쪽의 맑은 氣에 연유한 것이고, 형제와 불화한 것은 한쪽의 탁한 氣에 연유한 것이다(한국학중앙연구원, 2006, 국역 율곡전서Ⅲ: 58). 이처럼 인간은 품수받은 氣에 따라 상이한 성품과 개성을 가지지만, 이것은 선천적으로 고정된 것이 아니라 끊임없이 변화하는 특성을 가지고 있다. 즉 사람의 氣는 맑음과 탁함, 순수함과 잡박(雜駁)함의 순도가 계속 변화한다.

율곡은 자연과 동식물은 정성(定性)이 있어 기질에 변함이 없지만, 사람만은 정성이 없어 기질이 끊임없이 변화하는 특성을 가지고 있다고 하였다. 물론 사람도 자연과 마찬가지로 정성이 있어 변함이 없어야 참으로 사람다움을 다 할 수 있다. 사람 중에서도 정성이 있는 존재는 성인(聖人)이다(한국학중앙연구원, 2006, 국역 율곡전서Ⅲ: 68). 이것은 사람들은 성인과 같이 되어야 한다는 것을 의미한다. 왜냐하면, 자연은 성인의 모범(模範)이고 성인은 사람의 모범이기 때문이다. 사람은 정성이 없기 때문에 氣를 그대로 두면 탁하고 잡박하게 변화한다. 마치 처음에 맑은 물에 자꾸 티끌이 섞여 마침내 흐린 물이 되는 것처럼 사람의 기질은 변화한다.

그러므로 인간만이 정성을 위한 수기(修己)가 필요하다. 수기는 氣가 탁해지는 것을 방지하는 것과 탁한 氣를 본연의 氣로 변화시키는 것이다. 氣가 탁해지는 것을 방지하기 위해서는 氣가 탁해지는가를 살피고 맑은 氣로 변화시킬 수 있는 능력이 있어야 된다. 이러한 능력을 율곡은 마음의 허령통철(虛靈洞徹)로 설명하고자 하였다(한국학중앙연구원, 2006, 국역 율곡전서Ⅲ: 85). 다만, 그 마음 됨이 허령통철하여 온갖 이치가 구비되어 있으므로 氣의 탁한 것을 맑은 것으로 변하게 할 수 있고 잡박한 것을 순수한 것으로 변하게 할 수 있다. 그러므로 수양의 공부는 홀로 사람에게만 있으며, 그 수양의 극치는 천지의 조화육성(造化育成)을 돕는 경지에 이르게 되고 그렇게 된 뒤에라야 사람의 할 일을 다 하게 된다.

이것은 인간이 '교육적 존재(Homo Educatus)'27)임을 말해 주는 것이다. 교육적 존재란 교육의 필요성뿐만 아니라 가능성을 동시에 가진 존재자를 뜻한다. 교육이 가능한 것은 마음이 허령하여 통철이 가능하기 때문이다. 허령은 마음의 본체를, 통철은 마음의 작용을 뜻한다. 마음의 氣가 허령한 이유는 다만 性이 있어서 그러할 뿐만 아니라, 잘 소통하고 올바른 氣가 엉기어 마음이 되었기 때문이다. 그

---

27) 듀이(John Dewey)는 인간을 발달할 수 있는 가능성이 있지만 미성숙(未成熟)한 존재라고 했고, 칸트(Immanuel Kant)는 교육은 인간을 인간답게 만든다는 교육적 존재(Homo Educatus)로서의 인간론을 말했다.

래서 인간만은 동식물과 달리 수양(교육)에 의하여 자신의 氣를 맑게 변화시킬 수 있다. 따라서 율곡의 주기적(主氣的) 인간론은 마음 본체를 본연성을 내재한 기질성에서 찾고 있다(한국학중앙연구원, 2006, 국역 율곡전서Ⅲ: 17-18). 마음의 기질이 청명하면 기질성은 곧 본연성처럼 되어 순선한 상태가 된다. 그러나 기질이 청명하지 못하면 기질이 본연성을 가려 기질성은 본연성과 다르게 순선한 상태가 되지 못한다. 그러므로 기질을 청명(淸明)하게 하여 본연성이 투명하게 될 때 가장 인간다운 인간이 된다. 인간에게 맑은 氣가 탁해지지 않도록 氣를 다스리고 탁한 氣를 맑게 변화시키는 교육이 필연적으로 필요하다고 보았다.

(2) 인재양성과 추성용현(推誠用賢)에서 찾고 있다

율곡은 이와 같은 자신의 시대를 난세기(亂世期)로 규정한다. 시대에 대한 진단이 내려졌다면, 이제는 시대의 모순을 해결하기 위한 치유책이 강구되어야 한다. 율곡은 중쇠기라는 시의에 맞는 급무(急務)로서 경장론(更張論)을 제기한다. 경장은 주로 제도 개혁을 그 골자로 한다. 그러나 아무리 시의 적절한 대책이 제시되더라도 일관된 추진력과 개혁을 지속할 인재가 확보되지 않는다면, 실질적인 성과는 기대할 수 없다. 이 점에서 율곡은 교화를 시행하는 데는 학교보다 우선하는 것이 없다고 하여 실제적인 성과를 견인해 낼 수 있는 학교 교육의 정상화를 역설하고, 실질적인 교화와 인재양성의 책임을 맡고 있는 훈도(訓導)에 대한 적절한 대우를 시급한 문제로 보고 있다. 그리고 인재가 양성되었다면 개혁을 통해 왕도정치(王道政治)를 구현하기 위해 현명한 인재를 등용하여 능력에 맞게 적재적소에 배치하는 추성용현이 중요한 문제이다(한국학중앙연구원, 2006, 국역 율곡전서Ⅴ: 278). 율곡은 이 점에서 인재 등용뿐만 아니라 이들의 능력을 최대한 활용하기 위해서는 군주가 자신의 사심을 버리고 신하들을 신뢰하는 사기종인(舍己從人), 허심종선(虛心從善)의 태도가 요구된다고 판단한다. 이러한 일련의 사업들은 결국 군주의 진덕수업(進德修業)으로부터 일반 백성과 선비에 이르기까지 교육을 기초로 하는 것들이라는 점에서 인간교육의 중요성과 필요성이 다시 한번 확인된다.

(3) 나라의 위기를 극복할 유교적 이상사회 건설에서 찾고 있다

율곡이 활동했던 시기는 조선이 200년 동안 수성(守成)의 시기를 지나오는 동안 과거의 법과 제도에만 얽매여 변화된 현실을 도외시하고 있었다. 모두들 안일함에 빠져서 전대의 구습을 답습할 뿐 조금도 혁신하려 하지 않아 사회는 정체되고, 백성들은 피폐해졌으며 나라의 재정은 이미 바닥난 상태에 이르렀다. 이러한 시기에 만일 외적이 변방을 침범한다거나 폭도들이 반란을 일으킨다 해도 진압할 만한 병력과 군량이 없었다. 뿐만 아니라 이미 상하 간에 신의조차 없어져서 끝내 나라를 보존할 수 없을 것으로 여겨 유교적인 이상사회를 추구하게 되었다(심의보, 2003: 4). 그가 생각하는 유교적인 이상사회는 올바른 가치관과 정확한 지식을 가지고 있는 지식인이 적극적으로 봉공(奉公)의 임무를 수행해 나감으로써 비로소 실현될 수 있다. 그러나 지식인들이 사화(士禍)의 영향으로 정치·사회 현실을 외면하게 되자 여기에서 권력지향적이거나 기회주의자인 사람들이 정권을 장악하게 되고 따라서 유가 본래의 정치이념은 퇴색되어 탄력 있게 적용되지 못하였다(한국학중앙연구원, 2006, 국역 율곡전서 V: 338). 이에 점차 사회·경제 전반에 걸친 모순과 부패가 심화되어 갔다.

따라서 율곡은 인간을 자기 혁신의 노력 곧, 교육을 통해 스스로를 변화시킬 수 있는 존재로 이해한다. 이러한 자기 혁신의 교육적 인간상이 바로 유학에서 제시하는 이상적 인격자로서 성인(聖人)이나 군자(君子)이다. 인간의 궁극적 모델로서 성인을 지향하지만, 보다 현실적인 의미에서 도학지사(道學之士)로서의 진유(眞儒)[28]를 말한다. 이 진유는 성인보다는 군자에 가까운 교육적 인간상이라 할 수 있다.

이와 같은 교육적 인간상에 근거하여 나라의 위기를 교육을 통하여 실현하고자 교육론을 정립하고 교육으로 길러진 인재를 적재적소에 등용함으로써 개혁을 추진하고자 하였던 것이다(한국학중앙연구원, 2006, 국역 율곡전서 II: 278). 율곡은 동시대의 다른 어떤 인물보다도 교육에 대한 관점과 이론을 체계적으로 정리하고 그 구체적인 적용방법까지 제시하고 있다. 율곡의 이러한 입장은 그의 시대현실에 대한 인식과 인간에 대한 이해와 무관하지 않다. 이것은 그의 시대가 적극적인 교육의 필요성이 제기될 만큼 불안정한 사회라는 것이고, 그럼에도 불구하고 시대의 모순을 해결할 수 있는 주체는 곧 인간일 수밖에 없다는 점을 확인해 주는 것이기도 하다. 이렇게

---

[28] 본래 유가철학에서는 바람직한 인간의 모습을 성인(聖人), 군자(君子), 사(士), 대인(大人), 대장부(大丈夫) 등 여러 가지로 설명하고 있지만, 율곡은 주로 성인(聖人), 진유(眞儒), 도학지사(道學之士)로 설명하고 있다. 진유나 도학지사가 현실적인 교육적 인간상이라면 성인은 이상적인 교육적 인간상이라 할 수 있다.

보면, 율곡은 자신의 세계를 변화시키는 방법으로서 교육을 강조했고, 이것은 이 시대의 변혁도 바로 교육으로부터 비롯할 수 있다는 점을 시사한다. 교육을 통해 개인과 사회의 문제를 해결하려 했던 율곡의 이념적 지향을 오늘의 시점에서 재해석함으로써 이 시대에 어떠한 점에서 유의미할 수 있는가를 검토하려는 것이 새 교육론에서 얻는 교훈이다.

제3장 코메니우스의 교육론

코메니우스에 의하면 인간은 나면서부터 생득적으로 지성(知性),[29] 덕성(德性),[30] 경건(敬虔)[31]의 씨앗이 심겨 있는데, 이것을 완성함에 있어서는 교육으로 습득해야 한다. 어떤 사람도 사람답게 행동하는 것을 학습하지 않고는 창조적 본래의 기능을 발휘하는 참된 인간이 될 수 없다. 이런 모든 기능은 가능성으로만 존재할 뿐이기 때문에, 교육에 의해 발달시킬 필요가 있다. 따라서 코메니우스의 교육론을 알아보기 위해 그가 교육을 통해 달성하고자 하는 교육목적의 탐구에서 나아가 가르치고자 하는 교육내용 그리고 효과적인 전달을 위한 교육방법을 논의하고자 한다.

---

29) 노나카 이쿠지로(1995)는 「*The Knowledge −Creating Company* (지식창조기업)」이라는 책에서 지식을 암묵지(暗默知, Tacit Knowledge)와 형식지(形式知, Explicit Knowledge)로 구분하였다. 암묵지는 "학습과 체험을 통해 개인에게 습득돼 있지만 겉으로 드러나지 않는 상태의 지식"을 말한다. 사람의 귀와 귀 사이(between ears), 즉 머릿속에 존재해 있는 지식으로 언어나 문자를 통해 나타나지 않는 지식이다. 또한 암묵지는 대개 시행착오와 같은 경험을 통해 체득하는 경우가 많다. 형식지는 "암묵지가 문서나 매뉴얼처럼 외부로 표출돼 여러 사람이 공유할 수 있는 지식"을 말한다. 교과서, 데이터베이스, 신문, 비디오와 같이 어떤 형태로든 형상화된 지식은 형식지라고 할 수 있다(Nonaka Ikujro·Takeuchi Hirotaka, 1995).

30) 덕성(德性)은 도덕적 행위가 나타나게 하는 품성, 도덕의 본성에 맞거나 도덕적으로 옳은 것. 칸트의 철학에서, 도덕률에 대한 존경심을 가지고 의무적으로 이루어진 행위가 가진 가치. 헤겔의 철학에서, 구체적인 인륜의 세계에 이르는 계기가 되는 주관적인 도덕의식(Kant: 2007: 25).

31) 경건은 신약 성경을 기록한 Greek어로 유세베이아(ευσεβεια)이다. 그리고 그 뜻은 "하나님께 마땅히 바쳐야 할 올바른 존경"을 말한다. 이것을 영어로 옮길 때 Godliness가 된다. 이 말이 딤전5:4에 '자기 집에서 효를 행하여'라는 말로 쓰인 '효'가 곧 유세베이아이다. 이 원문을 흠정역에는 '경건(Piety)'으로 번역했고 R.S.V.에는 '종교적 의무(religious duty)'로, 한글 개역성경은 '효'라고 번역하였고 한글 공동번역에는 '종교적 의무'라고 하였다. 성경에서는 거의 한결같이 하나님에 대한 태도를 가리키는 말로 쓰이고 있다(A. A. Hoekema, 1995: 68).

1. 교육목적

코메니우스는 교육목적을 집약적으로 진술하지 않았다. 그래서 그의 교육목적을 제시하기 위해서 산재해 있는 목적들을 체계화하여 이해해야 한다. 그의 교육목적[32]은 「대교수학」 제2-4장에 제시되어 있

[32) 대한민국에서의 교육목적은 교육기본법 제2조에 규정되어 있다. "① 홍익인간(弘益人間, devotion to the wel-fare of mankind)의 이념(평화, 상부상조, 인간존중) 아래 모든 국민으로 하여금 ② 인격을 완성하고 ③ 자주적 생활능력과 ④ 공민으로서의 자질을 구유하게 하여, ⑤ 인간다운 삶을 영위하게 하고 ⑥ 민주국가 발전에 봉사하며 ⑦ 인류공영의 이상실현에 기여하게 함을 목적으로 한다." 각급 학교 교육목적으로서는 유치원은 유아를 교육하고 유아에게 알맞은 교육환경을 제공하여 심신의 조화로운 발달을 조장하는 것을 목적으로 한다. 초등학교는 국민생활에 필요한 기초적인 초등교육을 하는 것을 목적으로 한다. 중학교는 초등학교에서 배운 교육의 기초위에 중등교육을 하는 것을 목적으로 한다. 고등학교는 중학교 때 받은 교육의 기초 위에 중등교육 및 기초적인 전문교육을 하는 것을 목적으로 한다. 특수학교는 신체적·정신적·지적 장애 등으로 인하여 특수교육을 필요로 하는 자에게 유치원·초등학교·중학교 또는 고등학교에 준하는 교육과 실생활에 필요한 지식·기능 및 사회적응 교육을 하는 것을 목적으로 한다. 각급 학교 교육목표로는 초등학교의 교육은 학생의 학습과 일상생활에 필요한 기초능력 배양과 기본 생활습관을 형성하는 데 중점을 둔다. 중학교의 교육은 초등학교 교육의 성과를 바탕으로, 학생의 학습과 일상생활에 필요한 기본능력과 민주시민으로서의 자질을 함양하는 데 중점을 둔다. 고

다. 인간의 궁극적 목적은 금생(今生)을 넘어서 있으며, 금생의 생명은 영원을 위한 준비에 있다. 그리고 영원(永遠)을 위한 준비에는 세 단계가 있다. 자기 자신과 세계의 모든 것을 아는 것, 자기 자신을 다스리는 것 그리고 하나님을 향하여 자신을 나아가게 하는 것이다. 그는 이것을 각각 지성, 덕성, 경건이라고 명명하였다(Comenius, 1657: 40). 이숙종은 위의 목적을 실현하려는 교육을 각각 지성: 지식교육, 덕성: 도덕교육, 경건: 경건교육으로 명명하였다(1996: 221－242).

1) 지성을 통한 사고·언어·행동의 성숙

코메니우스는 참된 지성은 한 개인의 원활한 인지적 활동과 그 과정을 통하여 잘 지각되고, 잘 사고하며, 잘 행동하는 세 요소의 조화 있는 기능에 의하여 표현된다는 사실을 발견하고 인간의 완전한 지성을 위하여 감각, 이성, 행동의 삼위 일체적 관계를 체계화하였다(Comenius, 1657: 197). 인간은 하나님의 영으로 창조되었기 때문에 다른 피조물과 구분되는 우월한 '이성적 존재(理性的 存在)'[33]이다(창세기2: 7). 그는 인간이 사물을 이해하고 이것을 실제로 활용

등학교의 교육은 중학교 교육의 성과를 바탕으로 학생의 적성과 소질에 맞는 개척능력과 세계시민으로서의 자질을 함양하는 데 중점을 둔다(교육인적자원부, 2006).

33) 칸트에 의하면 인격의 본질은 그 자류성에 있다고 한다. 그는 인간은 단순한 이성적 존재가 아니라 이성능력이 부여되어 있는 존재로서 그 이성력을 구사하여 자기 자신을 비로소 하나의 이성적 존재로 만들어 가는 목적 정립적 창조능력에 의해 스스로의 존재를 보다 인간답게 완성하여 나아가는 존재라고 한다(Kant: 2007: 30).

하며, 타인에게 전달할 수 있는 모든 지식을 획득할 수 있는 원천적인 능력을 타고났음을 다음과 같이 설명한다.

> "하나님께서는 인간에게 세 가지 도구를 주었다. 첫째는 중요한 것을 가릴 줄 아는 선천적인 사고력(이성), 둘째는 가장 도움이 될 수 있는 말하기(언어), 셋째는 그가 정신력의 도움으로 생각했거나 언어를 통하여 가진 경험들을 완전하게 하는 행동(손)이다."(Comenius, 1638: 67)

인간은 이 도구를 활용하여 모든 사물들의 지식의 요소와 진리를 습득하며, 그 자신이 합리적이고 영적이며 신령한 생활을 영위할 수 있다. 그러므로 지성 교육을 통해 인간의 세 기능인 사고, 말하기, 행동을 배양하는 것이다. 코메니우스에게 있어서 지성은 사물과 기술과 언어의 지식을 말하며(Comenius, 1657: 40) 그것을 배양하기를 기대한다. 따라서 코메니우스의 교육목적인 전인성에서의 지성을 사물지식과 기술지식 그리고 언어지식의 습득으로 나누어 고찰한다.

첫째, 사물지식의 습득이다. 코메니우스는 사물지식을 습득해야 하는 이유를 이렇게 설명하였다. 참된 지혜와 우리의 참된 행복은 올바른 사물 인식과 사물의 근거를 바라보는 통찰력과 그것의 올바른 사용에 근거하고 있음은 충분히 잘 알려졌다. 모든 사람들은 사물을 올바르게 알고 그것들을 그 뿌리에서 파악하는 법을 배워야 한다. 잃어버린 낙원이 회복되는 것, 다시 말해서 온 세상이 하나님과 인간과 자연을 위한 기쁨의 낙원이 되는 것을 통해서만 이것은 성취되는 것이다(Comenius, 1638: 57). 코메니우스는 인간이 이성의 능력으로 모든 사물들을 올바르게 사용할 수 있도록 하기 위해 올바른 사물에 대한 인식능력과 사물의 존재 근거를 바라보는 통찰력을 배워야 하며, 그 지식을 활용할 것을 강조하였다. 모든 사물은 인간 지식의 대상이 되므로 올바르게 이용하도록 배워야 한다. 하나님의 지혜에 대한 진정한 축복은 참된 이성에 의한 모든 사물의 활용에 달려 있기 때문이다. 코메니우스는 사물에 관한 지식을 얻는 데 여러 가지 장애물이 있다고 생각했다. 장애물은 사물의 지식을 얻는 훈련의 과제로서 주어져 있는 것이다. 그는 대표적인 장애물을 다음과 같이 열거했다.

"인생의 짧음, 인간의 지능이 파악해야 하는 사물들은 너무 많음, 학문을 습득할 기회가 없거나, 기회가 생기더라도 속히 떠나 버린다는 것, 인간 지성의 둔함과 건전한 판단의 결여이다. 만일 누군가가 반복적인 관찰과 실험을 통해서 사물의 참된 본질을 파악하기 원한다 해도 그 과정은 너무 수고로우며, 또한 신뢰할 만하지 못하며 불분명한 상황이다."(Comenius, 1657: 109-110)

이러한 장애물이 있지만 적당한 치료법을 발견하는 것도 알게 된다고 확신한다. 왜냐하면 이러한 것들은 모두 하나님이 정해 놓은 것이며, 절대적인 지혜로 우주를 인간의 유익을 위해 배치한 것이기 때문이다. 사물교육은 자연으로 돌아가는 과정이며, 인간은 전지의 능력을 회복하게 되는 것이다. 이것은 전력을 다하는 노력이 있다면 가능한 일이다(Comenius, 1657: 111).

둘째, 기술지식의 습득이다. 코메니우스는 기술지식 습득의 목적을 자연의 힘에 실제로 적응하는 것을 학습하는 데 두었다. 그는 이러한 자신의 입장을 지지받기 위해 비베스(Vives)의 말을 인용하고 있다. "이론은 공부하기 쉽고 간단하다. 그러나 거기에서 얻는 것은 마음의 만족뿐 그 밖의 성과는 없다. 반면에 실천은 어렵고 지루하지만 거기에는 유익이 있게 된다."(Comenius, 1657: 206) 따라서 기술교육은 실천을 통하여 배우는 것이다. 인간의 완전한 행동은 행함의 실천을 통하지 않으면 배울 수 없으므로 참는 것을 통하여 인내를 배우고, 견딤의 실천을 통하여 참을성을 기르며, 용기 있는 노력과 행동을 통하여 용기를 배운다. 이러한 이론은 맹목적인 충동으로 일을 하는 것이 아니라 진행하고 있는 일에 관한 이해로서 나타나게 된다. 그래서 일을 행동으로 옮기는 것은 어떤 수단과 방법으로 일을 수행할 수 있는지를 나타내는 것이다. 이것은 지식이 되는 것이다(Comenius, 1649: 171).

또한 기술교육은 허위적인 것이 아니라 진실하며 피상적인 것이 아니라 철저한 것이다. 이성을 갖춘 인간은 타인의 지성에 의해서가 아니라 자기 자신의 지성에 의해서 지도될 것이며, 타인의 의견을 단순히 알고 그 의미를 파악하거나 암기하고 반복하는 것이 아니라 그 자신이 사물의 근본에 파고들어서 참된 인식에 도달하고 학습한 것을 사용하는 습관을 지니게 될 것이다(Comenius, 1638: 90). 코메니우스는 이것에 대한 비유로 깊이 뿌리내린 병을 치료하는 것은 힘든 일이지만, 그것의 특효약을 알려준다면 환자는 거절하지 않을 것이라 했다. 그래서 우리는 실제로 무엇을 약속해야 하고, 어떤 규칙 위에서 우리의 일을 진행시켜야 하는지를 분명하게 해야 한다(Comenius, 1638: 89). 교육의 과업은 자신의 지성에 의해 지도돼야 참된 본질에 도달할 수 있기 때문이다. 그는 사물의 본질을 인간에 의한 사용이자 발견으로 보았다. 사물이 가진 질서는 모든 것을 모든 사람에게 가르치는 기술의 지배적인 원리가 되고 있다. 그래서 기술의 과정은 자연의 과정과 같이 쉽고 자발적으로 되어 갈 것을 기대한다. 이것은 자연의 안내하에서는 길을 잃어버릴 수 없다는 신념을 따른 것이다. 코메니우스는 자연의 조작을 기술의 과정으로 모방하기를 다음의 사례로써 권유하고 있다. "하나님은 그의 자비 가운데서, 벌써 하나님의 복을 우리가 받을 손이 모자라지 않을 만큼만 주었다. 역시 우리의 본성을 자신에게만 배부르게 하는 것이 아니라 일정한 사람들의 견해에 따라 이루어지게 한 것이다. 그래서 우리는 모든 것을 제시한 하나님이 우리의 요청을 거두어 가지 않도록 기도해야 한다. 그래서 넉넉하게 되는 기술은 기도와 노동과 만족이다."(Comenius, 1638: 93, 109) 이 세 가지를 위해 기술지식을 습득해야 한다.

셋째, 언어지식의 습득이다. 코메니우스에게 있어서 사고와 행동, 즉 앎과 행함은 언어를 통하여 매개된다. 모국어는 집에서 사용하기 위하여 필요하다. 예를 들면 이웃 나라의 언어는 이웃 국민과의 교류를 유지하기 위해서 필요하다. 그는 의사소통의 간편화와 합리화만이 아니라 하나의 언어가 하나의 아이디어를 제시하는 체계로서 필요하다고 강조하는 것이다. 인간에게는 객관적인 세계와 언어의 이해, 즉 사실의 지식과 그것을 표현하는 언어능력이 평행해서 성장할 수 있어야 한다는 것이다(Comenius, 1657: 216−217). 언어는 그 자체로서 지식과 지혜가 되는 것이 아니라 지식을 얻는 하나의 수단이며, 그것을 남에게 전달하는 매개체로서 존재한다. 따라서 지혜로운 인간 양육을 위해서 지식교육과 기술 및 경건교육과 함께 언어교육이 필요한 것이다. 자신의 생각을 언어의 수단으로 적절히 잘 표현하는 자를 일반적으로 올바른 학교교육을 통하여 이루어지지 않는 말을 하는 수다쟁이가 아니라, 천성적으로 말을 잘하는 언어의 재주를 가진 자라고 부른다. 이러한 목표는 사물 세계의 근거들에서 보이는 통찰을 통하여 사물을 서로 구분하고, 각 사물에게 그의 참된 이름을 부여하며, 결과적으로 서로 예속된 낱말들을 잘 연결하기를 배운 자에게 약속될 수 있는 것이다(Comenius, 1638: 95-96). 언어지식을 획득해야 하는 것은 어리석은 도구로 말하게 하는 것이 아니라, 사물 그 자체로서 말하기를 이해하기 위한 것이다. 형식을 갖추지 않은 소리로 사물을 말하는 것이 아니라 의미를 가진 말로서 다른 것이다(Comenius, 1638: 96). 그렇게 될 때 사물을 정상적으로 관련을 가진 언어와 연결할 수 있는 것이다. 그렇게 하면 인간은 가장 쉽게 말을 배우게 된다.

따라서 이성의 작용으로 모든 사람에게 모든 것을 가르치는 전체적인 기술을 유도하고 기술지식의 습득은 자연의 힘을 실제에 적용하는 것을 학습하도록 안내해 준다. 그리고 언어지식의 습득은 그 자체가 지식이나 지혜의 일부를 형성하는 것이 아니지만, 지식을 얻고 그것을 타인에게 전달하는 수단으로 필요하기 때문이라는 것을 알 수 있다.

2) 덕성을 통한 생명체와의 조화

코메니우스가 말하는 덕성교육의 목적[34]은 인간의 부패와 타락을

---

34) 덕성교육이 지향하는 바는 도덕성의 발달을 실현하는 것이다. 사회적 차원에서의 덕성은 한 사회가 문화적 특징으로 가지고 있는 도덕적 가

예방하고 선행과 올바른 생활습관을 형성하며, 다른 사람들과 생명체들과의 조화의 관계35)를 이루는 참다운 선한 인간이 될 수 있게 교육받아야 하는 것이다.

첫째, 인간의 부패와 타락을 예방하고 치유하는 것이다. 인간은 조화를 좋아하지만, 타락으로 인하여 탐욕스러울 만큼 그것을 추구한다. 조화로운 모든 것은 생명을 주고 쾌적감을 주지만, 알맞음이 결여된 모든 것은 해롭다. 그러므로 알맞음의 조화를 추구해야 하며, 새로운 덕성을 계발해야 한다. 그는 인간의 천부적인 탁월한 마음에 덕성의 씨앗을 배양하지 않으면, 변덕스러운 마음이 가득하게 된다는 것을 강조하였다(Comenius, 1657: 50,60). 이것은 선한 것과 악한 것에 대한 분명하고 명쾌한 교훈이 제시되어야 하는 것을 의미하는 것이다.

조화를 위한 덕성교육에서 중요하게 작용하는 요소는 의지(意志)이다. 의지는 이성의 작용이며 이성은 의지를 이 방향 또는 저 방향

치 판단의 일반적 기준과 지향하는 도덕적 이상을 통칭하는 말이며, 개인적 차원에서의 덕성은 한 개인이 가지고 있는 도덕적 신념과 그것에 따른 행위의 성향과 이들로 인해 특징짓는 인격을 통칭하는 말이다(이돈희, 1988: 75). 그러나 인지적 도덕발달 이론에서의 도덕성은 도덕적 삶과 관련하여 무엇이 옳고 그른지, 무엇을 마땅히 해야 하거나 하지 말아야 하는지 그리고 그 이유와 정당한 근거는 무엇이지를 사고하고 판단하는 능력, 즉 도덕적 사고판단 능력으로 규정하고 있다(이택휘 외, 1997: 117).

35) 독립적인 인간은 없다. 상호의존만이 가득한 것이다. 하나님께서는 인간을 상호간에 충분히 인격적인 관계 안에서 상호의존적인 개인들로서 서로를 보완하도록 만드셨다. 그 근거는 창세기 1장과 2장에서 남자는 여자 없이 불완전하고 여자는 남자 없이 불완전하다. 이것은 고립된 상태에서는 참된 인간성을 얻을 수 없다는 것이다(Moltmann J., 1977: 11).

으로 기울게 하는 욕망과 감정이다. 의지의 조정 장치는 이성이며, 그것은 어떤 것에 대해서 무엇을 어디서 어느 정도 추구해야 하며 또는 피해야 하는가를 측정하고 결정한다. 그러므로 만일 욕망이 너무 무겁지 않고 이성이 적절하게 조절된다면 덕성의 조화와 화음이 따라오지 않을 수 없을 것이다(Comenius, 1657: 51).

따라서 인간의 부패와 타락을 예방하기 위해서는 의지와 덕성의 조화가 필수적이다. 덕성의 조화(調和)라는 것은 분명히 욕망하는 바와 행동이 적절하게 균형을 유지함으로써 이루어지는 것이다. 인간의 마음은 변화라는 본성에 따라 고요하게 머물러 있지 않기 때문에 덕성 함양을 위한 적절한 교육을 하지 않으면, 자신에게 적합한 것을 지도받으려 하지 않고 항상 부당한 계획을 꾸미기 마련이다. 이와 반대로 인간의 마음을 순결한 교훈으로 강화시키면 실제로 참된 것과 유익을 만들어 내는 것에 사용하게 되는 것이다.

둘째, 선행과 올바른 생활습관을 형성하는 것이다. 사람은 사회 속에서 주변사람들과 더불어 살아가는 존재이다. 사회생활에는 관계를 맺고 더불어 살아가야 하는데 자신을 제어하고 타인을 배려하는 덕성의 근거를 코메니우스는 인간 자신 내부에 가지고 태어난다고 보았다(Comenius, 1657: 40). 이 덕성은 외적인 단정함뿐만 아니라 내적 및 외적 움직임의 전체적인 도덕적 경향성을 의미한다(Comenius, 1641: 225). 인간이 인간다워질 수 있고 인간과 더불어 살아갈 수 있기 위해서는 자신을 조절하는 사회적 능력이 필요하다.

셋째, 자연의 모든 생명체들과의 조화를 이루는 것이다. 인간은 부패한 본성 속에 이기심이라는 악덕이 천부적으로 내재해 있어서 자기 일에만 전념하고 공동체의 복지를 생각하지 않는다(Comenius,

1657: 229). 이웃과 다른 사물을 지배하기 전에 먼저 자기 스스로를 다스리는 것을 배워 몸에 체득해야 한다. 인간의 영혼은 내면세계의 모든 것을 덕스럽고 아름답게 발전시켜 가치 있게 표현할 수 있다. 그래서 무엇이 선한 것인지를 알고, 그 모든 것을 공동의 만족과 기쁨으로 활용하게 된다. 이렇게 함으로써 모든 사람이 공동복지를 위해서 협력할 준비가 되며 모든 생명체들과의 조화로운 생활로 행복하게 될 것이다.

이와 같이 코메니우스는 덕성교육의 중요성을 인간 타락과 부패 요인들을 발견하여 그것을 치료하는 일과 개인이 다른 사람들과 생명체들과의 조화로운 관계 속에서 선한 행위와 습관을 형성하여 선하고 진실한 행동을 계속적으로 나타내는 것에 두었다.

3) 경건을 통한 하나님나라 건설

코메니우스는 인간의 궁극적 목표는 내세(來世)의 삶에 있다고 말하며, 현세적인 삶에서 행하고 고난받는 모든 것은 최종적인 목표에 이른 것이 아니라, 다른 목표를 향해 달려가고 있음을 보여 준다. 현세의 삶은 영생(永生)에 대한 준비라고 말하며, 인간은 모태에서 육체가 영혼에 의해 사용될 수 있는 그릇과 도구로 만들어지고, 세상에서의 삶을 위해 올바로 사용되도록 만들어진다는 것이다. 모태에서의 삶은 육체적인 삶을 준비하기 위한 것이고 또한 육체의 삶은 현재의 삶에서 벗어나 영원히 지속될 삶을 위한 준비에 있다 (Comenius, 1657: 30). 따라서 경건 교육의 목적은[36] 경건배양을 위하여 내면에 있는 신적 속성을 바르게 인도하고, 하나님의 창조세계에서 인간과 더불어 평화를 실현하며 하나님과도 화평을 이루며 그리고 하나님과의 연합을 이루어야 한다.

첫째, 내면세계에 있는 신적 속성을 바르게 인도함이다. 경건의 뿌리가 내면에 있다는 것은 그가 하나님의 형상이기 때문이다(Comenius, 1657: 51). 인간에게는 하나님만이 유일한 유사자이다. 그래서 인간은 자신의 기원(起源)을 두었던 근원을 향해서 가려는 강한 소원에 이끌리게 마련이다. 이것은 인간이 당연히 하나님을 간절히 추구하게 된다는 것을 의미한다. 인간은 이처럼 타고난 신적속성이 있지만 바르게 인도하지 못하면 미신을 추구하게 됨으로 올바로 인도해야 할 필요성을 이교도가 본능적으로 미신을 추구하는 사례로 설명하고 있다. "이교도의 도덕철학자들은 하나님의 말씀에 의해서는 전혀 교육된 바가 없이 본능에 의해 인도되었을 뿐임에도 불구하고 저들은 신적 존재를 인정했으며, 존경하고 그 이름을 불렀다."(Comenius, 1657: 52) 따라서 교육을 통하여 올바르게 신적 추구 속성을 인도하여 하나님과의 관계를 맺도록 경건을 습득하는 것이 필요하다.

둘째, 하나님의 창조세계에서 인간과 더불어 평화를 실현하며 하나님과도 화평을 이루는 것이다. 경건은 모든 인간적인 실수와 오류에서부터 인간 자신을 보호할 수 있으며, 하나님과 영적인 관계를 맺을

---

36) 경건은 기독교적 영성의 실천과 신앙에 이르는 데 있어서 중추적인 요소이다. 경건 및 성결은 본래 성품과 삶 속으로 체현된 육화된(embodied) 속성이다. 하나님은 인간 인식자 안에 거하기 원하시며, 그들이 하나님 안에서 사랑의 관계성을 가지고 살기를 원하신다. 경건은 인식자 안에 경험적으로 내주하시는 성육화 하신 그리스도이다. 기독교교육은 인식자들로 하여금 성육신하신 그리스도와의 조우의 경험을 갖도록 도와주는 훈련이다(한철희, 2004: 422).

수 있는 신령한 힘이 되는 것이다. 인간은 하나님과의 평화로운 관계를 위해 하나님의 역사를 관찰할 수 있는 능력을 가져야 한다. 코메니우스는 하나님의 역사를 성경에서 관찰할 수 있다고 생각했다. 뿐만 아니라 인간과의 평화로운 관계도 성경에서 제시되고 있다고 보았다. 그러므로 그는 성경이 인간을 영원한 지혜에 도달하도록 경건을 가르치는 가장 완벽한 텍스트가 될 수 있다고 말했다(Comenius, 1657: 52).

셋째, 하나님과의 인격적 관계에 있다. 코메니우스의 경건교육은 인간이 삶의 전 영역에서 하나님의 지혜와 임재를 발견할 수 있도록 하는 것이다. 하나님을 발견한 후에는 그를 기뻐하며 따라가는 것이다. 이것은 인간의 이해력과 의지가 하나님과의 관계성 속에서 이루어진다. 인간이 모든 피조물 속에서 하나님의 신성의 증거를 발견하여 자기 자신을 완전히 그에게 맡길 때 경건교육은 완성되는 것이다 (Comenius, 1657: 40). 경건교육은 인간으로 하여금 '하나님'과 '자연'과 '이웃'과의 '관계성 회복'을 통하여 책임적인 존재로 살아가게 하는 것이다.

지금까지 언급한 지성과 덕성과 경건의 세 가지 요소들은 인간의 전인성의 회복을 가능하게 하는 새로운 교육적 내용과 역할로 간주되어야 한다(이숙종, 2001: 233). 다시 말하면 인간이 전인성적 인격을 형성할 수 있는 유일한 방법은 한 개인이 세 가지 속성들을 조화롭게 수용하여 단일한 통일성을 유지하기를 시도하는 일에 달려 있다. 따라서 코메니우스가 제안한 교육목적은 첫째, 모든 인간은 자신을 위하여 모든 사물의 지성을 겸비하여 지혜롭게 되고, 타인을 위해 덕성을 겸비하여 선을 행할 줄 알고 그리고 창조주 하나님을

믿는 경건한 인격으로 성장하게 하는 데 있으며, 모든 사람이 하나
님의 형상인 새로운 인간성의 회복과 함께 생존의 터전이 되는 사회
개혁과 구원을 실현하게 하는 데 있다.

2. 교육내용

코메니우스는 전인성교육을 위한 지성의 구조를 '자연의 책'과 '인간 이성의 책' 그리고 '하나님의 말씀인 성경'에서 찾고 있다. 이것은 인간의 교육을 위하여 하나님이 지은 세 가지 책이다(Comenius, 1641: 63). 자연의 책에서는 자연과학을 포함한 모든 지식을 배울 수 있다. 인간 이성의 책으로는 타인과의 관계를 유지하는 덕성을 기른다. 그리고 성경은 경건의 지성을 터득하는 자료가 된다. 다시 말하면, 자연 세계에 관한 지성과 인간의 내면세계에 대한 지성 그리고 하나님의 말씀에 의한 우주적 진리 이 세 가지가 조화될 때 인간은 전인성적인 인격을 형성할 수 있는 것이다. 이것은 지·덕·체의 계발이라는 현대교육적인 의미[37]를 넘어 경건을 함께 배양한다는 성경적 인간관의 이해에서 출발한다. 따라서 교육은 인간 자신을 위한 지성과 다른 사람들과 조화로운 관계를 맺는 덕성 그리고 하나님과 올바른 관계를 가질 수 있는 경건을 겸비하는 일이 중요하다고

---

37) 로크(John Locke 1632-1704)와 페스탈로치(Johann Heinrich Pestalozz, 1746-1827)는 교육의 3요소를 지, 덕, 체(3H's)의 조화에서 보았고, 루소(Jean-Jacques Rousseau 1712-1778)는 자연, 인간, 사물에 관한 지식으로 보았다(조병규, 1998: 226).

역설하였다.

1) 자연(自然)의 책

코메니우스에게 있어서 지성38)은 '자연의 책'을 통한 모든 사물과 언어와 기술의 지식을 뜻한다.

첫째, '사물(事物)'에 관한 지식이다. 인간은 하나님의 형상으로 지음을 받았기 때문에 태어나면서부터 다양한 사물들을 지각할 수 있는 지성의 능력을 가지고 있다. 이 지성력으로 인간은 사물들의 지식을 배울 수 있다. 지성은 하나님이 인간을 위해 주신 것으로서, 하나님의 지혜를 계시하고 있다. 그러므로 인간은 인식할 수 있는 모든 것을 배워야 한다(Comenius, 1657: 43). 코메니우스는 인간이 탐구하며 배워야 할 지식의 대상을 구체적으로 제시하고 있는데, 인간이 인지할 수 있는 지식의 분야를 형이상학, 자연과학, 천문학, 지리학, 물리학, 수학, 연대학(Chronology), 역사, 산술, 기하학, 통계학, 기계학, 화학, 변증학, 문법, 수사학, 시학, 문학, 음악, 경제학, 정치학, 윤리학, 철학, 종교 등 24종류의 학문(Science)으로 분류하였다 (이숙종, 1996: 221-227). 코메니우스는 이러한 다양한 분야의 지식을 크게 자연과학(physical science or science)인 과학39)과 정신과학

---

38) 멜빌 듀이(Melvil Dewey, 1851-1931)는 인류의 모든 지식을 10개의 섹션으로 구분한다. 이것은 오늘날 도서관의 십진분류법으로 활용된다. 000 총류(Generalities), 100 철학 및 심리(Philosophy and psychology), 200 종교(Religion), 300 사회과학(Social sciences), 400 언어(Language), 500 순수과학(Science), 600 기술과학, 응용과학(Technology), 700 예술 (Arts), 800 문학(Literature), 900 역사 및 지리(History and geography).

(mental science)인 인문과학(intellectual science)[40]으로 구분하고 있다
(Sadler, 1966: 130). 자연과학인 과학은 모든 사물들의 내면적 구조
와 계통을 파악하는 학문으로 모든 지식의 기초가 된다. 그리고 자
연과학의 중요성은 사물들과 인간의 환경을 잘 이해하는 수단으로
활용하는 데 있으며, 과학적 탐구의 방편인 관찰, 분석, 실험, 증명,
응용과 같은 합리적 탐구의 절차와 과정은 과제들을 수행하는 기본
이 된다. 실제로, 정확한 과학적인 관찰방법은 사물들의 명확한 지식
을 터득하는 유일한 통로(channel)이므로, 자연과학의 학습과 연구가
선행되어야 한다.

둘째, 언어(言語)에 관한 지식이다. 정신과학인 인문과학은 지식적,
도덕적 세계와 그 가치에 대한 연구이며, 언어는 인간 상호관계의
효과적인 대화(communication)의 수단이다. 명확한 언어의 구사는 분
명한 이해와 사상을 표현하는 방법이기 때문에 언어교육의 중요성을
배제하지 않았다. 그러므로 모든 지식의 명쾌한 전달은 절대적으로
언어의 명확성과 관계가 있다. 또한, 언어는 사실(facts)과 사물들의
지식을 표현 전달할 뿐만 아니라, 인간의 인식력을 통하여 지식을
형성해 주는 매개체의 역할을 한다. 그 이유는 모든 사물들은 언어
없이 별개로 존재하거나 이해될 수 없기 때문이다(Comenius, 1657:

---

39) 자연현상을 연구대상으로 하는 과학으로 일반적으로 과학이라고도 한
   다. 자연과학의 고유한 분야로는 크게 물리학·화학·생물학·천문학·지
   학이 있다. 그중 지학은 지질학·지구물리학·지구화학·지리학 등으로
   다시 분류된다(두산대백과사전).

40) 과학을 크게 둘로 나눌 때의 자연 과학에 대한 다른 한쪽의 분야. 정
   치, 경제, 사회, 역사, 문예, 언어를 포함한다. 좁은 뜻으로는 사회 과학
   에 대한 문화 과학으로 역사, 문예, 언어를 이른다. 인간의 역사와 문화
   에 관한 학문을 통틀어 이르는 말이다(두산대백과사전).

216-217). 그러므로 모든 지식과 함께 언어의 지식도 동시에 발전되어야 한다.

셋째, 기술(技術)에 관한 지식이다. 기술은 자연의 힘을 실제에 적용하는 것을 학습하도록 안내해 준다. 행동(손)은 사물들을 만들 수 있는 기술을 습득하게 한다(Comenius, 1649: 38). 습득된 기술에 관한 지식은 모든 지식을 정확하고 좋은 결과가 따라오도록 기초를 놓아 주는 것이다. 기술은 이론, 신중성, 실천을 필요로 한다. 기술에서 이론은 한 사람이 그가 하는 일들이 어떠한 일이든지 짐승과 같이 맹목적인 충동으로 일을 하는 것이 아니라, 진행하고 있는 일에 관한 이해로써 일을 수행하기 위하여 중요하다. 그 이해는 일을 수행하는 동안에 실수를 범하지 않도록 필연적으로 조심성과 경계심을 유발한다. 그러므로 이론은 항상 실천보다 먼저 제시되어야 하고, 기술에서 신중성은 항상 실천을 동반하여야 하며, 실천은 항상 완전하게 이르는 실천을 유발하여야 한다(Comenius, 1649: 170). 일들을 행동으로 옮기는 이론은 어떤 수단과 어떤 방법으로 그 일이 수행될 수 있는지를 나타내는 지식이다. 만일 학습자에게 어떤 수단과 방법으로 모형을 제시하고, 보조 도구들에는 어떠한 것이 있으며, 그것이 활용되는 방법을 말하여 그에게 용도에 관해 시범을 보인다면 학습자는 무엇이 수행되고 있는지를 쉽게 알게 될 것이다(Comenius, 1649: 171). 모든 기술에는 이론보다 더 많은 실천을 내용에 포함해야 한다. 왜냐하면 계속적인 반복에 의해서만이 지시되고 규정된 방법으로 그 일을 잘 수행할 수 있기 때문이다.

코메니우스는 이와 같은 사물과 언어와 기술에 관한 지식 내용을 수공업자들이 행하는 도제교육(徒弟敎育)[41]과 자연의 원리에 따라 4

단계의 학교에서 가르칠 것을 제안하였다(Comenius, 1657: 275). 유아기를 위한 어머니 무릎학교, 아동기를 위한 모국어학교, 소년기를 위한 라틴어 학교 그리고 청년기를 위한 여행을 겸한 대학이다. 어머니 무릎학교에서 지식교육 내용은 형이상학 기초, 자연학 기초, 광학 기초, 천문학 기초, 지리학 초보, 연대학 기초, 역사의 기초, 산술의 기초, 기하학 기초, 통계학 기초, 기계학 훈련, 변증법 기초, 문법, 수사학 기초, 시 암송, 음악의 기초, 가정경제 기초, 정치학의 기초이다(Comenius, 1657: 278-282). 모국어학교에서 지식교육 내용은 모국어를 잘 읽도록 하기, 모국어의 문법에 맞게 글을 쓸 수 있도록 하기, 아라비아 숫자와 계산기를 사용하여 셈을 할 수 있도록 하기, 길이·넓이·거리의 공간을 잘 측정하도록 하기, 잘 아는 노래를 부를 수 있게 하기, 경제학과 정치학 학습하기, 역사 학습하기, 우주론 학습하기 그리고 기계공학의 학습을 한다(Comenius, 1657: 287-288).

따라서 이성은 사물들의 이해를 가능하게 하고, 언어로는 사물들의 기록과 전달을 할 수 있으며, 행동(손)은 사물들을 만들 수 있는 기술을 습득하게 한다(Comenius, 1649: 38). 이 세 가지 능력의 배양은 인간의 근면과 정교한 솜씨의 흔적을 초래한다. 그래서 눈은 신의 선물이지만 관찰은 인간의 일이며, 혀는 하나님의 도구이지만 언어는 인간의 창조이고, 손은 하나님의 일터이지만 손의 성취는 인간의 영광이 되는 것으로 설명하고 있다. 그러한 지식은 하나님이 인

---

41) 도제교육(Apprenticeship)은 스승이 지식을 설명하고 시범을 보이고 실습하는 과정을 오랜 시간 동안 반복하여 전문가로 탄생되는 방법이다. 지식전달 과정으로서 가장 오래되고 효과도 탁월한 방법으로 불리는 것이다(Brown J. S. Collins A. S. & A. Holum, 1993: 38-46; Brown J. S. Collins A. S. & S. E. Newman, 1989: 453-494).

간에게 주신 은혜로서, 선과 악을 아는 지식의 나무로서 태초에 주어져 있었던 것이다(Comenius, 1657: 15). 사물은 인간 이성의 작용으로 모든 사람에게 모든 것을 가르치는 전체적인 기술을 유도하고, 언어는 지식을 얻고 그것을 타인에게 전달하는 수단이 되기 위한 것이다. 그러나 기술은 자연의 힘을 실제에 적용하는 것을 학습하도록 안내해 준다. 그래서 그는 인간의 지식이 될 수 있는 모든 사물들이 참되고 완벽하게 정리하며 요약되기를 기대하였다.

2) 이성의 책

코메니우스의 '덕성교육(德性敎育)' 내용은 인간의 타락과 부패의 요인들을 발견하여 치유하는 요소와 개인이 다른 사람들과의 관계에서 선한 행위와 습관을 나타내는 것들로 구성하고 있다. 이것을 인간의 이성의 책에서 찾아 제시하고 있다.

첫째, 인간의 '타락(墮落)'과 '부패(腐敗)'의 요인들을 발견하여 치유하는 요소이다. 코메니우스의 덕성교육은 "인간의 정신 속에 덕의 씨가 내재해 있다."라는 키케로(Cicero, B.C 106-B.C 43)의 말을 인용하여 "덕의 씨가 인간의 내면성에 심겨 있기 때문에 그것이 잘 계발된다면 자연은 인간에게 축복으로 안내할 것"(Comenius, 1657: 46)이라고 했다. 인간은 덕의 성향을 소유하고 있으므로 모든 인간은 조화를 유지할 수 있다는 것을 의미한다(Comenius, 1641: 211). 인간은 생활 속에서 다른 사람들과의 상호 조화를 모색할 수 있는 덕성의 능력을 내재하고 있으므로, 인간의 행복과 번영의 요소가 되는 진실, 선함 그리고 화합과 같은 인간성의 본래적 요소들을 내면화할

수 있다.[42]

그러나 인간의 내면세계에는 부패와 악을 초래할 수 있는 본유적인 성향인 부패와 악(惡)의 요소들을 배제할 수 없으므로 부패와 악을 치유하는 내용이어야 한다. 마음속에는 항상 진실과 선만이 내재되어 있는 것이 아니며, 선과 악, 진실과 불의 등 동시적이며 이중적인 심성을 내재하고 있다(Comenius, 1641: 211). 이러한 부정적인 실체들로 인하여 악과 부덕(不德)의 행위를 하게 되며, 그 결과로 생활환경에는 죄와 부패의 요인들이 상존하게 된다. 그러므로 인간의 내면세계와 생활환경 속의 부정적인 실체들의 문제성과 그 해결내용이 덕성교육의 내용이다.

둘째, 개인이 다른 사람들과의 관계에서 '선한 행위와 습관'을 나타내는 것들로 구성하고 있다. 코메니우스는 무엇보다 먼저 심어 주어야 할 덕성의 기본덕목으로서 사려 깊은 마음, 절제, 강인함, 정의를 제시한다. 사려 깊은 마음은 건전한 가치판단의 지혜를 길러 주는 것이다. 이것은 무가치한 것을 가치로운 것처럼 따라가지 않게 되고,

---

42) 덕성(德性): 도덕의 본성. 도덕적 가치, 판단, 그 행동까지 포괄하는 개념으로서 한 개인의 성격에서부터 구체화되는 행동이 사회적인 가치기준으로 판단되는 시점에 도덕성이 개입한다. 칸트는 어떤 행위가 도덕법에 대한 존중의 차원에서 이루어졌을 때만 도덕적 가치를 두었다. 반면 표면적으로 나타난 결과가 도덕법에 부합되었지만 행위의 동기가 고려되지 않을 경우에는 도덕적 가치를 두지 않았으며 이를 도덕성과 구별하여 적법성이라 불렀다. 즉 칸트는 행위의 동기를 매우 중요시했으며 이것은 도덕성이 외면적인 규율이라기보다는 내면적인 가치기준인 것을 강조했다. 오늘날에는 도덕성의 평가가 행위의 동기와 실제행동, 갈등상황에 대한 판단과 그 실천 등 다양한 측면에서 동시에 이루어져야 한다는 의견이 지배적이다(Kant: 2007: 28).

칭찬할 만한 것을 비난하거나, 비난할 것을 칭찬하지 않게 될 것이다. 가치판단의 오류를 인간의 마음속에 모든 잘못이 일어나는 근원으로 보았다(Comenius, 1641: 226). "참된 가치 판단은 훈련되어야 함으로 올바른 가치판단의 연습이 제2의 성격이 되어야 한다."(Comenius, 1641: 227) 정의감은 아무에게도 해를 가하지 않는 행동을 연습하고, 각자가 응당 받아야 할 몫을 인정하고, 남에게 베풀고, 거짓과 속임수를 피하고, 자원해서 타인에게 봉사하며, 사랑받을 만한 행동을 학습내용으로 하고 있다.

코메니우스는 이와 같은 인간의 타락과 부패의 요인들을 치유하고 개인이 다른 사람들과의 관계에서 선한 행위와 습관을 나타내는 덕성교육의 내용을 「대교수학(*The Great Didactic*)」에서 각 단계별로 제시하고 있다. '어머니 무릎학교'에서 덕성교육 내용은 다음과 같다.

"신중, 절제, 청결, 경외, 순종, 진실, 정의와 사랑하는 이로부터 공부와 놀이에 열중하는 마음, 말을 적게 하며, 필요한 경우 침묵 지키기, 인내심, 친절, 좋은 예법"(Comenius, 1657: 281-282)이다.

이러한 덕목들은 각각의 특징이 있는데, 신중함은 지식의 성숙, 절제는 육체적인 문제와 생활환경, 인내는 인간의 내면세계의 조절 그리고 정의는 인간존중 및 원만한 사회생활과 관계시키고 있다. 덕성교육을 위한 모범으로는 성경과 예수의 삶 그리고 가정환경과 전반적인 가정생활이 될 수 있다. '모국어학교'에서 덕성의 원리들은 "규칙으로 만들고 연령의 이해력에 맞도록 실례를 사용하여 설명해 주므로 실천하게 해야 한다."(Comenius, 1657: 287)라고 말했다. 그는 또한 「범교육학(*Pampaedia Allerziehung*)」에서 "수와 음악과 예술을 통하여 이성을 사용하는 방법을 배우며, 총명과 행실을 통하여 바른 인륜과 경건의 기초를 배우게 된다."(Comenius, 1638: 304)라고 생각했다. 모국어학교에서 덕성교육에 대한 내용은 다음과 같다.

"보는 것 모두를 요구하지 말 것, 듣는 것 모두를 믿지 말 것, 아는 것 모두를 말하지 말 것, 할 수 있는 것 모두를 행하지 말 것, 이제 막 알게 된 자 모두를 매한가지로 믿지는 말 것, 신뢰를 쏟는 자들을 신뢰하되 주의할 것, 잃어버린 것을 두고 화내지 말 것, 항상 일어나는 일은 어지럽히지도 괴롭히지도 아니한다는 것, 앞을 보고 뒤돌아보지 말 것, 허황한 것에 매몰되지 말고 앞에 주어진 것에 충실하기"(Comenius, 1638: 315)를 가르치도록 했다.

'라틴어학교'에서의 덕성교육 내용은 다음과 같다.

"정서의 결함은 병이기에 건강의 회복과 유지 보양에 신경 쓰기, 휴식과 성장, 정화를 통해 방해물을 제거하기, 좋지 않은 교제를 벗어나는 사람 분리하기, 인간 내부의 힘을 조절하기, 인간 속에 발아하는 패륜의 뿌리를 뽑아내기, 결함은 습관을 통하여 적으로 몰아세우기, 나쁜 것에 대한 정서의 역강화(逆強化)를 실시하기, 올바른 생활을 유지해 나가기, 오성을 통하여 질병을 완전하게 치유하기, 사물의 차이점, 참과 거짓에 대한 통찰력을 배양하기" 등이다(Comenius, 1638: 353-358).

결국, 코메니우스의 덕성교육은 인간이 잘못된 행위에 빠지지 않도록 하는 것이 가장 중요하지만, 현실적으로는 이미 부패된 인간의 정신에 대해서 어떻게 치료할 것인가에 관심을 두어야 한다는 것이다.

3) 성경의 책

코메니우스는 경건성을 배양하기 위한 자원을 '성경(聖經)'에 두었다. 성경이 경건 교육의 주요한 자원이 될 수 있는 것은 첫째, 인간이 쉽게 이해할 수 있는 신비와 이해의 방법으로 하나님께서 그의 말씀을 성경의 이해에 접하도록 배열하고 있기 때문이다. 둘째, 성령이 그것을 가르치는 가장 완전한 교사가 되기 때문이다(Comenius, 1657: 233). 그리고 셋째, 예수 그리스도의 탄생, 생애와 활동. 죽음과 부활의 사건들이 사실적으로 기록되어 있기 때문이다.

그는 이러한 성경이 경건배양의 충분한 내용이 된다는 근거를 토대로 경건배양을 위한 성경의 내용을 각 단계별로 구체적으로 제시해 주고 있다. '어머니 무릎학교'에서 경건교육 내용은 "그리스도의 진리를 교리문답을 통하여 배우기, 하나님을 두려워하도록 학습하기, 하나님을 사랑하고 경외하며 칭송하는 것 학습하기, 하나님과 동행하는 습관을 획득하는 것"(Comenius, 1657: 282–283)이다. '모국어학교'에서의 경건교육 내용은 "시편과 찬송가 암송하기, 교리문답 학습하기, 성경의 중요한 이야기와 성구(聖句)를 정확하게 암송"(Comenius, 1657: 287)하게 한다. 코메니우스는 모국어학교에서의 경건교육 내용을 「범교육학」에서는 "성경에서 뽑은 1,000가지의 교훈, 자연영역에서 정선한 100가지 격언, 시편과 찬송가에서 2,000가지의 교훈, 도덕적 금언과 간략한 시"(Comenius, 1657: 308)를 열거하였다. '라틴어학교'에서 경건교육은 "경건의 원리를 이해하고 그것을 성경에서 증명할 수 있어야 한다."(Comenius, 1657: 294) 이 학교는 역사교과를 공부하는 가운데 성경 역사의 개요를 이해하도록 하고 있다. 「범교육학」에서는 라틴어학교에서 학습자들이 성경 개론서에 앞서 성경 이야기책을 구입하게 한다. 이 책은 코메니우스가 형제단 교회를 위하여 출판한 성경적 소책자이다. 이 책의 내용은 "하나님이 인간에게 믿을 것을 계시하고, 행할 것을 명령하고, 언약을 소망할 것"(Comenius, 1638: 317-58)을 내용으로 하고 있다.

결론적으로, 코메니우스의 교육내용은 지성, 덕성, 경건에 두고 있다. 지성으로 인간은 모든 사물, 언어, 기술의 지식을 이해하고, 덕성으로 외적인 예의범절뿐만 아니라, 내적 혹은 외적 활동의 성향을 이해한다. 그리고 경건에 의하여 인간의 마음이 지고한 선성(善性)에 속하여 그것을 발견하는 내적 경외심을 이해한다. 이 세 가지 지식들은 자기 자신과 이웃 그리고 하나님을 위하여 활용되어야 한다. 즉 자신을 위하여 지성을, 이웃을 위하여 덕성을, 하나님을 위하여 경건을 소유하여야 함을 강조한다. 그리고 이 세 가지의 대상과 활용은 각기 분리될 수 있지만, 한 개인에 있어서 상호관계성이 있어야 한다. "인간의 세 가지 속성은 한 개인을 위하여 함께 조화를 이루어 배양되어야 하며, 한 가지라도 제외되거나 경시된다면 인간성의 균형 있는 성장을 기대할 수 없게 된다."(Comenius, 1638: 52)라고 했다. 따라서 한 인간이 전인성을 갖춘 인격으로 성장하기 위하여 세 가지 내용이 조화와 균형이 함께 추구되어야 한다.

첫째, 지성(지식과 지혜: knowledge, wisdom, intellect)이다. 지성은 지식을 잘 운용할 수 있도록 지혜 위주의 학습을 통해 참과 거짓을 구별할 수 있는 지식교육을 통하여 이루어진다.

둘째, 덕성(마음: heart, 도덕: morality, 조화의 능력: human rela-
tionships)이다. 덕성은 자아의 정체성에서부터 점차 범위를 넓혀 가
족과 동료와 사회와 공동체 의식을 가지고 남을 섬길 수 있는 조화
의 능력을 키워 주는 도덕교육을 통하여 이루어진다.

셋째, 경건(영성, piety)이다. 인간은 영혼을 가지고 있는 영적이고
정신적인 존재이므로 신이나 궁극적 실재를 알고 교제하고 소통할
수 있는 영성교육을 통하여 이루어진다.

3. 교육방법

코메니우스는 인간의 전인성을 위한 교수방법인 '새 교수법'을 창안하여 현대교육의 기반을 형성하였다. 교수·학습의 합리적인 체계를 정립하여 전통적인 교육의 문제인 비능률성과 일방적인 주입식(注入式)방법을 개선하려고 노력하였으며, 실제로 체계적이고 과학적인 교수법을 발전시키기 위하여 「교수법」, 「대교수학」, 「최신언어 교수법」, 「분석 교수학」, 「세계도해」, 「분석 교수학」 그리고 위의 원리들을 활용해서 재저술한 「언어의 현관」, 「언어의 문」, 「언어의 궁전」, 「언어의 보고」 등을 저술하였다. 그의 교수방법의 특징은 자연 세계의 모든 사물들의 관계와 존재의 이유를 '과학정신'에 근거한 합리적 탐구와 분석에 의하여 발견한 자연의 원리와 과학적 방법을 중심으로 하고 있다. 지성교육(知性敎育)을 위한 자연(自然)·과학적(科學的) 원리, 덕성교육을 위한 모범(模範)·훈련(訓練)·훈육(訓育) 그리고 경건교육을 위한 영성(靈性)·선행(善行)·조기습관(早期習慣)을 교육방법으로 삼았다.

1) 자연·과학적 원리

코메니우스는 인간 전인성교육을 위한 지성교육의 방법을 자연·과학적 원리에서 찾았다. 17세기는 자연과학의 발전이 급격히 부상된 시기였다. 당시 데카르트(René Descartes 1596－1650)[43]는 인간의 이성을 모든 가치인식의 절대적 척도로 삼게 했으며, 베이컨(Roger Bacon 1214－1292)[44]은 자연의 탐구를 위한 과학적 방법으로 귀납적 방법을 제창했다. 그러나 코메니우스는 그 시대에 벌써 이들의 방법론의 문제성을 지적하게 된다. 오직 이성의 활동에만 근거한 베이컨의 귀납적 방법론은 자연의 과학적 탐구에는 기여할 수 있지만, 그 방법만으로는 역시 전체를 통찰하는 통전적 시각의 획득에는 실패한다고 보았다. 이러한 단순한 분석과 종합의 약점을 극복하기 위하여 코메니우스는 비교 유추법(Method of analogy)[45]이라는 새로운 자연

---

43) 데카르트는 1637년에 간행된 「방법서설」에서 인간은 동일한 자연적인 빛(sens)을 가지고 있다고 말한다. 그러나 빛을 정확하게 사용하는 사람은 거의 없다고 단언하고 있다. 그는 인간 이성능력의 평등한 발현을 미래에 실현할 수 있다고 보았다. 그리하여 이성을 순서 있게 유도하는 방법이 필요하다고 말하고 있다(서양근대철학회, 2001: 103).

44) 베이컨은 경험학(scientia experimentalis)을 제창했으며, 지식은 모두 경험에 기초한다고 말했다. 다만, 경험은 감각에 의한 것 외에도 신적(神的) 조명(照明)에 의한 것도 포함된다고 보았다. 경험(실험)의 중시, 광학(光學)에서의 업적, 공학적(工學的) 예견(豫見) 등에 의하여 근대과학의 선구자로 불린다(서양근대철학회, 2001: 96－97).

45) 코메니우스의 비교 유추법은 자연 사물들의 정확한 이해를 위해서 한 사물의 전체와 다른 사물들의 전체들과의 관계 그리고 다른 부분들과의 비교 유추법에 의해 가능해질 수 있다고 본 것이다. 특히 언어학습은 언어가 표현하고 있는 사물과 동시적으로 병행된다.

탐구의 방법론을 제시했다(이숙종, 1996: 297 - 308). 그는 과학적 방법으로 지식의 대상이 되는 사물을 분석하여 지식을 얻을 수 있는 분석적 방법을 제시하고, 그 사물들의 각 부분들을 결합하고 조합하는 종합적인 과정에 의하여 지식을 얻을 수 있는 종합적 방법을 제시하였다. 그리고 그 사물의 각 부분을 다른 부분들과, 그 전체를 다른 전체들과 비교 유추하는 과정을 통하여 사물의 지식을 얻을 수 있는 혼합적 방법을 제시하고 있다(Comenius, 1649: 148 - 152).

이와 같은 코메니우스의 과학적 교수법은 기존의 교수방법과 교육과정을 새로운 과학정신의 기초 위에서 정립하려는 현대교육의 새로운 전환점을 제시하였다. 그가 제시한 자연의 원리와 과학적 방법인 새 교수법에 기초하여 지식교육인 사물교육과 기술교육 그리고 언어교육을 위한 방법을 살펴보면 다음과 같다.

첫째, 사물교육의 방법이다. 코메니우스는 인간이 살아가는 데 주어진 모든 사물을 알 수 있는 능력이 주어져 있어서 "사물의 정신, 즉 사물의 존재목적을 잘 관찰해 보면 모든 방법이 모든 인간에게 주어져 있다는 사실을 알게 된다."(Comenius, 1638: 45)라고 했다. 그 능력을 사용하여 풍부한 삶을 살 수 있다. 그래서 인간은 사물의 근본으로부터 그것을 이해하여 올바르게 이용하도록 배워야 하는 것이다. 왜냐하면 동물들도 그들에게 합당한 목적대로 얼마간의 훈련이 필요한 것처럼, 인간도 자신의 목적에 맞게 살아가기 위해서 그런 일에 익숙하게 되기까지 훈련을 해야 하기 때문이다. 그는 구체적으로 훈련할 지식의 모든 분야를 구분하면서, 모든 지식을 아무런 변경 없이 탐구할 것을 주장하였다. 이것은 인간의 지혜와 진정한 축복이 모든 사물에 대한 참된 이성의 활용에 달려 있기 때문이다.

사물에 대한 이해는 과학을 통해서 이루어진다.

지식교육은 사물을 구별하는 능력에서부터 시작된다. 그런데 이러한 사물 지식교육은 다음과 같다.

> "학습자에게 도움이 되는 것을 가르칠 것, 가르치는 내용은 우회적인 방식에 의해서가 아니라, 직접적인 방식에 의해서 가르칠 것, 모든 사물의 있는 그대로의 모습을 그 원인을 파악하여 가르칠 것, 또한 순서에 따라 가르치되 사물의 차이를 가르칠 것 등이 요구된다."(Comenius, 1657: 161)

코메니우스는 과학의 신비를 터득하기 위해서 학습자의 입장에서 가져야 할 네 가지 규칙을 제시한다(Comenius, 1657: 195). ① 이해력을 위하여 관찰할 대상을 마음의 눈에 깨끗이 간직해야 한다. 이해의 거울인 내적인 눈은 하나님의 뜻에 따라 각자에게 나눠 주었듯이, 인간은 자신이 소유할 능력의 양을 마음대로 정할 수 있다(Comenius, 1657: 196). 그래서 인간의 할 일은 마음의 눈에 먼지가 쌓여서 흐려지는 것을 막아야 한다. 인간은 이성의 작용에 의해 마음이 무위하고, 무익하고, 공허한 일에 전념하지 않도록 감독해야 한다. 이것은 인간이 가치 있고 유익한 일을 좋아하도록 훈련을 통해 준비를 해야 한다는 것을 의미한다. ② 실제적 사물은 정신의 실체 파악을 위해 대상을 마음의 눈에 가까이 가져와야 한다. 그리고 사물의 상을 정확하게 받으려면 사물들이 견고하고 명백해야 한다. 또한 사물이 눈앞의 적당한 자리에 놓여야 한다는 것은 사물이 적당한 거리에 있지 않거나, 존재하지 않는 사물은 잘 비춰지지 않기 때문이다. 사물은 감각이나 상상력에 새겨질 수 있는 확고하고 실제적이며 유익한 것들이어야 한다. 그래서 모든 것을 감각 앞에 가져와서 하나의 대상이 여러 종류의 감각에 동시에 새겨지도록 여러 종류의 감각과 접촉시켜야 한다. 빛의 동반은 사물의 교수를 위하여 사물을 감각에 제시할 때 빛이 없으면 사물을 눈에 제시해도 아무 소용이 없다. ③ 주의를 기울여야 한다. 이것은 사물을 명확하게 주시함으로써 사물에 대한 참지식을 얻기 위한 것이다. 이러한 주의력은 학습자의 마음이 방황하지 못하게 함으로써 그 앞에 놓여 있는 모든 것을 수용할 수 있게 된다. ④ 하나의 대상에서 다른 대상으로 적합한 방법에 따라 진행해야 한다. 코메니우스는 모든 인간들이 사물세계와 사상(事像)과 말의 구성체 안에서 통찰을 얻어야 한다고 보았다. 그것들은 자아와 타자의 행동들의 목표와 수단 그리고 그것의 수행 방식을 이해하고, 그것의 본질적 가치를 알아서 바른길로 되돌릴 수 있기를 기원한 것이다. 그래서 그의 지식은 마음, 즉 이성과 언어와 행동의 삼위일체론(三位一體論)적 관점에서 체계화된다. 이것은 인간의 생각과 말과 행동을 모든 인간들의 정신과 언어 그리고 마음과 손으로 참다운 지혜를 심어 주는 기술적인 가르침을 기대한 것이다.

둘째, 기술교육의 방법이다. 코메니우스는 자연의 힘을 실생활에 적용하기 위해서 기술교육이 필요하다고 생각했다. 코메니우스는 하나의 알에서 부화하는 새를 실례로 자연이 거치는 과정을 묻는다. 그에 의하면 새가 새끼를 품는 예는 자연이 영위하는 생산 활동의 일부로서, 자연이 영위하는 생산을 일관하는 법칙을 충분히 발견할 수 있다고 본다(Comenius, 1657: 121). 또한 인간에 의한 생산 활동의 일부인 기술에 있어서도 똑같은 법칙이 적용된다. 새가 봄에 새끼를 부화하는 것은 새가 환경에 본능적으로 적응해서 그것을 행하는 것같이, 자연이 영위하는 생산 활동을 모방하고, 모방에 의해서 사물을 의식적으로 관찰하며, 법칙으로 인식하고, 이용하는 것에 의해서 성과를 거둘 수 있다. 기술교육을 잘 하려면, 기술이 가지고 있는 성격을 잘 알아야 한다. 나아가 소재에 적합한 사용방법과 기술지도와 연습이 있어야 한다. 기술교육을 잘하기 위한 방법은 다음과 같다. ① 해야 할 일은 연습에 의해서 학습해야 한다. 연습은 기초부터 시작하면서 야심작을 만들려고 해서는 안 된다. 초보자들은 자신들에게 친숙한 소재를 가지고 연습하도록 해야 한다. 이러한 연습은 기술적 생산능력이 제2의 천성이 될 때까지 계속되어야 한다. 코메니우스는 기술교육의 규칙으로서 연습의 방법을 강조한다. 그러한 연습에는 만들어야 할 것의 모형이 충분하게 언제든지 제공되어야 한다. 왜냐하면 기술의 교육은 실행을 통해서 보여 주어야 하기 때문이다(Comenius, 1657: 207-215). ② 만들어야 할 것의 일정한 모형이 언제나 제공돼야 한다. 도구의 사용은 말로서가 아니라 실행을 통해 보여 주어야 하며 처음에는 지시받은 형태를 정확하게 모방하도록 해야 한다. 만들어야 할 대상의 모형은 가능한 한 완전한 것을 제시하고 모형으로부터 최소한의 이탈도 있어서는 안 된다. 만약 실수가 있을 경우 교사는 즉석에서 시정해 주어야 한다. 코메니우스는 종전의 모방의 방법, 즉 지침(precepts)을 먼저 설명하고 실례들(examples)을 제시해 왔던 불합리한 방법을 재해석하여 실례들을 먼저 제시하고, 그 후에 실례들을 설명하는 지침을 가르쳐서 쉽게 모방하는 방법을 새롭게 고안하였다(Comenius, 1657: 216). ③ 규칙들과 규칙의 예외들은 동시에 제공되어야 한다. 기술의 완전한 교수활동은 종합과 분석에 기초해야 한다. 기술교육은 인간에게 주어진 사고와 언어 그리고 행위의 세 가지 은사는 사물세계에 대한 통찰이라는 행위로 연결된다. 이것은 스스로 모르는 것을 배워야 하며, 알고 있는 것은 가르쳐서 습관화될 때까지 계속 훈련해야 한다. 연습이 명인을 낳기 때문이며 기술자를 만드는 것은 연습 이외에 다른 어떤 것으로도 불가능하기 때문이다.

셋째, 언어교육의 방법이다. 코메니우스는 언어를 가르칠 때 쉽게 배우고 이해시킬 수 있도록 그림과 삽화들의 모형을 제시함으로써 시각적 방법을 발전시킨 혼합적 교수법을 제시하였다(Comenius, 1633: 98). 그의 「세계도회(*Orbis Sensualium Pictus*, 1654)」는 사물과 언어의 동시적 교수학습이 가능하도록 시각적 자료와 모형을 담고 있다. 코메니우스는 이 책을 통해 학습자에게 언어와 그림으로 지식에 대한 흥미와 욕구를 가질 수 있게 하였다. 즉 유아들이 국어를 비롯한 어떤 언어든지 그것에 상용하는 그림을 제시하면 보다 쉽고 빨리 배울 수 있다고 확신하였다(Comenius, 1654: 6). 코메니우스는 언어학습에 있어서 사물과 연결하여 가르쳐야 한다고 했다. 객관적인 세계와 언어와의 관계성에 대한 이해, 즉 사물의 지식과 그것을 표현하는 언어능력이 균형 있게 향상되어야 하기 때문이다. 언어학습은 흥미 있는 교재를 사용한 연습으로 시작해야 한다. 연습을 통해서 그 내용을 표현하는 여러 가지 기법을 익힐 수 있어야 하기 때문이다.

그는 외국어 학습을 쉽게 수행할 수 있는 일곱 개의 규칙을 제시하고 있다(Comenius, 1657: 218-220). ① 각 언어마다 따로따로 학습하는 것이 좋다. 유아는 맨 처음에는 모국어를 배워야 하며, 그다음에 다른 언어 습득에 있어서 각 언어마다 독립적으로 학습함으로써 혼동을 막아야 한다는 것을 의미한다. 그리고 각각의 언어가 철저하게 학습된 후, 비교되는 문법이나 사전 등으로 공부하는 것이 효과적이라고 본 것이다. ② 각 언어마다 일정한 학습시간이 할당되어야 한다. 외국어는 각각 1년으로 충분히 숙달할 수 있으므로 일정한 학습시간의 할당이 규칙적으로 정리되어야 한다. ③ 모든 언어는 규칙으로보다는 실제로 연습함으로써 학습하는 것이 더욱 쉽다. 그러므로 잦은 모방의 기회를 갖는 연습 학습이 효과적이다. 듣기와 읽기, 읽기와 베껴 쓰기 그리고 손과 혀로 모방하기 등으로 배워야 하며 가능하면 자주 해야 한다. ④ 규칙은 일단 연습에서 얻은 지식을 돕고 견고하게 한다. 배워야 할 언어지식은 연습에서 얻은 지식을 바탕 삼아 견고하게 확립되어야 한다. ⑤ 언어를 정리하는 규칙은 문법적이어야 하며, 철학적이어서는 안 된다. ⑥ 새롭게 배우는 언어의 규칙기술에서, 이미 배운 언어를 계속 상기하여 두 언어의 차이점이 강조되도록 해야 한다. 일곱째, 새로 배우는 언어에서의 처음 연습은 이미 잘 아는 교재를 다루어서 이미 아는 언어와의 차이점을 지적해 주는 것이어야 한다.

코메니우스는 이와 같은 지식교육을 위해 교사가 가져야 할 규칙들을 제시하였다(Comenius, 1657: 201-204). ① 교사는 알려야 할 것은 무엇이든지 다 가르쳐야 하므로 정직과 근면의 정신으로 알려야 할 것을 제시해야 한다. ② 가르치는 모든 것은 일상생활에 실제로 적용되는 것이어야 하며, 일정한 용도가 있는 것이어야 한다. 이렇게 해야 정력과 정확성이 증가하게 된다. ③ 무엇을 가르치든지 복잡하게 만들지 말고, 솔직하게 가르쳐서 사물을 있는 그대로 제시하고 똑바로 바라보도록 해야 한다. ④ 무엇을 가르치든지 그것의 참된 본질과 기원에 관계시켜야 한다. 즉 그 원인을 통해서 가르친다는 뜻이다. 학습은 일반원리를 먼저 설명하고 난 다음 세부적인 것은 그 후에 오며 그전에 제시되어서는 안 된다. 사물의 모든 부분은 가장 작은 것일지라도 예외 없이 그것의 순서와 위치와 상호간의 연관 속에서 학습하지 않으면 안 된다. ⑤ 모든 것은 합당한 순서를 따라서 가르치되 한 번에 한 가지 이상 가르치지 말아야 한다. 또한 철저하게 이해하기 전에 어떤 교과를 중단하지 말 것이다. ⑥ 사물 간의 차이를 강조하면 그것들에 대해 습득된 지식이 명백하고 분명해질 수 있다.

코메니우스는 교육을 담당한 사람이 학습자들에게 정직하게 모든 지식을 가르칠 것을 강조한다. 그의 모든 지식이란 일상생활에서 활용되는 지식이다. 그는 이러한 지식 획득을 위해 지식을 단순화시키며, 특히 사물에 대하여 정확하게 볼 수 있는 눈을 갖게 해 주어야 한다고 생각했다. 그는 참된 지식이 그 지식의 본질과 기원에 관련돼 있다고 보기 때문에, 그러한 특질에 따라 지식을 가르쳐야 한다고 강조한다. 그래서 지식은 그것의 일반적인 원리를 먼저 설명할 수 있어야 한다. 지식의 구체적인 세목은 일반적인 원리에 따라 설명될 수 있기 때문이다. 그래서 인간은 습득된 지식이 명백하고 분명해지게 하기 위해서 사물 간의 차이점에 대하여 분명하게 알아야 하며, 그들 상호간의 관련성을 알고 순차적으로 단계별로 가르쳐야 한다. 왜냐하면 인간은 모든 것을 알 수 있는 능력의 씨앗, 즉 잠재력을 가지고 있기 때문에 자발적으로 자연세계와 관계하여 지적인 능력으로 발전시킬 수 있기 때문이다.

2) 모범·훈련·훈육

코메니우스는 전인성을 위한 덕성교육의 바람직한 방법으로 첫째, 모방을 위한 좋은 모범의 방법, 둘째, 적절한 덕의 교훈을 통한 훈련의 방법, 셋째, 잘 규제된 훈육의 방법을 고안하였다(Comenius, 1657: 230-231).

첫째, 모방을 위한 좋은 모범의 방법이다. 유아들은 무엇이든지 다 모방을 하려 하기 때문에 실제 살아 있는 존재들과 책에서 보는 모든 것들에 대하여 지능을 사용하기도 전에 모방부터 한다. 왜냐하면 신은 유아에게 모방의 원리를 심어 주셨기 때문이다. 따라서 교사는 유아 앞에서 어떤 일을 하거나 말을 하면 똑같이 모방하므로 유아가 있는 집에서는 덕에 반대되는 어떤 행동도 하지 않도록 조심하여야 한다. 집 전체가 절제, 청결함, 어른 공경, 상호 신뢰, 진실함이 보이도록 주의해야 하는 것이다. 유아뿐만 아니라 모든 인간은 주위에 제시되는 어떠한 모형이나 실례들을 모방할 수 있는 본래적인 동인(動因)을 소유하고 있어서 주위 환경이나 사회의 부정적 악영향과 다른 사람들의 나쁜 습관들을 모방함으로써 쉽게 부패하게 될 가능성을 항상 내포하고 있다(Comenius, 1657: 270). 이처럼 덕을 형성하게 하는 방법적 원리는 행함으로써 학습하게 하는 방법이 효과적이라는 것이다. 특히 부모, 유모, 교사, 친구들의 모범적인 행동 규칙들이 제시되어야 한다(Comenius, 1657: 230).

덕성 교육의 좋은 모범과 실례로는 생명력 있는 하나님의 말씀인 성경과 인류의 역사에 개입하여 전형적인 인간적 삶을 경험하였던 예수 그리스도 그리고 덕성교육의 중심적 장이 되는 가정환경과 전반적인 가정생활이 될 수 있다고 하였다. 성경은 일상생활에서 제기되는 실존적인 문제들과 행위에 적용되는 생활규범으로써 참된 해답을 제시해 준다. 성경의 인물들의 삶을 통하여 삶의 모범이 제시되어 있다. 또한 성경은 고상한 덕성의 규범들과 실천과정을 상세하게 언급하고 있다. 예수 그리스도는 인류 역사에 개입하여 전형적인 인간적 삶을 경험하였다. 그리고 예수의 생활은 그가 관계하였던 모든 인간들과의 관계에서 사랑과 동정을 그리고 하나님과의 관계에서 겸손과 순종의 덕목을 실천하였다. 그러므로 예수 그리스도는 모든 덕목의 모범인 것이다. 덕성교육의 중심적 장(場)이 되는 가정환경과 부모를 중심으로 하는 가정의 모든 생활이 덕성교육의 근본적인 모범이 된다. 부모들의 일차적 과제는 자녀들에게 인간생활의 중심이 되는 모든 사물들의 지식을 가르칠 뿐만 아니라, 그들의 면전에서 실제적으로 실천하는 모범을 보여야 한다.46) 그들은 다른 사람들과 신중하고 사려 깊은 인간관계를 형성하는 방법을 습득하게 된다.

둘째, 적절한 덕의 교훈을 통한 훈련의 방법이다. 덕의 교훈의 중요한 방법이자 매개는 음성을 통한 언어보다 실제적인 행위가 되어야 한다. 덕성의 특징들을 행동으로 교훈하며 다루는 실천적 방법이 덕성교육에서 가장 설득력 있는 방법 중의 하나가 된다(Comenius, 1657: 230). 교훈을 하는 교육자는 그 목적과 대상과 형식을 알고 있어야 한다. 그래야만 언제, 어떻게, 왜 엄격해야 하는가에 대해서

---

46) 예수님은 언제나 제자들과 함께 하시면서 그들을 가르쳐 주시고 그들에게 행함으로 모범을 보여 주셨다. 즉 제자들에게 먼저 시범을 보여 주심으로서 그 실행 가능성뿐만 아니라 주님의 사역에 적절하다는 것을 증명하시지 않고는 아무에게도 어떤 것을 하라고 요구하지 않으셨다(Coleman E. Robert, 1993: 82).

체계적으로 알고 행할 수 있기 때문이다(Comenius, 1657: 268). 또한, 덕의 교훈을 위한 가장 최선의 방법은 조용하고 자발적인 지도에 의하여 지속적이고 주위 깊게 실천하도록 설득하며 자극을 주는 모범이다. 덕의 교훈은 학교에서 선행과 진리의 가르침과 함께 시행되어야 한다. 학교는 공동생활을 통하여 다른 사람들의 선행과 좋은 습관을 본받고 그들의 나쁜 습관을 교정하여 통제하는 공동체이다(Comenius, 1657: 268). 따라서 학교는 참된 도덕적 생활과 공동체 생활을 준비할 수 있는 미래 사회를 위한 공동의 학습장이 될 수 있다. 그러므로 덕의 교훈은 학교에서 선행과 진리의 가르침과 함께 시행되어야 한다.

셋째, 잘 규제된 훈육(訓育)의 방법이다. 코메니우스는 덕성교육을 위한 방법으로 훈육을 제시하였다(Comenius, 1649: 129-130). 덕성은 악이 마음을 차지하기 전에 조기에 학습하도록 해야 한다. 덕성은 언제나 올바른 일을 행함으로써 학습해야 한다. 유아들은 나쁜 사회에 의해 오염되지 않도록 보호되어야 한다. 하지만 어떠한 악이라도 몰래 들어오지 못하도록 감시하는 것은 불가능하기 때문에 유아는 교훈과 행동규칙을 따르게 하는 일, 악과 싸울 수 있도록 엄격하게 훈육할 것을 강조했다. 훈육은 덕성교육의 가장 효과적인 방법이다. 훈육이 없는 학교는 물이 없는 물레방아와도 같다고 하면서, 훈육은 그들의 나쁜 습관과 그릇된 행위를 좋은 습관과 건전한 행위로 변화시킬 수 있는 최적의 방법이 될 수 있다고 보았다. 또한 훈육은 실수와 오류를 구체적으로 또한 신속하게 교정할 수 있는 중요한 장치가 된다. 단 훈육의 과정에서 지나친 제재나 간섭이 아니라 부드럽고 정당하면서 사려 깊은 교훈으로 규제함으로써 강화되어야 한다.

코메니우스는 훈육의 구체적인 방법으로서 교사는 학습자들에게 스스로 살아 있는 모범이 되어야 하며 훈육에는 세 개의 단계가 있다고 생각했다. 끊임없이 지켜보는 일, 책망하는 일 그리고 책망이나 권면이 아무 효과도 없을 때 벌이 사용되어야 한다(Comenius, 1641: 311). 훈육은 이 세 단계를 활용해야 효과적이 된다는 것이다. 덕성교육을 위한 교수활동은 적절한 시간과 신중함으로 실례를 동반하여 교육과 행동규칙을 가르쳐야 한다. 실례가 유아에게 적절하지 못하거나 또는 유아가 실제로 타인의 예에 따라 스스로 행동하고자 하였지만 실패할 때는 말로 타일러서 가르치는 것이 적절하지만 때로는 충고와 책망을 통한 훈육의 중요성을 강조하였다. 훈육을 할 때 조심하여야 할 것은 훈육함으로 학습자 자신이 그 벌이 자기를 위한 것임을 느끼도록 해야 하며, 어버이와 같은 사랑의 권위를 행사하는 것임을 알도록 하여야 한다. 그렇게 할 때 학습자는 벌을 의사가 처방하는 쓴 약과 같이 여기게 될 것이다. 그렇다고 학습이나 학문과 관계시켜 적용되면 결코 안 되며 오직 도덕의 문제가 위태로울 때만 필요한 것이다(Comenius, 1657: 269).

3) 영성·선행·조기습관

코메니우스는 전인성을 위한 경건교육에 대한 방법으로써 경건성을 소중하게 보존할 수 있는 세 가지 요소인 '묵상(默想)', '기도(祈禱)', '연단(演壇)'이라는 영성의 방법과 종교적 선행과 경건에 관한 습관이 유아 때 마음속에 각인(刻印)되도록 조기에 교육할 것을 제시하였다.

첫째, 경건에 대한 방법으로 묵상과 기도와 연단을 통한 영성교육 (靈性敎育)[47]을 제시했다. 묵상은 하나님이 하신 일과 말씀과 선하심에 대한 끊임없고 주위 깊은 헌신된 생각이다. 하나님 한 분의 선하신 뜻에서 모든 것이 나오며 또한 하나님이 계획하시는 모든 것은 가장 놀라운 방법으로 그 목적을 달성한다는 것을 사려 깊게 인정하는 일이다. 기도는 하나님을 향한 계속적인 그리워함이며, 그의 은총 안에 붙들어 주시고 그의 성령으로 인도해 주시도록 탄원하는 일이다. 연단은 경건의 성장을 계속적으로 시험하는 일이며, 인간 자신으로부터 또는 타인에게서 올 수 있다(Comenius, 1657: 232－234). 그러므로 이 세 가지는 모든 것의 처음과 나중이 되시는 하나님께 마음을 향하도록 하며 하나님 한 분 안에서만 영혼의 쉼을 찾도록 하는 방법이 된다. 코메니우스는 이 세 가지 경건교육의 방법을 가르쳐 그들의 마음이 하나님을 향하도록 해야 한다고 말했다. 그는 이것을 확실하게 하기 위해 규칙을 제시하였다(Comenius, 1657: 234－245). 그러나 중요한 것은 세 가지 영적 기능의 부단한 실천과 준수에 따라서 하나님이 계시한 모든 것을 믿으며, 그가 명한 모든 일을 행하고, 그가 약속한 것을 소망하게 된다.

둘째, 가정생활 속의 선행(善行)을 통한 방법이다. 종교적 진리들에 대한 깊은 인상을 심어 줄 실천적 방법으로서 종교적 의식에 관

---

47) 초대교회, 즉 중세기로 접어들기 이전 수도원의 은둔 생활 속에서 추구되었던 영성은 독거, 묵상, 노동, 검소, 청빈, 성경연구, 기도, 명상, 침묵, 예배 등과 같은 구체적인 훈련방법들을 제시하였다(강희천, 1999: 206).

하여 구체적으로 제시되어야 한다. 즉 경건 교훈의 실례들과 실천이 무엇보다 가정에서 부모들에 의하여 제시되어야 하고, 자녀들은 부모를 따라서 종교적 의식과 선행을 실천하는 일에 전념하도록 해야 한다(Comenius, 1638: 270). 실제로 예수 그리스도는 그의 실천적 생활을 통해 진정한 경건의 교훈을 자연스럽고 구체적으로 실천하였다. 또한 경건교훈의 위대한 교사인 성령은 경건의 교훈을 위하여 자연스러운 계시의 매체를 활용할 뿐만 아니라, 부모들과 교사들을 선택하여 자녀들의 경건성을 일깨워 주며 배양하도록 한다. 경건교육은 바로 하나님께로 직접 인도할 수 있는 일들에 대하여 마음을 가장 많이 쓰게 해야 한다. 그것은 성경을 읽는 일, 하나님께 예배드리는 일, 기타 선행을 행하는 일이다. 성경을 읽는 것은 하나님과의 사귐을 새롭게 하며 또한 육성한다. 예배의식은 하나님과 인간 사이를 연결한다. 선행은 이 관계를 강화한다. 왜냐하면 선행은 하나님의 말씀에 참으로 순종하고 있는 증거가 되기 때문이다(Comenius, 1657: 235−236).

셋째, '조기습관교육(早期習慣敎育)'을 통한 방법이다. 경건에 관한 습관이 유아기 때에 마음속에 각인(刻印)되도록 훈련한다. 경건을 심어 주려는 노력은 유아기 때부터 시작해야 한다. 유아들은 자신이 경험한 처음 인상들이 그들의 마음속에 확고하게 각인(刻印)되어 영구적인 지식이나 진리가 되기 때문이다. 이것은 어릴 때에 인간의 본래적 속성이 생활환경에 의하여 쉽게 오염되거나 변화될 수 있다는 사실을 말하기도 한다. 따라서 그들의 부드러운 영혼이 세속적으로 오염되기 전에 교훈을 시작하여야 한다. 이것에 대한 근거로는 이사야 28장 9절을 통해, 하나님이 이러한 근본적 교육과 교훈이 이 시기에 가장 적합하다는 사실을 입증하였다(Comenius, 1657: 235). 그러므로 유아들이 눈과 혀와 손과 발을 사용할 수 있게 되자마자 하늘을 우러러 손을 위로 향해 펴고 하나님과 예수 그리스도의 이름을 부르며 보이지 않는 그의 위엄 앞에 무릎을 꿇고 경외하는 일을 학습하게 해야 한다. 또한 유아기 때 인생이 금생을 위해서 있는 것이 아니라 영원의 운명을 가지는 존재이며 지상에서의 삶은 과도기적인 것이며 영원한 집을 위해 준비해 주는 것이라는 생각을 마음속에 새겨 주는 일이 중요하다. 경건을 심어 주기 위하여 이 땅에서 보는 것, 듣는 것, 만지는 것, 행하는 것, 고통받는 모든 것에 대해서 하나님의 뜻을 물어보는 습관을 습득해야만 하는 것이다.

결론적으로 코메니우스의 교수방법은 지성, 덕성, 경건교육에서 즐겁게, 제때에, 철저하게의 방법을 활용할 것을 제시함으로써 교육이 쉽고 즐거우려면 자연을 본받은 이상의 원리들이 채택되어야 한다고 주장하였다(Comenius, 1657: 127). 그렇게 되어야만 학교가 즐거운 곳이 된다는 것이다. 환원하면 반자연적인 교육방법이 만연한 학교는 즐거운 곳이 될 수 없다는 것이다. 왜냐하면 자연은 교수학습 방법의 반석이 되기 때문에 자연의 모든 원리가 확실한 교수법의 기반이 될 수 있다고 확신하여 자연 법칙에 근거한 교수방법과 범교육 사상의 기반이 되는 모든 지식을 탐구할 수 있는 필요한 방안을 제시하고 있다. 자연의 원리를 따라 모방과 탈선 그리고 개선책을 구체적으로 제시하여 교육현장에 적용할 수 있게 했다.

제4장 율곡의 교육론

율곡의 저술에서 '교육(敎育)'이라는 용어는 발견하기 어렵다. 敎, 學, 訓, 學問 등 용어가 자주 쓰이고 있으며, 간혹 敎化, 격몽(擊蒙) 등 용어가 사용되고 있다. 다만 敎, 訓, 敎化, 격몽 등을 '교육자(敎育者)' 중심의 교육활동이라고 보고, 學, 學問, 習 등이 '학습자(學習者)' 중심의 교육활동이라고 본다면 敎-學(學問)은 오늘날의 '교수-학습(敎授-學習)'으로 볼 수 있다(박의수, 2000: 214). 율곡은 해박한 지식과 통찰력을 바탕으로 교육의 현실을 직시하고 그 개선을 통해 사회 전체를 올바르게 구현하려고 하였다. 따라서 율곡의 많은 주장과 개선책 속에는 그의 교육사상이 반영되어 있다. 따라서 여기서는 기독교적 전인성이 요소인 지식·덕성·경건의 요소를 교육목적과 교육내용 그리고 교육방법에서 살펴본다.

1. 교육목적

율곡의 교육목적은 그의 교육론의 방향과 특성을 알 수 있게 해 준다. 성숙한 사람이 조화롭게 살아가는 이상사회 건설이라는 전인성교육임을 알 수 있다. 그의 글에 교육이라는 용어는 직접적으로 나타나지 않는다. 그런데 그는 "학문이 아니면 사람이 될 수 없다." (한국학중앙연구원, 2006, 국역 율곡전서VI: 1)라고 했다. 이때의 사람이란 성인(聖人)의 德을 지닌 자를 말한다. 성인은 지혜와 덕이 비범한 경지에 이른 사람을 말한다. 교육은 인간형성작용(人間形成作用)이고 교육이 추구하는 이상적인 인간상은 성인의 특성과 같다. 그의 교육목적은 덕성이 조화롭게 함양된 성인(聖人)을 양성해서 이상사회를 건설하는 데 있다.

1) 지성을 통한 성숙한 생활

율곡의 전인성을 위한 지식교육의 목적은 현실중심의 성숙한 생활습관을 지닌 사람에 두었다. 동호문답에서 '수신지실(修身之實)', '교화지실(敎化之實)'을 말하고 있다(한국학중앙연구원, 2006, 국역 율곡전서IV: 98). 숙기(淑氣)도 실공(實功)과 실효(實效)와 관련을 맺지 않는 것은 무의미하다고 생각했다. 그리하여 그는 아홉 가지 실(實)[48]을 말하고 있다(한국학중앙연구원, 2006, 국역 율곡전서Ⅳ: 123). 이러한 현실중심의 생활교육은 구체적으로 다음과 같은 내용을 포함한다.

첫째, 현실생활에 필요한 지식의 습득에 목적을 둔 것이다. 이같이 실(實)을 강조한 율곡은 형이상학적인 순수 철학에 있어 심오한 연구를 쌓는 한편, 형이하학적인 실용(實用)·실사(實事)의 문제에 대해서도 진지한 연구를 거듭하면서 이를 현실문제 해결에 도움이 되도록 노력했다. 사실 그의 무실본위의 실학사상이나 변법주의, 십만양병론(十萬良兵論) 등으로 전개되는 일련의 양상들은 모두 현실문제 해결을 위한 가르침으로 받아들일 수 있다. 특히 그의 현실주의적 사고는 현실적 생활을 중시하였으며, 나아가 현실적인 모순이나 문제를 해결하기 위해서 적극적으로 문제를 극복해 나아가려는 진취적 생활 태도도 아울러 지녔다. 그렇기 때문에 율곡은 교육의 현실과 이상을 조화하는 가운데서 교육의 목적을 찾으려고 하면서도 언제나 문제를 가지고 현실을 보는 실생의 이념에 그 목적을 둔 것이다.

학문이란 사람이 가정·사회·국가에 있어서 그 일원으로 살아가는 데 필요한 일상생활의 양식으로 보았다.

"이른바 학문이란 것은 역시 이상하거나 별다른 것이 아니다. 다만 아비가 되어서는 자애롭고, 자식이 되어서는 효도하고, 신하가 되어서는 충성하고, 부부간에는 분별이 있고, 형제간에는 우애롭고, 젊은이

---

48) 아홉 가지 실: '격물지실(格物之實)', '성의지실(誠意之實)', '정심지실(正心之實)', '수신지실(修身之實)', '효친지실(孝親之實)', '치가지실(治家之實)', '용현지실(用賢之實)', '거간지실(去姦之實)', '보민지실(保民之實)', '교화지실(教化之實)'(한국학중앙연구원, 2006, 국역 율곡전서Ⅳ: 123).

는 어른을 공경하고, 친구 간에는 신의를 두는 것으로서 일용의 모든 일에 있어 그 일에 따라 각기 마땅하게 할 뿐이요."(한국학중앙연구원, 2006, 국역 율곡전서Ⅵ: 1)

이같이 학문이란 특별한 것이 아니라 부모와 자식 간의 관계, 임금과 신하와의 관계, 부부간의 관계, 형제간, 어른과 젊은이 간의 관계, 친구 간의 관계 등 일상생활에서 해야 할 마땅한 도리들을 얻는 것이다. 이는 학문의 목적이 일상생활에서 전인성이 갖추어진 도덕의 실천에 있음을 강조한 것이다.

둘째, 일상생활 자체를 학문의 장으로 여겼다. 율곡이 말하는 실천으로서의 현실중심 생활교육이란 일상생활 자체를 학문의 장으로 여겼다는 뜻이다. 「격몽요결」에서도 교육의 목적이 실생활에 있음을 다음과 같이 말해 주고 있다.

　　"학문하는 것은 일상생활 속에 있다. 만약 평소에 거처를 공손히 하고 일 처리를 공경히 하고 남과의 접대에 성실했다면 이는 학문을 했다고 말할 수 있다. 그러므로 글을 읽는다는 것은 이 이치를 밝히고자 하는 것뿐이다."(한국학중앙연구원, 2006, 국역 율곡전서Ⅵ: 5)

이 말은 학문은 별개의 것이 아니고, 일상생활 속에서 실행을 통하여 이루어지는 것이라는 뜻이다. 율곡은 여러 학생이 옆에 와서 앉자, "여러 학생이 모여 있으면서 하루 종일 용심(用心)하는 것이 없으면, 산당(山堂)에 조용히 앉아서 마음을 기르는 것만 못하다."(한국학중앙연구원, 2006, 국역 율곡전서Ⅵ: 411)라고 하였다. 율곡의 현실중심 생활교육은 현실중심 경세(經世)의 학으로서 그 시대와 사회의 과제를 풀고자 하는 현실적인 방향을 제시하는 것이기 때문에, 율곡의 말과 같이 삶과 관련이 없는 교육은 생각할 수 없고, 생활이라는 현실을 떠나서는 어떠한 교육도 자리잡을 곳이 없는 법이다. 따라서 전인성적으로 성숙된 삶을 추구하였음을 알 수 있다.

셋째, 학문도 현실중심의 경세(經世)의 학으로서 치국평천하(治國平天下)가 목적이다. 그는 도학이란 격치(格致)로써 선도(善道)를 천명하고, 성정(誠正)으로써 자신을 수양하여 그의 온축한 것이 천덕(天德)이 되니, 그것을 정치에 시행하면 왕도가 되는 것이다. "독서라는 것은 격치하는 중의 일사(一事)일 뿐이니, 독서만 하고 실천이 없다면 앵무새가 말을 잘함과 무엇이 다를까."(한국학중앙연구원, 2006, 국역 율곡전서IV: 84)라고 하여 실천 없는 학문을 비판하고 있다. 율곡의 현실중심의 생활관교육을 통한 성숙은 매일의 생활 속에서의 자기성찰까지도 포함한다. "나날이 자신의 일하는 태도가 도(道)에 적합한지의 여부를 음미함이 없는 독서는 무용의 학이라며 학문은 일용 간에 옳은 바를 구해서 행하는 것일 뿐이다."(한국학중앙연구원, 2006, 국역 율곡전서VI: 119)라고 했다. 이같이 율곡은 유학을 공부했다면 무엇이나 치세에 유익을 주지 않아서는 안 된다는 것이다. 결국 학문은 자신을 성찰하고 치국평천하를 이룰 전인성을 갖춘 성숙한 사람에 목적이 있음을 알 수 있다.

넷째, 현재중심의 가치정향(價値定向)을 지닌 사회적 실천 활동이다. 율곡은 교육기능의 효율적 발휘를 전제하지 않고서는 정치·경제·사회·문화의 과업을 달성할 수 없다고 생각했다. 그래서 그는 교육이 실(實)을 힘쓰는 데 현실적 과업은 물론 그 본래의 기능을 다하기 위해서는 교육목적 자체가 현실중심의 실제적인 방향에서 세워져야 한다고 보았다. 즉 일용처사(日用處事)와 민생일용지간(民生日用之間)을 떠난 학문은 인정하지 않는 입장을 취했다. 그래서 율곡은 학문이 실생활로 이어지지 못하고 공연히 지식의 추구나 축적의 도구로 전락하는 폐해를 비판했다.

> "학문이란 오똑이 앉아서 하루 종일 독서나 하는 것을 말하는 것이 아니다. 학문은 일상생활에 있어 일을 처리하는 가운데 합리적으로 하는 것을 말한다. 독서하는 것을 학문이라 생각하고 일상생활의 처사(處事)하는 데 있어서는 이치에 합당함을 구하지 않는다면 이것은 학문하는 자의 태도가 아니다."(한국학중앙연구원, 2006, 국역 율곡전서Ⅵ: 119)

학문도 결국 일상생활을 위한 것이라는 점에서 관념적 학문을 떠나 실생활에 적용되는 실천적 교육관을 제시하고 있다. 즉 교육목적을 일상생활상 매사의 처리에 합리성이 있게 되는 것에 두었다. 이것은 전인성을 갖춘 사람이 성숙한 모습으로 일 처리를 추구하고 있음을 알 수 있다.

다섯째, 생활 속에서 옳고 그름을 분별할 수 있게 해 주는 것이다. 그는 "학문이란 실제의 이치를 알고 현실 사회의 일에 옳고 그름을 분별하지 않으면 쓸모없는 학문이 된다."(한국학중앙연구원, 2006, 국역 율곡전서Ⅳ: 41)라고 했다. 교육이 현재 생활에 적응하여 생존을 유지케 하는 필수적인 수단이라고 한다면, 그의 말대로 교육목적은 인간을 둘러싼 생존의 상황을 인식하고 평가하여 행동을 결정케 하는 바탕이 되어야 한다. "지와 행이 비록 선후로 나누어지지만 실은 일시에 병진한다. 혹은 知로 말미암아 행에 도달하고 혹은 행으로 말미암아 지에 도달한다."(한국학중앙연구원, 2006, 국역 율곡전서Ⅴ: 177) 여기서 율곡은 지(知)와 행(行)은 선후가 있을 수 없으므로 알고 나면 실천을 해야 한다. 배우고 익힌 지식으로 현실에 활용해서 경륜을 펼 수 있어야 한다는 지행의 병진을 강조하고 있다. 이것은 옳고 그름을 분별할 줄 아는 전인성을 갖춘 성숙한 사람을 추구하고 있음을 알 수 있다.

이와 같이 율곡은 전인성을 갖춘 성숙한 사람을 교육하는 목적이 현실중심의 실제성·실천성의 가치와 지행병진을 지향하여 비현실적인 학문을 바로잡고 현실성을 다시 찾아 현실에서 옳음을 구하고 있는 것임을 알 수 있다. 교육의 현실과 이상을 조화하는 가운데서 생활습관을 통한 성숙을 추구하였다. 즉 그는 성인자기론(聖人自期論)을 내세우면서도 일용처사(日用處事)를 떠난 학문은 인정하지 않는 입장을 취했다. 이것은 그가 현실을 떠난 이상주의자도 아니었고, 이상을 떠나서 현실만을 주장하는 사람도 아니었다는 것이다.

2) 인륜의 덕성을 통한 조화

율곡의 전인성을 위한 두 번째 교육목적은 인륜, 즉 오륜(五倫)49)

---

49) 五倫: 부자유친(父子有親: 아버지와 아들 사이의 도리는 친애에 있음을 이른다), 군신유의(君臣有義: 임금과 신하 사이의 도리는 의리에 있음을 이른다), 부부유별(夫婦有別: 남편과 아내 사이의 도리는 서로 침범하지 않음에 있음을 이른다), 장유유서(長幼有序: 어른과 어린이 사이에는 엄격한 차례가 있고 복종해야 할 질서가 있음을 뜻한다), 붕우유신(朋友

과 오상(五常)[50]의 도를 인간관계의 사회생활 속에서 행하는 데 두었다(한국학중앙연구원, 2006, 국역 율곡전서Ⅴ: 177).

첫째, 교육은 인륜의 길을 밝히는 것이 목표가 되어야 한다. 지식이 갖는 중요성은 어디까지나 인간이 마땅히 걸어가야 할 길을 밝혀서 조예와 실천을 이루도록 하는 과정에 국한된 것이다(한국학중앙연구원, 2006, 국역 율곡전서Ⅴ: 1).

둘째, 오륜과 오상의 도를 행하는 것이다. 오륜이란 인간의 도리와 현실의 도리, 즉 도덕의 도와 도리의 도를 말한다. 한국 민족의 경애정신은 오륜과 오상에 담겨 있다(한국학중앙연구원, 2006, 국역 율곡전서Ⅴ: 282). 이 오륜을 추상적인 덕목의 해석에 그치지 아니하고, 이를 인간의 사회생활이라는 한 덩어리의 활동 가운데서 찾고 있다. 다시 말하면, 이 오륜사상을 실천에 옮기기를 아주 돈독하게 했다. 그의 언행을 통하여 모범을 보이고 구체적 사례에 따라 말하였을 뿐이다. 실제의 삶을 따라 추상적으로 개념화하여 관념들의 체계를 서술하려 하지는 않았다. 따라서 율곡은 교육목적을 타인과의 관계 속에서 인륜의 실현에 두고 있음을 알 수 있다.

셋째, 인간관계 속에서 인륜을 실현할 습관을 형성하는 것이다. 이것은 맹자가 말한 인간의 성선(性善)가능성에 기반을 두고 있다.

"대개 성인과 중인은 그 본성이 마찬가지이다. 비록 기질은 맑고

有信: 벗 사이에는 믿음이 있어야 함을 이른다(한국학중앙연구원, 2006, 국역 율곡전서Ⅴ: 282).
50) 五常: 인, 의, 예, 지, 신(仁, 義, 禮, 智, 信)(한국학중앙연구원, 2006, 국역 율곡전서Ⅴ: 179).

흐리고 순수하고 잡박하여 다름이 없지 않으나, 진실로 능히 참되게 알고 실천하여 그 구습(舊習)을 버리고 그 본성을 회복한다면 털끝만큼도 보태지 아니하여도 온갖 착함이 고루 갖추어질 수 있다고 한다. 인간의 타고난 본성이 선하기 때문에, 그것을 가리고 있는 요소만 제거된다면 본성은 회복될 수 있다."(한국학중앙연구원, 2006, 국역 율곡전서 V: 103)

넷째, 더불어 살아갈 수 있는 사람으로의 기질변화(氣質變化)에 있다. 율곡은 기질을 변화시킬 수 있다는 가능성을 제시하고 있다(한국학중앙연구원, 2006, 국역 율곡전서III: 2). 사람의 기품은 맑고 혹은 흐리나 수위(修爲)의 노력을 하면 본선(本善)의 성(性)이 회복될 수 있는 것이다. 다만 인간의 마음은 허령(虛靈)하고 밝아서 온갖 이치를 갖추고 있어 흐린 것은 변하여 맑게 할 수 있고, 잡박한 것은 변하여 순수하게 할 수 있다. 그러므로 수위의 노력이 홀로 인간에게만 있다.

이와 같이 율곡은 인간의 본래적인 성선과 기질의 변화가능성을 긍정함으로써 인간변화 교육을 통한 인륜실현 교육의 목적을 제시해 주고 있다. 기질변화의 실천을 통해 인간 본래의 가치를 실현함으로써 전인성을 계발하는 교육을 하려는 것이다.

3) 성인(聖人)의 정신을 통한 이상사회 건설

율곡의 전인성을 위한 세 번째 교육목적은 이상사회 건설을 위한 성인에 두었다. 여기서의 성인은 이상사회에서 살아갈 사회성을 가진 사람을 말한다. 율곡은 처음 배우는 사람은 먼저 뜻을 확립하는 목적을 세울 것을 말한다(한국학중앙연구원, 2006, 국역 율곡전서Ⅵ: 2). 모든 사람의 본성은 동일하기 때문에 누구나 성인이 될 수 있다. 따라서 성인이 되기를 자기의 목표로 삼고서 스스로 포기하거나 미루려는 생각을 가져서는 안 된다.

율곡은 그의 주자학적 세계인식의 기반에서 정치의 이상을 구현하고자 하였을 뿐만 아니라, 교육의 이념을 실현하고자 하였다. 여기서 정치와 교육의 문제는 상호 별개의 범주로서 자리잡는 것이 아니라 구조적으로 상호 밀접한 관계를 지니는 것이었다. 그리고 유학(儒學)은 개인적으로는 수기(修己)를 목적으로 하고, 사회적으로는 치인(治人)을 목적으로 하고 있다. 지식과 아울러 인간표준행동을 동시에 구유(具有)한 사람을 이상적인 인물로 설정하고 그를 유학이 추구하는 목표로 삼는다(한국학중앙연구원, 2006, 국역 율곡전서Ⅴ: 21). 즉 유학에서 근본적으로 추구하는 목표는 聖人이다. 그는 "천지로써 마음을 세우고, 민생으로써 표준을 삼으며, 옛 성인을 표준삼아 끊어진 학문을 있고, 만세를 위하여 태평을 열어 주는 것으로 표적을 삼아야 한다."(한국학중앙연구원, 2006, 국역 율곡전서Ⅲ: 68)라고 강조한다.

첫째, '성인'이란 인격적으로 완성된 사람을 말한다. 인격적으로 완성된 사람이란 말과 행동이 일치하고, 지식과 행위가 겸비된 온전한 사람을 가리키는 것이다. "율곡은 먼저 입지를 크게 하여 성인으로써 준칙을 삼을 것이니, 말과 행동이 일호라도 성인에 미치지 못하면 나의 일은 마치지 못한 것이 된다."(한국학중앙연구원, 2006, 국역 율곡전서Ⅳ: 40) 율곡의 교육 목적이 성인이라는 사실은 그가 교육의 최고목적을 말과 행동, 지식과 행위가 인격적으로 완성된 성인에 두고 있음을 나타낸다. 이러한 교육적인 인간상에 도달하기 위하여 「자경문」·「격몽요결」·「성학집요」·「경연일기」 등을 남겼다.[51]

둘째, 성인에 도달하기 위하여 '입지'와 '독행(獨行)'을 목적으로 한다. 사람의 성품은 본디 착한 것이어서 지혜로움과 어리석음의 구별은 없다. 성인이 되고, 보통 사람이 되는 것은 뜻이 확립되지 않고 아는 것이 분명하지 않고 행실이 두텁지 않기 때문이다. 뜻을 확립시키고 아는 것을 분명히 하고 행실을 두텁게 하는 것은 다 나에

---

51) 그 자신이 성인이 될 것을 다짐한 글이 「자경문」이다. 그 내용은 자경문(自警文): 자기 스스로를 경계하는 글. 입지(立志): 먼저 뜻을 높은 데에 두어라. 과언(寡言): 말을 줄여서 적게 하라. 정심(定心): 마음을 안정시켜라. 근독(謹獨): 홀로 있을 때라도 항상 삼가는 마음을 유지하라. 독서(讀書): 옳고 그름을 분간하여 일을 할 때에 적용하기 위하여 책을 열심히 읽어라. 소제욕심(掃除慾心): 재물을 이롭게 여기고 영화로움을 이롭게 여기는 욕심을 버리고 깊이 성찰하라. 진성(盡誠): 해야 할 일에는 정성을 다하고 해서는 안 될 일은 단호히 끊고 갈등과 미련조차도 없애라. 정의지심(正義之心): 정의롭지 못하게 천하를 얻게 된다 하더라도, 결코 하지 않겠다고 명심하라. 감화(感化): 자신을 해치려는 이가 있다면, 스스로 반성하고 깊이 생각해서 그를 감화시키도록 힘써라. 수면(睡眠): 밤에 잠 잘 때나 몸에 병이 들었을 때가 아니면 눕거나 비스듬히 기대앉아도 안 되며, 밤에는 졸리면 자라. 용공지효(用功之效): 공부를 꾸준히 하지 않으면 자신을 욕되게 하고 도리를 거스른다는 것을 명심하라(한국학중앙연구원, 2006, 국역 율곡전서Ⅲ: 40). 유학에 입문한 초학자들에게 성인을 지향하면 인간으로서 이상적인 성인이 될 것을 논한 것이 「성학집요」이다. 유학의 기본 입문서인 대학(大學)의 가르침을 여러 성현의 말을 인용하여 고증하고, 성리학적 입장에서 해설한 것이다(한국학중앙연구원, 2006, 국역 율곡전서Ⅴ: 1). 그 이상인의 기준을 제시한 것이 「경연일기」이다. 저자가 30세부터 46세 때까지 17년간에 걸쳐 경연에서 군신 간에 논란이 되었던 당시의 주요 사건과 인물들에 관해 상세히 기록하여 평론한 글이다(한국학중앙연구원, 2006, 국역 율곡전서Ⅴ: 37).

게 있다(한국학중앙연구원, 2006, 국역 율곡전서Ⅵ: 2). 그러므로 "용공(用功)이 지극하면 반드시 효험이 있는 데에 이르는 것이다."(한국학중앙연구원, 2006, 국역 율곡전서Ⅴ: 175)라고 하여 지와 행이 겸비하고 표리가 하나같이 되어 성인의 경지에 들어가게 될 수 있음을 말해 주고 있다.

셋째, 성인교육 목적은 감화를 주는 통치자가 될 인재를 양성하는 것이다. 성인이 통치자가 되어 그 통치자로 하여금 일반 백성들에게 감화를 주게 함으로써 실현이 가능하게 된다(한국학중앙연구원, 2006, 국역 율곡전서Ⅵ: 317). 또한 그러한 인물들이 정치 일선에서 정무에 다할 수 있는 인물, 즉 성인·군자가 되는 것만이 유일의 염원이다. 그는 氣를 길러 성인·군자가 되기를 원했다. 사람은 누구나 다 같이 氣라는 것을 타고나는 것인데, 이 氣를 잘 기르면 마음이 주체하는 대로 기가 복종하여 성현이 될 수 있다. 만일 氣를 기르지 못하여 그와 반대로 마음이 氣에 복종하게 되면 모든 정욕이 문란하게 날뛰어 어리석은 미치광이를 면하기 힘들 것이다(한국학중앙연구원, 2006, 국역 율곡전서Ⅴ: 124).

넷째, 성인을 키우기 위하여 성학(聖學)을 가르치는 것이 목적이다. 율곡은 성인이 도달하는 경계의 학문을 성학이라고 했다. 성학은 격물치지(格物致知)에서 시작하여 궁리진성(窮理盡性)에서 끝난다. 또한 성학은 본래 인륜 속에 있는 것이다. 따라서 인륜에 있어서 그 도리를 극진하게 하면 이것이 곧 성학인 것이다. 대개 도를 알고 난 뒤에라야 신하가 되면 충성을 다하고 자식이 되면 부모에게 효도를 다하게 된다. 성학이란 격물치지로서 선(善)을 밝히고, 성의(誠意)·정심(正心)으로 몸을 닦아서 자기 자신에게는 성인이 되고 정사에

베풀어지는 왕도가 되는 것이다(한국학중앙연구원, 2006, 국역 율곡 전서Ⅵ: 380). 따라서 율곡의 교육목적은 철저하게 현실적인 수기치인의 도를 추구했다. 이를 통하여 사회성을 길러 더불어 사는 사회인을 키우는 것이었다. 결국 율곡은 전인성을 인격적으로 완성된 성인을 교육하는 것으로 보았다.

지금까지 율곡의 전인성교육목적으로 지성을 통한 성숙한 생활, 인륜의 덕성을 통한 조화 그리고 성인의 정신을 통한 이상사회 건설이라는 측면에서 살펴보았다. 그의 교육적 인간상은 결국 성인이라 할 수 있다. 본래 유가철학에서는 바람직한 인간의 모습을 성인(聖人), 군자(君子), 사(士), 대인(大人), 대장부(大丈夫) 등 여러 가지로 설명하고 있지만, 율곡은 주로 성인, 진유(眞儒), 도학지사(道學之士)로 설명하고 있다. 진유나 도학지사가 현실적인 교육적 인간상이라면, 성인은 이상적인 교육적 인간상이라 할 수 있다. 천도의 온전함을 그대로 인간에게 있어 체득한 이가 성인으로서, 성인은 천인합일의 구체적 현현이라 하겠다. 따라서 율곡에게 있어서 성인은 인간의 교육이 지향해야 할 전인성적 인간상임을 알 수 있다.

2. 교육내용

율곡의 전인성교육내용은 그의 철학 사상인 성리학의 '이기론(理氣論)'과 인간의 존재와 본질문제를 '천인합일(天人合一)'의 관점 그리고 '기발이승(氣發理乘)', '이통기국(理通氣局)'의 원리에 근거하고 있다. 이러한 사상이 담긴 그의 교육내용은 첫째, 가정교육의 책, 둘째, 학교교육의 책, 셋째, 사회교육의 책에 나타나 있다.

1) 가정교육의 책

가정은 사람이 태어나 사람 된 도리를 배우는 전인성교육의 장이며, 혈육끼리 모여서 생활하는 최초의 사회적 공동체이다. 그 속에서 인간이 생명을 얻고 또 삶을 마무리 짓는 곳이며 말을 배우고 질서를 배우고 규칙과 남을 사랑하기를 배우는 최초의 학교이다. 가정교육의 성패는 모든 교육의 성패를 결정짓는 근본이다. 율곡은 이런 점에서 가정교육의 목적을 중요하게 제시하고 있다.

첫째, 가족구성원 간에 지켜야 할 덕목(德目)이다. 가정에서 인간관계를 훈련하게 한다는 것이다. 율곡은 가정 교육서인 「동거계사(同居戒辭)」[52]를 지어 바람직한 가정 윤리관교육을 시도하였다. 이

것을 읽게 하여 내용을 다짐하고, 비복(婢僕)은 뜰에 남녀가 나누어
서서 배례(拜禮)를 행하게 하며, 풀이하여 들려주고 경계하였다(손인
수, 1995: 168). 조선조 중기는 인륜이 크게 무너진 시대였고 사회가
무질서해지고 국가도 심히 기강이 해이해진 때였다. 율곡은 이를 극
복하는 길을 가정에서부터 찾고 있다. 율곡은 종족을 모두 모아 놓
고 함께 살기로 결정하고 서로 간에 지켜야 할 계율이 있어야 한다
고 보아 「동거계사」를 지어 실천하였다. 그는 많은 식솔이 이 계율
에 따라 화합정신으로 즐겁게 살 수 있었던 것은 이 일이 확산되면
국민총화도 할 수 있다는 교훈을 남겼다. 그리고 교육의 기본이 가
정교육에 있음을 판단하고 자녀들에게 도덕주체성을 심어 주고 부모
에게 효도, 형제간의 우애, 가족 간에 화목, 조상숭배는 물론이요,
예의 질서, 양명가훈 등 가정교육의 덕목과 지침을 제시해 주었다.

둘째, 부모자식 간의 도리(道理)이다. 가정에서 어른 공경에 대한
도리를 습득하게 한다는 것이다. 가정교육의 내용은 孝에 비중을 두
고 있다. 유학의 대가였던 율곡은 인격함양과 덕행의 기본이 되는
가정교육의 핵심이요 출발을 효로 삼았다. 그는 「효경(孝經)」에서
"효도는 모든 행동의 우두머리가 되는 것이기 때문에, 집안을 바르
게 다스리는 도는 효도와 공경하는 일을 그 첫째로 삼는다."(한국학
중앙연구원, 2006, 국역 율곡전서Ⅴ: 189)라고 했다. 또한 부모를 섬
기는 일에 대하여 부모가 살아 있을 때 공경을 다하고, 봉양할 때는

---

52) 율곡은 41세에 해주 석담에 은거하여 일가가 모두 함께 살게 되었는데,
이때 가정의 평화를 유지하기 위하여 동거계사(同居戒辭: 함께 살며 서
로 경계하는 글)를 지어 그대로 실천하였다(한국학중앙연구원, 2006, 국
역 율곡전서Ⅳ: 199).

그 즐거움을 다해 드리며, 병환에 계시면 그 근심을 다하고, 돌아가
시면 그 슬픔을 다하며, 제사를 받들 때에는 그 엄숙함을 다해야 부
모를 잘 섬길 수가 있다(한국학중앙연구원, 2006, 국역 율곡전서Ⅱ:
192)고 했다. 율곡의 효사상은 「격몽요결(擊蒙要訣)」에도 강조되어
나타나 있다. 조선시대 중기 이후 교학의 지침서로 널리 읽혔으며,[53]
부모가 학문을 시작하는 자식에게 반드시 읽도록 권하는 가정교육의
귀중한 계몽서였음을 알 수 있다(민족문화추진위원회, 1989: 24). 「효
경(孝經)」을 인용하여 "아버지는 나를 낳으시고 어머니는 나를 기르
셨으니 이 은덕(恩德)을 갚고자 할진대 하늘과 같이 넓고 끝이 없
다."(한국학중앙연구원, 2006, 국역 율곡전서Ⅵ: 9)라고 했다. 효의
내용은 일상생활에서 잠시라도 부모를 잊지 않으며, 몸가짐을 근실
하게 하고, 말하는 것에 법도가 있게 하는 것이다. 부모 봉양은 오
래가지 못하기 때문에 자식 된 자는 모름지기 정성과 힘을 다하여
섬기면서 그래도 부족함이 없지 않았는가를 항상 두려워해야 할 것
을 가르쳤다(한국학중앙연구원, 2006, 국역 율곡전서Ⅵ: 10).

셋째, 부부간의 예법(禮法)이다. 「격몽요결」에서 가정생활 예법을
지키지 못하면 글을 배워 밖으로는 제아무리 긍지를 갖는다 해도 안
으로는 실상 착실하지 못하다는 점에서 그 부부간에도 저들의 위의
(威儀)를 잃어 가고 있다고 보았다. 부부 사이에 지나치게 서로 친
근하기만 하고 서로 공경하지 않게 될 수 있기 때문에 집안을 바르
게 하기 어렵다. 무엇보다도 부부 사이에 德과 敬의 마음을 잃지 않

---

53) 그 예로 우암 송시열(宋時烈)도 12세에 아버지에게서 이 「격몽요결」을
배웠다고 하며, 다산 정약용(정약용)도 아들에게 「격몽요결」을 읽기를
권했다고 한다(민족문화추진위원회, 1989: 24).

은 뒤에라야 집안일을 제대로 다스릴 수가 있다(한국학중앙연구원, 2006, 국역 율곡전서Ⅵ: 16). 건전한 가정이란 우선 부부간에 화목하면서도 예의와 공경을 지킬 줄 알고 자녀에 대해서 사랑과 이해가 있고 그리고 올바른 감정의 교류가 서로 받아들이려는 태도를 가진 가정이라고 가르치고 있다.

넷째, 친구 간의 덕목이다. 「격몽요결」에서 어떤 친구를 사귀어야 하며, 어떤 친구가 되어 주어야 할 것인가를 훈계하고 있다. 가장 몹쓸 일은 자기의 학문을 믿고 자기가 제일인 체하며 우쭐대거나 남을 업신여기는 일이다. 친구와 사귀는 기본적 태도는 뜻이 통하는 사람끼리는 서로 통하게 되고, 기운이 같은 사람끼리는 서로 가까이 하게 된다. 학문에 뜻을 둔다면 학문하는 선비를 구하게 된다. 겉으로 학문을 한다고 하면서도 전념하지 못하는 사람이면 그 사람은 학문에 뜻을 둔 사람이라 할 수 없다(한국학중앙연구원, 2006, 국역 율곡전서Ⅵ: 19).

율곡은 가정에서 어려서부터 전인성교육이 이루어져야 실력과 인성을 고루 갖춘 인재로 육성할 수 있다고 보았다. 이처럼 가정교육을 통하여 성숙한 생활습관을 길러 주고자 교육내용을 선정한 것은 가정교육이 부모와 자식 간, 부부간, 형제간의 인간관계에 의해서만 이루어지는 것이 아니라 가족 이외의 이웃이나 친구관계에 의해서도 영향을 받기 때문에 자녀들이 좋은 친구를 사귀고, 좋은 친구가 되도록 해야 함을 강조한 부분이다.

2) 학교교육의 책

율곡은 교육의 근본이 무너지고 있다고 여긴 선조 15년(1582)에 왕교(王敎)에 의하여 「학교모범」을 지어 학교에서 전인성교육의 지침서로 삼았다. 그리고 율곡이 석담에 청계당을 짓고 시간을 보내는 동안 몽매(蒙昧)한 젊은이들을 깨우쳐 주고자, 1577년에 「격몽요결(擊蒙要訣)」을 지어 세상에 내놓았다. 이러한 교재에 나타난 그의 인재교육 내용을 살펴보면 다음과 같다.

첫째는 입지(立志)로서 배우는 자의 목적과 자세이다. 배우는 자는 먼저 뜻을 세워야 하며, 도(道)로써 자신의 임무를 삼아야 한다. 도는 높고 먼 것이 아닌데도 사람이 스스로 행하지를 않는다. 온갖 선한 것이 다 나에게 갖추어 있으니, 달리 구할 필요는 없다. 다시 망설이거나 기다릴 것도 없으며, 더 이상 두려워하거나 머뭇거릴 것도 없다. 곧바로 천지로써 마음을 세우고, 민생으로부터 표준을 삼으며, 옛 성인을 표준삼아 끊어진 학문을 잇고, 만세를 위하여 태평(太平)을 열어 주는 것으로 표적을 삼아야 한다. 물러서서 스스로 앞길에 한계선을 긋는 생각이나 우선 편안한 것만 바라고 스스로 용서하는 버릇은 마음에 싹트지 못하게 해야 한다(한국학중앙연구원, 2006, 국역 율곡전서IV: 123). 훼방과 명예, 영화로움과 욕됨, 이득과 손해, 화와 복, 이런 것들이 마음을 혼미하게 해서는 안 되며 분발하고 힘써서 성인이 되는 목적을 이루어야 한다.

둘째는 검신(檢身)으로서 기초적인 예절교육이다. 배우는 자가 한번 성인이 되겠다는 뜻을 세우고 나서는, 반드시 구습을 씻어 버리고 오로지 배움을 향하여 몸가짐과 행동을 바르게 해야 한다. 평소에 일찍 일어나고 늦게 자며, 의관은 반드시 정숙하게, 용모는 장중(莊重)하게, 시청(視聽)은 단정하게, 거처는 공손하게, 보립(步立)은 똑바르게, 음식은 절제 있게, 글씨쓰기는 공경스럽게, 궤안(几案)은 가지런하게, 당실(堂室)은 정결하게 하여야 한다. 그리고 항상 아홉 가지의 태도로써 몸을 지녀야 한다. 그것은 곧, 발은 무겁게, 손은 공손하게, 눈은 단정하게, 입은 다물고, 목소리는 조용하게, 머리는 곧게, 호흡은 정숙하게, 서 있는 자세는 덕스럽게, 표정은 씩씩하게 하여야 한다(한국학중앙연구원, 2006, 국역 율곡전서IV: 123). 이것은 예(禮)가 아니면 보지 말고, 예가 아니면 듣지 말고, 예가 아니면 말하지 말고, 예가 아니면 행동하지 않는 것이 몸을 단속하는 것이라는 뜻이다.

셋째는 독서(讀書)로서 공부의 내용과 교과서이다. 배우는 자가 선비의 행실로 몸가짐을 단속하고 나서는 반드시 독서와 강학(講學)으로써 의리를 밝혀야 한다. 그런 뒤에 학문에 입문해야 공부의 방향이 흐리지 않는 것이다. 독서의 순서는, 먼저 「소학(小學)」으로 그 근본을 배양하고, 그다음에는 「대학(大學)」과 「근사록(近思錄)」으로 그 규모를 정하고, 다음에는 「논어(論語)」·「맹자(孟子)」·「중용(中庸)」과 「오경(五經)」[54] 그리고 틈틈이 「사기(史記)」와 선현(先賢)의 성리(性理)에 관한 글들을 읽어서 의취(意趣)를 넓히고 식견을 가다듬어야 한다(한국학중앙연구원, 2006, 국역 율곡전서IV: 124). 성인(聖人)의 글이 아니면 읽지 말고 보탬이 없는 글은 보지 말라는 것이다. 글 읽는 여가에 때때로 기예(技藝)도 즐기되 이를테면 거문고 타기,

---

54) 五經: 주역(周易), 서경(書經), 시경(詩經), 예기(禮記), 춘추(春秋)이다.

활쏘기, 투호(投壺)55) 등 놀이는 모두 각자의 규범을 두어 적당한 시기가 아니면 놀지 말 것이며, 장기, 바둑 등 잡희에 눈을 돌려 실제의 공부에 방해가 되게 하여서는 안 된다.

넷째는 신언(愼言)으로서 인격향상을 위한 실천적인 도덕교육이다. 배우는 자가 선비의 행실을 닦으려면 추기(樞機)56)를 삼가야 한다(한국학중앙연구원, 2006, 국역 율곡전서Ⅳ: 123). 사람의 과실은 흔히 언어에서 나오기 때문에 말은 정성스럽고 미덥게 하고, 시기에 맞추어 해야 한다. 수긍이나 승낙은 신중히 하고, 말투를 정숙하게 하며 농담을 하지 말고 떠들지를 말아야 한다. 따라서 문자(文字)와 의리에 있어 유익한 말만 하고, 황잡(荒雜)한 것, 괴이한 것, 귀신 등과 시정배(市井輩)57)의 비루한 말 따위는 입에서 내지 말아야 할 것이다.

다섯째는 존심(存心)으로서 본마음을 간직하도록 하는 것이다. 배우는 자가 몸을 닦으려면 반드시 안으로 마음을 바로잡아 외물(外物)의 유혹을 받지 않아야 하며, 그런 뒤에야 마음이 편안해 온갖 사악(邪惡)이 물러나서 비로소 실덕(實德)에 나아가게 된다(한국학중앙연구원, 2006, 국역 율곡전서Ⅳ: 124-125). 그러므로 배우는 자가 먼저 힘쓸 것은 조용한 가운데 마음을 집중하므로 본마음을 간직해야 한다. 그렇게 해야 흐트러지지도 않고 혼미하지도 않아서 근본을

---

55) 投壺: 화살 같은 것을 병에 던져 넣는 유희(한국학중앙연구원, 2006, 국역 율곡전서Ⅳ: 124).
56) 樞機: 가장 중요한 기관으로 여기서는 언어를 가리킴(한국학중앙연구원, 2006, 국역 율곡전서Ⅳ: 124).
57) 市井輩: 시장에서 장사하는 사람의 무리(한국학중앙연구원, 2006, 국역 율곡전서Ⅳ: 124).

세우게 된다.

여섯째는 사친(事親)으로서 어버이를 잘 섬기게 하는 것이다. 선비의 온갖 행실 중에 효도하고 어른께 공경히 순종함을 근본으로 삼아야 한다. 삼천 가지 죄목 중에 불효가 가장 크기 때문이다. 어버이 섬기는 것은 일상생활에서 공경함을 극진히 하여 어른의 명(命)에 순종하는 예를 다하고, 봉양에는 즐거움을 극진히 하여 몸의 봉양을 다해야 한다. 병환에는 근심을 극진히 하여 의사를 모셔오고 갖은 약을 다 쓰고, 상사(喪事)에는 슬픔을 극진히 하여 상례의 도리를 다해야 한다. 그리고 제사에는 엄숙함을 극진히 하여 추모의 정성을 다하여야 한다(한국학중앙연구원, 2006, 국역 율곡전서Ⅳ: 125). 속으로 자기를 돌이켜 보아 온갖 행실이 갖추어지지 않은 것이 없이 덕(德)이 온전하여 부모를 욕되지 않게 하고서야 비로소 어버이를 섬긴다고 말할 수 있다.

일곱째는 사사(事師)로서 스승을 잘 섬기기를 가르친다. 배우는 자가 성심으로 도에 뜻을 두었으면 반드시 먼저 스승을 섬기는 도리를 극진히 하여야 한다. 사람이 이 세상에 군사부(君師父)[58] 이 세 분 덕에 태어나고 살고 배우게 되므로, 섬기기를 똑같이 하여야 한다. 함께 있으면 아침저녁으로 문안하고, 따로 있으면 수업받을 때 뵙도록 하고, 초하루와 보름에는 일제히 모여서 예를 행한 다음 두 번 절하고 뵙는다. 평소의 받듦도 그 존경을 극진히 하고 가르침을 독실이 믿어 늘 명심하여 잊지 말아야 한다(한국학중앙연구원, 2006, 국역 율곡전서Ⅳ: 125-126).

---

58) 君師父: 어버이, 임금, 스승으로 백성은 세 분의 덕으로 살아가니 섬기기를 한결같이 한다(한국학중앙연구원, 2006, 국역 율곡전서Ⅳ: 125).

여덟째는 택우(擇友)로서 벗을 가려서 사귀도록 한다. 율곡은 "도를 이어받고 의혹을 푸는 것은 스승에게 있다 하더라도, 서로 갈고 닦아 인(仁)을 돕는 것은 실로 벗에게 힘입어야 함"(한국학중앙연구원, 2006, 국역 율곡전서Ⅳ: 126)을 말했다. 그러므로 배우는 자는 반드시 충성되고 믿음직하며 효성스럽고 어른에게 순종하여 곧고, 바르고, 후하고, 독실한 선비를 가려 벗으로 사귀어서, 잘못이 있으면 서로 경계하고 선행을 서로 권하며 절차탁마(切磋琢磨)59)하여, 벗의 윤리를 다하여야 한다. 만일 마음가짐이 독실치 못하고 검속(檢束)이 엄하지 못하여 돌아다니면서 놀기만 좋아하거나 말과 기(氣)만을 숭상하는 자와는 사귈 만하지 못하다.

아홉째는 거가(居家)로서 가정윤리를 가르칠 것이다. 배우는 자가 몸과 마음을 닦고 나서는 가정생활에서 윤리를 다하여야 한다. 형은 우애하고 아우는 공손하여 한 몸같이 여기고, 남편은 온화하고 아내는 양순하여 예를 잃지 말며, 바른 도리로써 자녀를 훈육(訓育)하고 사랑 때문에 총명이 흐려지지 말아야 한다(한국학중앙연구원, 2006, 국역 율곡전서Ⅳ: 126). 그러므로 가정에서 서로 존중함으로 예를 갖추어야 한다. 집안의 아랫사람들을 통솔하는 데 있어서도 엄격을 주로 하되 관용을 베풀고 굶주림과 추위를 특별히 염려해야 한다. 상하(上下)가 정숙하고 내외(內外)의 분별이 있어서 한 가정의 처사가 극진하지 않은 것이 없어야 한다.

열 번째는 접인(接人)으로서 사회윤리이다. 배우는 자가 가정을

---

59) 切磋琢磨: 옥이나 돌 따위를 갈고 닦아서 빛을 낸다는 뜻으로, 부지런히 학문과 덕행을 닦음을 이르는 말(한국학중앙연구원, 2006, 국역 율곡전서Ⅳ: 126).

바로잡고 나서는 남을 대할 때 한결같이 예의로 지켜야 한다(한국학
중앙연구원, 2006, 국역 율곡전서Ⅳ: 126). 어른 섬기기는 공손하게
하고, 나이 어린 사람은 자애로 어루만져야 하며, 친족에게 화목하고
이웃을 사귀는 데까지도 그들의 환심을 얻도록 해야 한다. 항상 덕
업(德業)을 서로 권장하고, 잘못을 서로 바로잡고, 혼인·장례 때 서
로 돕고, 환란에 서로 도와 언제나 남을 구해 주고, 이롭게 하려는
마음을 품어야 한다. 남을 해치거나 사물을 해롭게 하는 생각은 조
금도 마음에 머물러 두어서는 안 된다.

열한 번째는 응거(應擧)로서 과거와 학문을 함께 이루도록 지도한
다. 과거는 비록 뜻있는 선비가 조급히 서두를 것은 아니다(한국학
중앙연구원, 2006, 국역 율곡전서Ⅳ: 126-127). 또한 근세에는 그것
이 벼슬길에 들어가는 통규(通規)이기 때문에 서울의 문물을 보고
과거를 보게 되면 성심을 잃기 싶다. 그러므로 성심으로 공부를 해
야지, 세월만 부질없이 보내서는 안 된다. 눈앞의 이해득실 때문에
지조를 잃어서는 안 되며, 항상 자신을 바로 세우고 도를 행하여 임
금에게 충성하고 나라에 보답하겠다는 생각을 품어야 한다. 도에 뜻
을 두어 열심히 하고 일상생활이 도리에 맞게 하면, 과거 공부도 일
상사의 한 가지이기 때문에 실제의 공부에는 아무런 방해가 있을 수
없다. 사람들이 늘 뜻을 빼앗길까 염려하는 것은 득실로써 생각이
움직여짐(利害打算)을 면하지 못하기 때문이다.

열두 번째는 수의(守義)로서 견리사의(見利思義)[60]하도록 한다. 배
우는 자는 의(義)와 이(利)를 밝게 분별하는 것보다 더 급한 것이 없

---

60) 見利思義: 눈앞의 이익을 보면 의리를 먼저 생각함(한국학중앙연구원,
   2006, 국역 율곡전서Ⅳ: 127).

다(한국학중앙연구원, 2006, 국역 율곡전서IV: 127). 의(義)라는 것은 무엇을 위해서 하는 것이 아니다. 조금이라도 바라는 목적이 있다면 다 이(利)를 위하는 도척(盜跖)의 무리다. 이는 마땅히 경계해야 한다. 선행(善行)을 하면서 명예를 구하는 것도 경계해야 한다. 과거의 군자는 그것을 담장 넘고 벽 뚫는 도적보다 더 심한 것으로 보았다. 만약 가정이 가난하면 부모의 봉양을 위하여 한 번 계획해 보지 않을 수 없으나 이(利)를 구할 생각이 싹트게 해서는 안 된다. 그리고 거절하거나 받거나, 받는 것과 주는 것에 있어서도 그것이 마땅한지의 여부를 잘 살펴서 이득이 되는 것을 보면 의리에 맞는가를 생각하여야 한다.

열세 번째는 상충(尙忠)으로서 충직함을 숭상하도록 지도함이다. 충후(忠厚)와 기절(氣節)[61]은 서로 안팎이 되는 것이나, 스스로 지키는 절도가 없이 적당히 하는 것으로 충후(忠厚)한 체하는 것도 옳지 못하다. 또한 근본적인 덕이 없이 과격한 것으로써 기절인 체하는 것도 옳지 못하다. 율곡은 당시 세상의 습속이 어지럽고 야박해서 실덕(實德)이 날로 쇠퇴하여, 남의 비위를 맞추어 아부하지 않으면 행실이 중도에 맞는 선비를 얻어 보기가 참으로 어렵다고 보았다. 이것은 「시경(詩經)」에 "온순하고 공손한 사람이여 오직 덕의 기틀이로다(溫溫恭人, 雜德之基)." 하였고, "부드러워도 삼키지 않았고, 딱딱해도 뱉어 버리지 않았다(柔亦不茹, 剛亦不吐)."(한국학중앙연구원, 2006, 국역 율곡전서IV: 127-128)라는 말을 인용하여 온순하고 공손하며 화평하고 순수하여 근본이 깊고 두터워야 할 것을 강조한

---

61) 氣節: 굽힐 줄 모르는 기개와 절조(한국학중앙연구원, 2006, 국역 율곡 전서IV: 127).

것이다. 그런 사람이라야 정의를 세워 제 뜻을 빼앗기지 않을 수 있다는 것이다.

열네 번째는 독경(篤敬)으로서 공경을 돈독히 하도록 한다. 배우는 자가 덕에 나아가고 학업을 닦는 것은 오직 공경을 돈독히 하는 데에 있다(한국학중앙연구원, 2006, 국역 율곡전서Ⅳ: 128). 공경하기를 돈독히 못 하면, 빈말일 뿐이므로 안팎이 하나같고 조금도 중단이 없어야 한다. 말에는 본받을 만한 교훈이 있고, 행동에는 법도가 있으며 낮에는 하는 일이 있고 밤에는 얻는 것이 있어야 한다. 매 순간에 본마음을 간직하고 본성을 기름(存心養性)이 있어야 한다. 공부에 힘쓴 지 오래되었는데도 불구하고 그 효과가 적더라도 오직 날마다 부지런히 하여 죽은 뒤에야 그만두는 것이 실학(實學)이다.

열다섯 번째는 거학(居學)으로서 학교에 거처함을 바르게 하도록 한다. 배우는 자가 학궁(學宮)에 있을 때에는 모든 행동거지를 일체 학령(學令)에 따라야 한다. 독서도 하고 제술(製述)62)도 하며 식후에는 잠시 거닐어 정신을 맑게 한 다음 학업을 익히되 저녁 먹은 뒤에도 역시 그렇게 한다. 여럿이 함께 있을 때에는 반드시 강론으로써 서로의 견식을 넓히고 위의(威儀) 있는 몸가짐으로써 정제(整齊)하고 엄숙해야 한다(한국학중앙연구원, 2006, 국역 율곡전서Ⅳ: 128–129). 만일 선생(곧 사장)이 학궁에 계시면 읍(揖)을 한 뒤에 질문하며 더 배우기를 요청해야 한다. 마음을 비우고 가르침을 받아서 늘 잊지 말아야 하며, 무익한 글을 질문하여 심력(心力)을 헛되이 쓰게 하여서는 안 된다.

---

62) 製述: 시나 글을 지음(한국학중앙연구원, 2006, 국역 율곡전서Ⅳ: 128).

열여섯 번째는 독법(讀法)으로서 글 읽는 법을 지도해야 한다. 매월 초하루와 보름에는 여러 유생이 학당에 함께 모여 문묘(文廟)에 찾아뵙고 읍례(揖禮)를 마친 뒤 좌정하여 장의(掌議)가 소리 높여 「백록동교조(白鹿洞教條);[63] 백록동 서원 학규(白鹿洞書院學規)」와 「학교모범」을 한 번씩 읽는다(한국학중앙연구원, 2006, 국역 율곡전서 IV: 129). 그다음에 서로 강론하며 서로 실상적인 공부로써 권면하고, 만일 의논할 일이 있으면 강론을 통하여 결정한다. 이처럼 율곡은 인간의 전인성적인 발달을 추구하였다는 점에서 동시대의 다른 어떤 인물보다도 교육에 대한 관점과 이론을 체계적으로 정리하고 그 구체적인 적용방법까지 제시하고 있다.

3) 사회교육의 책

율곡은 가정교육과 학교교육을 받지 않는 세대에서도 사회교육을 통하여 전인성교육을 실천하였다. 그는 사회교육을 통하여 성인을 양성함과 동시에 사회구성원들이 만민복지(萬民福祉)를 실현할 수 있도록 사회교육으로서의 향약(鄕約)을 사회교육내용으로 삼았다.

율곡은 이상사회 건설이라는 교육목적에 따른 향약은 네 가지로서, 첫째는 덕업을 서로 권하는 것이고, 둘째는 과실(過失)을 서로 바로잡아 주는 것이며, 셋째는 예속으로 서로 사귀는 것이고, 넷째는 환난을 서로 구제하는 것이다.

---

63) 백록동 서원 학규(白鹿洞書院學規)는 주자가 오륜(五倫)에 기본을 두고 만든 것으로 학문하는 데 있어 큰 근본을 말해 놓은 것이다(한국학중앙연구원, 2006, 국역 율곡전서 IV: 129).

첫째, 덕업을 서로 권하는 일(德業相勸)이다. 덕(德)이란 대상에 있어서 부모에게는 효도하고, 국가에는 충성하고, 형제간에는 우애하고, 어른에게는 공경하며 가정은 예(禮)로 올바르게 다스리는 것이다. 자신에 대한 덕은 몸은 도(道)로 다스리고, 말은 충성스럽고 믿음직스럽게 한다. 그리고 행동은 돈독하고 공경스럽게 하며, 분노와 욕심은 억누르고, 성색(聲色)은 멀리 하는 것이다. 다른 사람에 대한 덕은 선을 보면 행하고, 허물을 들으면 고치며, 제사에는 정성을 다하고, 초상(初喪)에는 슬픔을 다하는 것이다. 그리고 종족과 화목하며 이웃과 사귀고, 친구를 가려 어진 사람을 가까이하며, 바른 도로 자식을 가르치고, 근엄한 법으로 아랫사람을 다스리는 것이다. 또한 가난할 때에도 청렴한 지조를 지키고, 부유해져도 예로 사양함을 좋아하는 따위를 이르는 것이다(한국학중앙연구원, 2006, 국역 율곡전서Ⅳ: 156).

업(業)이란 먼저 자신이 글을 읽고 이치를 연구하며, 예(禮)를 익히고 수(數)를 밝히는 것이다. 집안에 대한 업은 집안을 엄숙하게 다스리고, 과정(課程)을 신중히 하며, 살림살이를 구차스럽게 하지 않는 것이다. 다른 사람에 대한 업은 남을 구제하되 인(仁)을 행하며, 약속한 것을 실천하고, 남의 부탁을 들어주며, 환난을 구제하는 것이다. 그리고 널리 은혜를 베풀며, 남에게 선을 하도록 인도하고, 남의 잘못을 바로잡아 주며, 남을 위하여 일을 도모하는 것이다. 또한 공직자의 업은 대중을 위하여 일을 성사시키며, 서로 싸우는 것을 화해시키고, 옳고 그른 것을 판결하며, 이로운 것을 일으켜 해로운 것을 제거하고, 관직에 있어서는 책임을 완수하는 것이다. 그리고 법령을 두려워하고, 세금을 포탈하지 않는 따위를 말하는 것이다(한국학중앙연구원, 2006, 국역 율곡전서Ⅳ: 157). 위와 같은 덕업을 각자가 정진 수양하고 서로 권면해야 한다.

둘째, 과실(過失)을 서로 바로잡아 주는 일(過失相規)이다. 규약을 위반하는 과실은 네 가지이다. 덕업을 서로 권하지 않는 것, 잘못을 서로 바로잡아 주지 않는 것, 예속을 서로 이루어 주지 않는 것, 환난에 서로 도와주지 않는 것이다. 덕업을 닦지 못한 과실은 다섯 가지이다. 마땅치 않은 사람과 사귀는 것, 허랑하게 놀면서 학업을 게을리 하는 것, 동작에 위의(威儀)[64]가 없는 것, 일에 임하여 정성스럽게 하지 않는 것, 씀씀이를 아끼지 않는 것이다(한국학중앙연구원, 2006, 국역 율곡전서Ⅳ: 157-159). 과실이란 의(義)를 범하는 허물 여섯 가지를 말한다. 희락(嬉樂)과 유희(遊戱)에 절제가 없는 것, 분쟁(分爭)과 투송(鬪訟)을 일삼는 것, 법도에 위배되는 행동을 많이 하는 것, 말을 충성스럽고 신의 있게 하지 않는 것, 지나치게 자신의 이익만을 꾀하는 것, 이단을 물리치지 않는 것이다.

셋째, 예속으로 서로 사귀는 일(禮俗相交)이다. 예속으로 서로 사귀는 일은 네 가지가 있다. 존자(尊者)와 유자(幼者) 사이의 동아리(輩)는 모두 5등급으로 존자(尊者), 장자(長者), 적자(敵者: 맞상대), 소자(少者), 유자(幼者)이다. 찾아가 뵙고 절하는 데는 세 조목이 있으니 첫째는 유자(幼者)가 존자에 설날 세배하는 일과 하직을 아뢰는 일과 다녀와서 찾아뵙는 일, 축하드리는 일, 고맙다고 인사드리는 일이다. 둘째는 유자가 존자를 뵐 경우 문 밖에서 말에서 내리고 바깥채(外次)에서 기다리면서 이름을 통고한다. 셋째는 길에서 존자나

---

64) 威儀: 위엄이 있고 엄숙한 태도나 차림새.

장자를 만났을 경우, 모두 도보였으면 달려 나아가 절을 한다. 존자가 말을 걸어오면 대답하고 그렇지 않으면 절하고 물러나 길가에 서서 존자가 멀리 지나가기를 기다렸다가 간다.

초청하는 일과 맞이하고 전송함에는 모두 네 가지 조목이 있다(한국학중앙연구원, 2006, 국역 율곡전서Ⅳ: 160-170). 첫째는 존자를 초청하여 음식을 대접하는 일인데 반드시 단자(團子)65)를 갖추어 친히 가서 초청한다. 둘째는 대체로 모임에는 나이 순서로 앉는다. 셋째는 잔치 모임에서 처음 앉은 곳에 따로 두 기둥 사이에 탁자를 설치하고 그 위에 큰 잔을 놓는다. 넷째는 멀리 나갈 때와 먼 곳으로부터 돌아왔을 경우, 전송하고 맞아드리는 예는 직월이 그 일을 관장하여 날짜를 정해 한곳에 모으면 각자 술과 안주를 가지고 간다.

경조에 물품을 보내는 데는 네 가지 조목이 있다. 첫째는 무릇 동약자(洞約者)66)가 길사(吉事)가 있으면 이를 경축하는 것이다. 둘째는 흉사(凶事)가 있으면 위문한다. 셋째는, 동약자의 상에는 치전(致奠)67)을 한다. 넷째는, 만약 동약원이 타향에서 죽었을 때는 동약원은 한곳에 모여 자리를 만들어 놓고 곡하고, 약원 가운데에서 나이 어린 한 사람을 보내어 선물과 제문과 부장을 자지고 가서 전을 올리게 한다.

넷째, 환난(患難)에 서로 돕기(患難相恤)이다. 환난의 일에는 일곱

---

65) 團子: 찹쌀로 만들어 속에 소를 넣고 꿀을 발라 고물을 묻힌 떡(한국학중앙연구원, 2006, 국역 율곡전서Ⅳ: 162).

66) 洞約者: 향약을 시행하는 단위의 구성원(한국학중앙연구원, 2006, 국역 율곡전서Ⅳ: 167).

67) 致奠: 제물을 올리는 일(한국학중앙연구원, 2006, 국역 율곡전서Ⅳ: 168).

가지가 있다. 첫째는 수재(水災)와 화재(火災) 때에 재난이 적으면 사람을 보내어 도와주고, 재난이 심하면 직접 가되 많은 사람을 이끌고 가서 도와주고 또 위문한다. 둘째는 도적(盜賊)을 만났을 때 가까이 있는 사람들은 힘을 합쳐 도둑을 잡고, 힘이 있는 사람은 관사(官司)에 이를 고하고 도움이 되는 것을 모아서 돕는다. 셋째는 질병(疾病)을 당하였을 때 병이 가벼우면 사람을 보내어 병문안을 하고, 병이 심하면 그를 위해 의사와 약을 구해 보고, 그 병을 요양할 비용을 도와준다. 넷째는 사상(死喪)을 당하였을 때 조문과 부의에 관한 것으로 가난이 극심하여 장사를 지낼 수 없는 경우에는 규정된 부의 외에 재물을 더하여 도와준다. 다섯째는 어린 고아(孤兒)가 생겼을 때 약원(約員) 중의 한 사람이 죽었을 때, 어려서 의탁할 곳이 없는 자식이 있는 경우 약원 가운데 절친한 사람이 맡거나 도와서 갈 곳이 없게 하지 않는다. 여섯째는 무고(誣告)를 당하였을 때 만약 약원 중에 다른 사람의 무고를 당하였으면 그를 위해 말을 하고, 무고를 풀어 줄 만한 방략(方略)이 있으면 풀어 주도록 한다. 일곱째는 가난하여 약원 가운데 생계가 궁색하여 끼니를 잇기 어려운 지경에까지 이른 자가 있으면 재물을 내어 돕는다.

따라서 율곡은 성인교육을 통해 전인성교육을 실천하고 있음을 알 수 있다. 이러한 성인이 단순히 이상적인 목표로서만이 그 자리를 차지하고 있는 것이 아니라, 현실에서의 바람직한 삶의 실현과 직결되어 있다는 측면이 중요한 의미를 갖는다. 또한 이러한 목표의 설정은 전인적 인간의 양성, 전인적 삶의 실현이라는 또 다른 측면에서 전인성을 갖춘 인간을 양성함으로 향약이 실천되는 사회, 즉 이상사회 건설을 실현하고자 했다.

3. 교육방법

율곡은 전인성교육의 방법으로써 첫째, 지행병진의 궁행(窮行), 둘째, 정신집중의 거경(居敬), 셋째, 동기유발의 입지(立志)를 제시하고 있다(한국학중앙연구원, 2006, 국역 율곡전서Ⅵ: 7).

1) 지행병진의 궁행(窮行)

율곡은 전인성교육의 첫 번째 방법으로서 궁행, 즉 궁리와 역행의 지행병진(知行竝進)을 강조했다.

> "知와 行이 비록 선후로 나누어지지만 실은 일시에 병진하는 것이다. 혹은 知로 말미암아 行에 도달하고 혹은 行으로 말미암아 知에 도달한다."(한국학중앙연구원, 2006, 국역 율곡전서Ⅴ: 180)

이것은 이치를 궁구하는 궁격(窮格)과 실천하는 것 천리(踐履)는 비록 두 가지 공부일지라도 일시에 병진해야 한다(한국학중앙연구원, 2006, 국역 율곡전서Ⅴ: 37)는 것이다. 이러한 관점에서 그는 마음과 행동이 같지 않으면 이미 유자(儒者)로 보지 않는다.

'궁리(窮理)'란 격물치지(格物致知)를 일컬음이니 자신의 참다운 知를 완성하기 위하여 사물의 이치를 깊이 思考하고 관찰하는 자세를 의미한다. 그러므로 궁리를 통해서 얻어진 지식은 단편적이거나 수동적 지식이 아니라 자발적, 창조적, 심층심리적인 산지식으로서 행동화로 연결되는 지식이다. 다시 말해서 지식은 궁리를 합리적으로 이끌기 위한 수단이고, 궁리는 결과를 정리하고 검증하기 위한 수단이기 때문에, 율곡의 교육방법은 탐구적 자기 활동적 문제해결식 학습방법에 해당하는 방법이다. 궁리가 분명해야만 궁행할 수 있고, 반드시 실심(實心)이 있어야만 반드시 실공(實功)이 있다. 그러므로 성실은 궁행의 근본이다. 궁리로써 善을 밝히기 때문에 궁리인 격물치지는 誠공부가 된다. 그러므로 율곡은 "궁리의 필연성을 배우는 사람은 항상 이런 마음을 갖고 다른 사물이 빈틈을 타고 침입하여 들어오지 못하게 해야 한다."(한국학중앙연구원, 2006, 국역 율곡전서 V: 38)라고 했다. 이치를 궁리하고 착한 것을 밝힌 뒤에라야 마땅히 행하여야 할 도가 분명해져서 진보해 나아갈 수 있다. 이 도에 들어가려면 먼저 이치를 궁리해야 하고, 이 이치를 궁리하려면 먼저 독서를 해야 한다. 왜냐하면 성현들의 마음은 자취와 착한 일을 본받는 것과 악한 일을 경계하는 것들이 모두 이 글 속에 있기 때문이다. 율곡이 궁리와 함께 강조한 것이 '역행(力行)'이다(한국학중앙연구원, 2006, 국역 율곡전서 II: 159).

'역행'은 자기를 이김으로써 기질의 병통을 치료하는 것에 있다(한국학중앙연구원, 2006, 국역 율곡전서 V: 40). 자기의 기질을 고치는 실천 사항으로는 유약한 사람은 강건하게 고치고 무능한 사람은 자립하게 고치는 것이며 엄한 사람은 친화하게 하고, 조급한 사람은 여유 있게 하는 것이다. 그리고 욕심이 많은 사람은 맑게 하여 청정하게 하고 私에 치우치는 사람은 큰 공에 이르게 하여 힘써 스스로 도와 언제나 게을리 하지 않는 것이 역행의 요점이다. 기질을 고치는 한 방법으로 글을 읽어도 의심이 없는 독서를 해서는 안 된다.

> "글을 읽어도 의심이 없는 것은 처음 배우는 이의 공통된 병통이다. 대개 평소에 많이 읽기만 했을 뿐 자세하게 연구를 하지 않고 속히 읽어 넘겼으니, 지금 이 일을 깊이 경계하여 일소하고 따로 규모를 갖추어 문자를 보되, 더욱 정밀하고 가장 급한 것을 가려내어 한 책을 보고, 하루의 힘에 따라 한두 단을 보되 한 단을 깨달으면 비로소 한 단을 나아가고, 한 책을 바꾸어 읽되 먼저 마음을 비우고 기운을 고르게 한 다음에 숙독하고, 정밀하게 생각하여 한 자, 한 구절을 여러 어진 이의 주해와 대조하여 일일이 꿰뚫어 이해하고 난 뒤에 그 시비를 비교하여 성현의 뜻을 세운 근본을 구하고, 비록 얻었다 하더라도 역시 되풀이하여 익혀서 그 의리가 살을 베이고 골수에 젖어야만 학문한다고 말할 수 있을 것이다."(한국학중앙연구원, 2006, 국역 율곡전서 V: 46-50)

이와 같이, 앎과 행함, 知와 行을 아울러 중시하는 그의 교육방법은 생활습관을 형성하는 매우 중요한 역할을 하게 된다. 이것은 궁리(窮理)와 역행(力行)을 함께 말함으로써 학문과 실천의 변증법적 통합의 전인성을 제시한 것이다. 이러한 교수법으로 배우는 사람은 항상 마음을 잘 보존하여 흐트러짐을 면할 수 있고, 이치를 궁리하여 선을 밝힌 다음 마땅히 행할 도에 나아갈 수 있는 전인성을 겸비한 인간에 이를 수 있다.

2) 정신집중의 거경(居敬)

율곡은 전인성교육의 두 번째 방법으로서 '거경(居敬)'을 제시하였다. 거경은 성리학에 있어서의 학문의 수양방법이다. 학문을 위한 정신자세를 갖추는 방법원리가 바로 거경이다. 학자가 진덕(進德)을 수업함에 있어서 학문 이외의 다른 일에 사로잡힘이 없이 오직 敬으로써 표리(表裏)가 동일하게 중단함이 없이 매진하는 것이다. 거경은 학문의 시작이요, 또한 학문하는 사람의 마음의 태도이다(한국학중앙연구원, 2006, 국역 율곡전서Ⅴ: 35-36). 율곡이 설명하는 거경은 마음을 모아 흐트러지지 않게 하는 것(主一無適)이다. 그는 마음을 모으는 것(主一)을 경이라 하고, 흐트러짐이 없게 하는 것(無適)을 일(一)이라 한다. 이 말은 마음을 오로지 하여 잡념을 가지지 않는 정신집중을 뜻한다. 여기 一68)이라 함은 순일(純一), 전일(專一), 유일(唯一)의 의미를 가지는 것이다. 이 말이 표현하려는 대상은 마음(心)이 靜에 있을 때와 動할 때에 있어서 항상 제자리를 지키고 있어야 한다는 것이다.

"스승을 따라 수업하되, 배우기는 넓게 하고, 질문은 자세하게 하며, 생각은 신중하게 해야 한다. 분별은 명확하고 깊이 생각하여 마음으로 체득하기를 기약하여야 한다. 글을 읽을 때에는 태도를 정숙히 하고 단정히 앉아서 마음과 생각을 한곳으로 모아 한 책에 익숙해진 뒤에야 다른 책을 읽어야 한다. 책을 많이 보거나 단순히 책 내용만

---

68) 一은 우리말로 고쳐보면 '한결같이'라는 뜻이 될 것이다(한국학중앙연구원, 2006, 국역 율곡전서Ⅴ: 39-40).

을 기억하는 것은 의미가 없다."(한국학중앙연구원, 2006, 국역 율곡전
서Ⅳ: 124)

율곡은 주일무적(主一無適)과 궁리를 정중(靜中)공부라 하여 거경
의 요체로 삼았다. 수작만섭(酬酌萬變), 다변응대(多邊應待)를 동중
(動中)공부라 하여 거경의 활용으로 보았다(한국학중앙연구원, 2006,
국역 율곡전서Ⅴ: 30). 동정간(動靜間)에 제자리를 찾는 마음을 지녀
야 진정으로 자주(自主)를 찾는 마음이 될 수 있다. 그러기 위해서
학습자는 마음을 방만하지 말고, 항상 정신이 집중 통일된 주일무적
의 상태를 지녀야 할 것이다. 또한 기거(起居)동작을 만사에 조심하
고 삼가는 정제엄숙(整齊嚴肅)의 상태에 있어야 한다. 이는 저절로
심신이 숙연하여지고 표리가 하나로 되는 경지이다. 이같이 거경은
마음공부와 지행의 기본적인 자세가 되는 동시에 학문의 시작이요
끝이 되는 것이다. 그러므로 배우는 자의 덕의 나아감과 공부는 오
직 거경을 돈독히 하는 데 있다. 따라서 학습자가 학문을 함에 있어
서 거경을 지니는 것은 궁리의 근본이 된다. 궁리란 바로 理에 다다
름을 말한다. 이같이 거경은 수양의 방법론적 개념이다. 인륜을 함양
함에 있어서 함양과 성찰은 오직 거경에 의해야 한다. 거경으로써
마음을 지키어 함양이 오래 쌓이면 스스로 마땅히 힘을 얻게 된다.
거경으로써 함양한다는 것은 다만 고요해서 염려가 일어나지 않고
마음을 밝게 해서 혼미가 조금도 없게 할 뿐이다.
  '거경'은 또한 성경론(誠敬論)과도 연관이 있다. 학습자에게 인간
의 가치실현과 그 방법에 관한 이론이 바로 성경론이다. 교육의 전
과정에 필수적인 거경의 태도와 지향해야 할 목적으로서의 誠은 완

172

전한 인격의 세계를 지향한다. 율곡은 거경을 "마음을 오로지 하여 잡념을 가지지 않는 것, 정제하고 엄숙한 것, 항상 마음이 혼미하지 않은 것, 그 마음을 거두어들여서 일물도 용납하지 않는 것"(한국학중앙연구원, 2006, 국역 율곡전서Ⅴ: 121)으로 정의한다.

이처럼 거경은 마음의 미발(未發)상태뿐만 아니라 이발(理發)상태에서도 항상 각성된 상태로 전일함을 유지하게 함으로써 사욕을 막아 내고 천리를 보존하게 하는 학습방법이다. 따라서 거경의 방법은 마음의 천리를 보존하려는 경건성과 마음에 간직된 이로서의 본성이 그대로 드러날 수 있도록 흔들리지 않는 굳건한 도덕적 의지를 요구하는 전인성의 통전적 학습방법이라 할 수 있다.

3) 동기유발의 입지(立志)

율곡은 전인성교육의 세 번째 방법으로서 학습자의 동기를 중시한 입지를 제시하였다. 학문적 성공을 위해서는 먼저 학습자가 뜻을 크게 세우고 마음을 정리 정돈하는 것이 제일 중요한 단계이다. 교육활동이란 의도적 유목적적인 활동이요, 무엇보다 능동적 활동에 의해서 수행되는 활동이다. 따라서 율곡의 입지는 학습자의 자각에 의한 자발적 심리작용인 동기유발이 촉구되어야 한다는 것이다(남궁용권, 1996: 168). 입지는 학습에 있어서 준비성(readiness)이요, 동기유발의 발동자다. 율곡은 입지의 중요함을 강조하였다. 성인이 되기 위해서 가장 중요한 것은 배움에 있어서 성인이 되고자 하는 뜻을 바로 세우는 데 있다(한국학중앙연구원, 2006, 국역 율곡전서Ⅴ: 23). 이처럼 율곡의 교육사상의 중심 과제 중에서 가장 중요한 교육의 실천 단계는 입지이다. "우를(愚) 지로(智) 만들 수 있고 불초(不肖)함을 현(賢)으로 고칠 수 있다."(한국학중앙연구원, 2006, 국역 율곡전서Ⅵ: 2)라고 했다. 즉 인성은 본시 善해서 지우(智愚)의 구별이 없는 것이고, 사람의 외모는 이미 定한 것이라 고칠 수가 없지만 오직 心志만은 고칠 수가 있다. 또한 "옥(玉)을 갈지 않으면 그릇을 만들 수 없고 사람은 교화하지 않으면 도리를 모른다."(한국학중앙연구원, 2006, 국역 율곡전서Ⅴ: 385)라고 했다.

이것은 현대의 교육이론에서 말하는 인간교육의 가능성이나 도야성을 설명한 것으로서 학습자의 입지(뜻)를 끊임없이 상기시킴으로써 동기를 유발시키는 지·정·의를 동시에 요구하는 전인성의 학습방법이다.

이와 같이 율곡의 전인성교육방법은 궁행·거경·입지를 말하고 있다. 궁행은 사물을 깊이 탐구하고(窮理) 힘써 행하는 것(力行)이다. 거경은 항상 마음을 모아 흐트러지지 않게 하는 것이다. 그리고 입지는 목표를 설정하고 계속 상기하여 동기를 유발하는 방법이다.

제5장 코메니우스와 율곡의 교육론 비교

코메니우스와 율곡의 교육론은 후대의 교육 개혁가들에게 큰 영향을 미쳤고, 그들의 교육론은 대부분 오늘날 근대교육의 이념을 대변하는 것이기도 하다. 본 장에서는 기독교적전인성의 관점에서 두 학자의 교육목적과 교육내용 그리고 교육방법에 나타난 유사점과 차이점[69]을 비교 분석한다.

---

69) 학문의 출발은 학문마다의 전제와 특성에 따라 선험적(先驗的, a priori)일 수도 있지만 후험적(後驗的, a posteriori)일 수도 있다. 기독교교육학은 선험의 명제 위에 후험적 진리를 쌓아 가는 학문이라고 할 수 있을 것이다(한미라, 2005: 20). 이런 점에서 두 학자의 비교는 가능성을 찾을 수 있다.

1. 전인성교육에서의 유사점

　기독교적 전인성의 관점에서 코메니우스와 율곡의 교육목적의 유사점을 살펴보면 양자는 지성을 통한 성숙, 덕성을 통한 조화, 경건을 통한 새로운 사회 건설에 두고 있다. 교육내용에 있어서는 평생교육을 통하여 전인성교육을 실현하고자 했다는 점이다. 교육방법은 학습자를 존중한 교육방법이라는 측면에서 이루어지고 있다.

1) 교육목적

　기독교적 전인성의 측면에서 코메니우스와 율곡의 교육목적의 유사점을 살펴보면, 그들이 당시 시대적으로 암울하고 부패한 상황에서 교육개혁을 통해 사회개혁과 새로운 사회 건설을 꾀하였다는 면에서 인간교육의 유사점을 찾을 수 있다. 코메니우스의 전인성교육목적은 지식을 통한 사고·언어·행동의 성숙, 덕성을 통한 생명체와의 조화, 경건을 통한 하나님나라 건설에 두고 있으며, 율곡의 전인성교육목적은 덕성이 조화롭게 함양된 성인(聖人)을 양성해서 이상사회를 건설하는 데 있다.
　코메니우스의 교육목적에서 말하는 성숙은 모든 사람들이 자신을 위하여 모든 사물의 지식을 겸비하여 지혜롭도록 지식을 배양하고, 다른 사람들을 위해 선을 행할 줄 알도록 덕성을 배양하며 그리고 창조주 하나님을 믿는 경건한 인격으로의 경건 배양에 있다. 이러한 교육을 통하여 궁극적으로는 모든 사람이 하나님의 형상인 새로운 인간성의 회복과 함께 생존의 터전이 되는 사회개혁과 구원을 통한 하나님 나라를 실현하게 하는 데 있다.

한편 율곡의 전인성교육목적은 생활습관의 지성을 통한 성숙한 생활, 인륜의 덕성을 통한 조화, 성인(聖人)의 정신을 통한 이상사회 건설이다. 율곡은 자신의 성숙한 삶을 위해 생활습관의 지식교육을 하는 것, 타인과의 조화로운 삶을 위해 인륜의 덕성을 실현하도록 하는 것 그리고 성인의 정신을 기르는 것에 목적을 두었다. 이것은 궁극적으로 이상사회 건설을 추구하는 것에 두고 있다.

기독교적 전인성 측면에서 볼 때 위와 같이 두 학자의 교육목적에는 일맥상통하는 정신이 흐르고 있다. 지식교육은 자신의 성숙한 삶을 위한 것이라는 점이다. 이를 위하여 코메니우스는 사고·언어·행동의 성숙을 지향하였고, 율곡은 생활습관의 지식을 통한 성숙을 추구하였다. 덕성교육은 타인과의 조화를 위한 것이라는 점이다. 이를 위하여 코메니우스는 자연 및 모든 생명체와의 조화를 지향하였고, 율곡은 인륜의 덕성을 통한 조화를 추구하였다. 경건교육은 새로운 사회를 위한 것으로서, 코메니우스는 경건한 인격을 통한 새로운 사회를 지향하였고, 율곡은 성인(聖人)의 정신을 통한 이상사회 건설을 추구하였다.

2) 교육내용

기독교적 전인성 측면에서 코메니우스와 율곡의 교육내용의 유사점은 평생교육을 통하여 전인성교육을 실현하고자 했다는 점이다. 이를 위하여 코메니우스는 교육내용을 자연의 책, 이성의 책, 성경의 책에서 찾았으며, 한편 율곡은 교육내용을 가정교육의 책, 학교교육의 책, 사회교육의 책을 지어 가르쳤다.

코메니우스와 율곡, 양자는 전 생애와 전 사회의 교육활동을 통합하고 재구성하는 '평생교육(平生敎育)'[70]을 제시하였다. 코메니우스는 지식, 덕성, 경건을 평생교육적 차원에서 이루어져야 하는 것으로 보았으며, 교육대상을 각 단계별로 구분하여 각 연령층을 학교로 보았다.[71] 각 단계별 학교는 다음과 같다. ① 태아학교(Schola geniturae), ②

---

[70] 평생교육이라는 용어는 과거에도 사용하였지만 이것이 공식적으로 사용되어 국제사회의 대표적 교육용어로 떠오른 계기는 1970년 유네스코(UNESCO) 교육정책문서에 언급되면서부터이다. 유네스코는 장차 세계의 교육은 학교본위교육에서 벗어나 평생교육의 방향으로 잡아야 한다고 권고하였다. 그리고 1970년 '세계 교육의 해' 지도이념으로 평생교육을 제창하게 되었다. 폴 렝그랜드(Paul Lengrand)는 평생교육 개념 창시와 발달에 선구적 역할을 하였으며, 한국의 경우 평생교육 개념 창시와 발달에 선구적 역할을 하였으며, 평생교육 개념의 보급은 유네스코 한국 위원회에 의해서 이루어졌고, 아울러 이들은 1973년 평생교육 발전 세미나를 춘천에서 개최하였다. 이렇게 일반적으로 평생교육이라는 개념이 대두된 것은 20세기 중반에 와서이다. 그러나 엄밀한 의미에서 평생교육은 이미 약 400년 전에 코메니우스에 의해서 체계적으로 제시되었다고 볼 수 있다. 코메니우스는 교육을 인간의 생애 모든 기간에 걸쳐서 모든 장소에서 이루어지는 것으로 보았다. 이 사실은 범교육에 나타난 그의 학교개념과 단계별 학교의 의미와 교육과정에서 잘 보여주고 있다(천세영, 2005: 22-23).

유아기 학교(Schola infantiae), ③ 아동기 학교(Schola pueritiae), ④ 청소년 학교(Schola adolescentiae), ⑤ 청년기 학교(Schola juventutis), ⑥ 젊은 장년기의 학교(Schola virilitatis), ⑦ 노년기 학교(Schola senii), ⑧ 사망의 학교(Schola mortis)이다(Comenius, 1638: 247－456). 뿐만 아니라 그는 이러한 평생교육의 내용과 방법이 담긴 교재를 직접 저술함으로써 현대교육의 기반을 형성하였다. 그는 '교수－학습'의 합리적인 체계를 정립하여 전통적인 교육의 문제인 비능률성과 일방적인 주입식 방법을 개선하려고 노력하였다. 실제로 체계적이고 과학적인 교수법을 발전시키기 위하여 교재를 집필하였다. ① 분석적 방법과 귀납적 방법을 주제로 한「분석 교수학」, ② 세계 최초의 교육학서로, 교수대전인「대교수학」, ③ 그림으로 우주와 생명의 이치를 설명해 놓은「세계도회」, ④ 전 삶을 포함하는 교육학적인「범교육론」, ⑤ 언어를 사물과 병행할 수 있는 지도서인「최신언어교수법」, ⑥ 조기교육을 위한 교육 지침서인「어머니 학교의 소식」, ⑦ 인간생활의 문제와 영성의 문제를 다룬「세상의 미로와 마음의 낙원」그리고 ⑧ 범지학의 의미와 하나님께 이르는 통합된 지혜의 길을 밝힌「빛의 길」등이 있다.

또한 율곡도 평생교육을 말하고 있다. 코메니우스가 태아학교로부

---

71) 페데리코 메이어(Federico Mayor)는 평생교육의 단계에 대하여 모든 연령마다 배우기 위해 정해져 있기 때문에, 생 자체에서 배우는 것 이외에 어떤 다른 목적도 주어지지 않는다. 심지어 죽음 자체나 세상도 인간의 생을 종말로 이르게 하지 못한다. 인간으로 태어난 모든 사람은 세상의 모든 것들을 경험한 후 마치 천상(天上)의 대학인 영원한 세상에 도달해야 한다. 따라서 살아가는 모든 과정은 길(道)이며, 준비이며, 작업장이며, 낮은 학교가 된다(Federico Mayor. 2007: 2)고 했다.

터 사망의 학교까지 연령에 따라 구분한 반면, 율곡은 교육이 이루어지는 현장에 의미를 둠으로써 교육이 이루어지는 곳에 따라 가정, 학교, 사회에서의 평생교육으로 구분하였다. 뿐만 아니라 율곡은 코메니우스처럼 단계별 평생교육 교재를 집필하였다. 가정에서 모든 연령층을 위한 지침서, 학교에서 이루어지는 보통교육교재, 청소년 교육교재 그리고 사회인을 위한 교육교재를 집필하였다. 이를 구체적으로 살펴보면 다음과 같다. 첫째, 가정에서 사용할 교재로서는 가정교육의 지침서인 「동거계사(同居戒辭)」가 있다. 둘째, 학교에서 사용할 교재로서는 조기교육인 유아교육(幼兒敎育)교재인 「소아수지(小兒須知)」, 보통교육(普通敎育)서인 「소학집주(小學集註)」, 청소년교육(靑少年敎育)서인 「격몽요결(擊蒙要訣)」 그리고 학교교육(學校敎育)의 운영과 교육개혁의 책인 「학교모범(學校模範)」이 있다. 셋째, 사회교육(社會敎育)의 책인 「해주향약(海州鄕約)」이 있다.

이것은 앞에서 언급한 전인성교육목적에 따른 것이다. 지식교육을 통한 개인의 성숙한 삶을 위하여 코메니우스는 자연의 책에서 내용을 가져오고, 율곡은 가정교육의 책을 지어 생활습관의 성숙을 담은 내용을 제공하였다. 덕성교육을 통한 타인과의 조화로운 삶을 위하여 코메니우스는 인간 내면 이성의 책에서 내용을 가져왔으며, 율곡은 학교교육의 책을 지어 타인과 더불어 살아가는 인재를 양성하고자 인륜의 덕목을 담은 내용을 언급하였다. 그리고 경건교육을 통한 새로운 사회 건설을 위하여 코메니우스는 성경의 책에서 내용을 그리고 율곡은 사회교육의 책을 지어 성인의 덕목을 담은 내용을 체계화하였다.

3) 교육방법

기독교적 전인성 측면에서 코메니우스와 율곡의 교육방법의 유사점은 다음과 같다. 코메니우스의 전인성교육방법은 자연·과학적 원리, 모범·훈련·훈육, 영성·선행·조기습관이고, 율곡의 전인성교육방법은 지행병진의 궁행(躬行), 정신집중의 거경(居敬), 동기유발의 입지(立志)이다. 이를 통하여 알 수 있는 코메니우스와 율곡의 교육방법론의 유사점은 다음과 같다.

첫째, 내면 동기유발의 방법이다. 코메니우스는 교육방법의 근간이 되는 인간교육의 가능성이 인간 내면에 주어져 있다는 것을 전제로 하고 있다. 인간의 지성, 덕성, 경건 이 세 가지 속성은 인간에게 완성된 상태로 주어지는 것이 아니라, 그 씨앗이 인간의 내면에 주어져 있기 때문에, 이는 위에서 제시한 교육방법을 통해서 배양되어야 하고 교육을 통해서만 인간다워질 수 있다(Comenius, 1657: 43). 이에 근거하여 자연적으로 흥미를 유발시키며 모범을 통한 모방의 동기를 일으키는 방법이다.

한편 율곡은 교육을 통한 인간의 변화가능성을 유가의 전통적인 인간관에 근거하여 이해한다. 인간은 기질적인 제약을 가지고 있기는 하지만, 자신의 한계를 극복할 수 있는 능력을 지닌 존재이다(한국학중앙연구원, 2006, 국역 율곡전서Ⅵ: 2). 인간은 천지만물 가운데 유일하게 지통지정(至通至正)한 기를 얻었기 때문에, 가장 영명한 존재이며 마음속에 허령통철(虛靈洞澈)한 모든 이치를 갖추고 있어서 기질에 가려진 왜곡된 본성을 변화시킬 수 있다(한국학중앙연구원, 2006, 국역 율곡전서Ⅴ: 78). 이러한 기질적 한계를 주체적인 자기 혁신을 통해서 극복함으로써 인간은 천지만물과 하나가 될 수 있는 가능성이 열리게 된다. 이것이 유가의 궁극적 이상인 천인합일(天人合一)의 경지이다. 이와 같이 코메니우스와 율곡은 인간을 자기 혁신의 노력, 곧 교육을 통해 스스로를 변화시킬 수 있는 존재로 이해한다. 이에 근거하여 율곡은 입지로 동기를 유발시키고 거경으로 정신집중을 하며, 궁행으로 실천을 병행하게 했다.

둘째, 지행병진의 교육방법이다. 코메니우스와 율곡은 실천(實踐)을 통한 교육을 주장한 실천교육론자임을 알 수 있다. 코메니우스는 교육방법에 있어서 덕성교육을 위하여 모범 · 훈련 · 훈육과, 경건교육을 위하여 영성 · 선행 · 조기습관 이라는 실천교육을 강조했다. 모든 인간으로 하여금 모든 사물에 대한 지식을 철저히 배우고, 순결한 덕성과 경건의 훈련을 철저히 받게 하여, 현재와 다음 세대의 생활에 필요한 모든 것을 준비할 수 있도록 해야 한다(Comenius, 1657: 34). 이를 위하여 그는 「대교수학」에서 교육방법론 또한 일방적인 주입식 교육이 아니라 실물을 통하여 오감으로 느끼며 직접 참여하는 교육을 제시하였다. 실천을 통한 교육으로 인간이 지혜롭게 되어 자신의 목적과 모든 사물의 목적 그리고 그 목적에 이르는 방법을 바르고 가치 있게 활용하는 것을 추구하였다.

또한 율곡은 궁행, 즉 궁리를 통한 지성함양과 역행을 통한 실천의 지행병진(知行並進)의 교육방법을 강조한다(한국학중앙연구원, 2006, 국역 율곡전서Ⅴ: 177). 지와 행이 비록 선후로 나누어지지만 실은 일시에 병진하는 것이다. 혹은 지로 말미암아 행에 도달하고 혹은 행으로 말미암아 지에 도달한다. 궁리가 분명해야만 궁행할 수 있고, 반드시 실심(實心)이 있어야만 반드시 실공(實功)이 있다. 그러므로 성실은 궁행의 근본이다. 역행(力行)은 자기를 이김으로써 기질의 병통을 치료하는 데 있다. 즉 자기를 이겨서(克己) 본래의 착한 본성을 회복하는 것이다(한국학중앙연구원, 2006, 국역 율곡전서 V: 37). 이것은 궁리와 역행을 함께 말한 것에서도 알 수 있듯이, 학문과 실천의 변증법적 통합을 강조했다.

셋째, 자연의 원리에 따른 과학적인 교육방법이다. 코메니우스의 교육론은 근본적으로 똑같은 교과내용들이 그 난이도를 달리하면서 유아, 아동, 학생 및 성인들에게 가르쳐져야 한다(Comenius, 1657: 275). 교수방법은 모든 학습의 개념체계를 고려하고 또한 각 학습발달의 단계적인 특징을 고려한 점진적인 방법을 따라야만 한다. 한편 율곡은 거경에 의한 자기성찰로 점진적(漸進的) 원리를 제시하고 있다(한국학중앙연구원, 2006, 국역 율곡전서V: 34). 율곡이 말하는 거경은 성리학에 있어서의 학문의 수양방법이다. 거경은 학문을 하는 구심적 정신자세로써 학습자가 진덕수업(盡德修業)할 때 학문 이외의 일에 사로잡힘이 없는 것을 의미한다. 교수기술면에서는 「소학」에서 차츰차츰 형이상학적 근본문제로 올라가는 귀납적 방법을 취했다(한국학중앙연구원, 2006, 국역 율곡전서VI: 7). 즉 단순에서 복잡으로, 구체적인 것에서 추상적인 것으로 올라가는 교육 방법이었다.

넷째, 상벌(賞罰)을 통한 강화(强化)의 방법이다. 코메니우스는 훈육이 없는 교육은 물 없는 물레방아와 같다고 할 정도로 훈육을 통한 교육을 강조했다(Comenius, 1657: 268). 유아에게 덕을 형성하게 하는 방법으로 부모, 유모, 교사, 친구들의 인격적 모범, 교훈과 행동규칙을 따르게 하는 일, 악과 싸울 수 있도록 엄격하게 훈육할 것을 강조했다. 악덕이 마음을 사로잡기 전에 조기에 덕성교육을 해야 할 것과,

행함으로써 학습하게 하는 방법이 효과적이다. 훈육의 구체적인 방법
으로서 교사는 학습자들에게 스스로 살아있는 모범이 되어야 한다.
훈육은 끊임없이 지켜보는 일, 책망하는 일, 책망이나 권면이 아무
효과도 없을 때 벌이 사용되어야 한다(Comenius, 1657: 229-230).

한편 율곡은 상벌을 통한 교육의 효율성을 높이고자 하였다. 그는
「은병정사약속(隱屛情舍約束)」에서 만일 재(齋)[72])에 있을 때에만 근
칙(謹飭)하고 집에 돌아가서는 태만한 자가 있다면, 벗들이 서로 살
펴서 바로잡고 경계해 주되, 고치지 않으면 스승에게 고하여 경계하
고, 그래도 고치지 않으면 곧 재에서 내어 쫓는다고 한다(한국학중
앙연구원, 2006, 국역 율곡전서Ⅳ: 135). 즉 상벌의 적정한 시행을
통해 교육의 성과를 제고(提高)해 보려는 의도를 엿볼 수 있다. 이
와 같이 코메니우스는 훈육이라는 용어를 사용하여 상벌의 필요성을
말하였다면, 율곡은 학칙이라는 용어로 상벌의 교육을 제시하고 있
다. 특히 유아일수록 악에 물들고 습성화되기 전에 엄격한 상벌 강
화가 효과적임을 말하고 있다. 코메니우스와 율곡은 인간교육의 가
능성이 인간 내면에 주어져 있다는 것을 전제로 내면 동기유발의 방
법, 실천을 통한 지행병진의 방법, 자연의 원리에 따른 과학적인 방
법 그리고 상벌을 통한 강화의 방법을 강조했다. 이것은 지성의 지

---

72) 조선(朝鮮) 시대(時代) 때 성균관(成均館)·사학(四學)·향교·서원(書院)
등(等)에 딸린 기숙사 명륜당(明倫堂:강당) 앞에 좌우(左右) 2채를 짓고
왼편 동쪽에 있는 것을 동재(東齋), 오른편 서쪽에 있는 것을 서재(西
齋)라 하였음. 특(特)히 성균관(成均館)의 경우(境遇)에는 상재(上齋) 오
하재(下齋)의 구별(區別)이 있어서 상재에는 생원·진사들이 거처(居處)
하였고, 하재에는 중외(中外)에서 뽑혀 온 유학(幼學)들이 거처(居處)했
다(한국학중앙연구원, 2006, 국역 율곡전서Ⅳ: 135).

식과 덕성의 마음과 내면의 영성에 입각한 전인성의 교육 방법임을 알 수 있다.

2. 전인성교육에서의 차이점

앞 절에서 살펴보았듯이, 두 학자는 전인성 계발을 위한 교육이라는 유사점들을 가지고 있지만 또한 기독교적 전인성 측면에서 교육목적과 교육내용 그리고 교육방법 면에서 차이점을 볼 수 있다.

1) 교육목적

기독교적 전인성에서 볼 때 교육목적에서의 차이는 다음과 같다.

첫째, 전인성을 위한 지성교육에서 인간 내면의 타고난 자질계발과 현실생활에 필요한 지식습득이라는 차이점을 발견할 수 있다. 코메니우스는 참된 지식은 한 개인의 원활한 인지적 활동과 그 과정을 통하여 잘 지각되고, 잘 사고하며, 잘 행동하는 세 요소의 조화 있는 기능에 의하여 표현된다는 사실을 강조하고 있다(Comenius, 1657: 197). 인간이 사물을 이해하고 이것을 실제로 활용하며, 타인에게 전달할 수 있는 모든 지식을 획득할 수 있는 원천적인 능력을 타고났다고 보았다. 하나님께서 인간에게 준 세 가지 도구는 중요한 것을 가릴 줄 아는 선천적인 사고력(이성), 말하기(언어), 사고력을 통하여 생각했거나 언어를 통하여 가진 경험들을 완전하게 하는 행동을 의미한다(Comenius, 1638: 67). 인간은 이 세 가지 기능을 활용하여 모든 사물들의 지식의 요소와 진리를 습득하며, 그 자신이 합리적이고 도덕적이며 신령한 생활을 영위할 수 있다. 그러므로 코메니우스의 지성교육은 모든 사물을 통찰하여 바르게 사용하게 하고, 기술교육으로 자연에 적응하게 하며, 언어교육으로 지식전달과 의사소통을 가능하게 함으로써 인간 내면의 세 기능인 사고, 말하기, 행동을 배양하는 것이다.

한편 율곡이 말하는 지성은 현실생활에 필요한 지식의 습득과 실천에 목적을 두고 있다. 이같이 실(實)을 강조한 율곡은 그의 무실본위의 실학사상이나 십만양병론(十萬良兵論) 등으로 전개되는 일련의 양상들은 모두 현실문제 해결을 위한 가르침으로 받아들일 수 있다. 그는 교육의 현실과 이상을 조화하는 것과 동시에 언제나 문제를 가지고 현실을 보는 실천에 그 목적을 둔 것이다. 그것은 일상생활 자체를 학문의 장으로 여기고, 일상생활 속에서 실행을 통하여 학문을 이루는 것이다. 현실중심의 생활교육은 매일의 생활 속에서의 자기성찰과 생활 속에서 옳고 그름을 분별할 수 있게 해 주는 것이다. 따라서 지성적 관점에서 보면 코메니우스가 인간 내면의 타고난 이성력을 계발하는 교육에 중점을 두고 있는 것이라면, 율곡은 현실생활에 필요한 지식습득을 통한 지성을 갖춘 성숙이라는 목적에서 차이점을 발견할 수 있다.

둘째, 전인성의 바탕인 성악·성선의 기질에서 덕성교육의 차이를 보인다. 코메니우스가 말하는 덕성교육의 목적은 인간의 부패와 타락을 예방하고 치유하는 것이며, 다른 한편으로는 선행과 올바른 생활습관을 형성하는 것이다. 이러한 의미에서 인간은 다른 사람들과 생명체들과의 조화의 관계를 이루는 참다운 선한 인간이 될 수 있게 덕성을 배양하는 것이다.

한편 율곡은 덕의 교육이 갖는 중요성을 인간의 선한 본성에 근거하여 인간이 마땅히 걸어가야 할 길을 밝혀서 조예(造詣)[73]와 실천을 이루도록 하는 과정에 국한된 것이며, 교육 그 자체가 학문의 결과나 목적은 아니고, 인륜의 길을 밝히는 것이 목적이 되어야 한다는 것이다. 그것은 오륜과 오상의 도를 행하는 것과 인간관계 속에서 인륜을 실현할 습관을 형성하는 것이다. 기질은 맑고 흐리고 순수하고 잡박하여 다르지만, 참되게 알고 실천하여 구습(舊習)을 버리고 본성을 회복한다면 착함이 고루 갖추어질 수 있다. 인간의 타고난 본성이 선하기 때문에, 그것을 가리고 있는 부덕의 악의 요소만 제거된다면 본성은 회복될 수 있다는 것이다. 결국 더불어 살아갈 수 있는 사람으로의 기질변화에 두고 있다(한국학중앙연구원, 2006, 국역 율곡전서 V: 103). 이와 같이 율곡은 인간의 본래적인 성선과 기질의 변화가능성을 긍정함으로써 인간변화 교육을 통한 인륜실현 교육의 목적을 제시해 주고 있다.

전인성교육에 근간이 되는 인간본성에 대하여 코메니우스는 인간본성을 부패와 타락을 전제하고 이러한 성품을 교육을 통하여 치유하는 것과 선행의 습관을 형성하고 자연과 모든 생명체와의 조화를 추구한다. 한편 율곡은 인간본성을 성선에서 출발함으로써 더불어 살 수 있는 기질 개선과 마땅히 행할 길을 찾아 인륜의 습관을 키워 주는 것이다. 이러한 본성에 근거한 덕성교육의 목적 또한 코메

---

73) 造詣: 학문이나 예술, 기술 따위의 분야에 대한 지식이나 경험이 깊은 경지에 이른 정도(한국학중앙연구원, 2006, 국역 율곡전서 V: 103).

니우스가 인간의 타락에도 불구하고 내면세계에 타고난 신적 속성을 계발하여 바르게 인도함으로써 하나님과 평화를 이루고 연합하여 사는 하나님나라를 실현하는 것으로써 인간과 인간, 인간과 자연 그리고 인간과 하나님과의 관계에 목적을 두었다. 한편 율곡은 성선에 근거하여 언행과 지행이 일치하는 인격적으로 완성된 성인을 교육하여 이상사회 건설에 목적을 두었다.

셋째, 전인성을 위한 경건교육의 목적에 나타난 성인(聖人)관과 새로운 사회관의 차이다. 코메니우스는 인간의 궁극적 목표는 내세의 삶에 두고 있으며, 현세의 삶은 다만 영생에 대한 준비로 보았다. 그리고 새로운 사회도 내면세계에 있는 신적 속성을 바르게 인도하고, 하나님의 창조세계에서 인간과 더불어 평화를 실현하며 하나님과도 화평을 이루며, 하나님과의 연합을 이루어서 새로운 사회인 하나님 나라를 실현하는 것이다.

한편 율곡이 말하는 성인은 말과 행동이 일치하고, 지식과 행위가 겸비된 온전한 사람을 가리키는 것이다. 율곡은 처음 배우는 사람은 먼저 뜻을 확립하는 목적을 세울 것을 말한다(한국학중앙연구원, 2006, 국역 율곡전서Ⅵ: 2). 즉 반드시 성인이 되기를 자기의 목표로 삼고서 포기하거나 미루려는 생각을 가져서는 안 된다. 그가 말하는 이상사회 또한 교육을 통해서 이루어진 성인이 감화를 주는 통치자가 되어 그 통치자로 하여금 일반 백성들에게 감화를 주게 함으로써 실현이 가능하게 된다.

결국 기독교적 전인성에서 보면, 코메니우스의 교육목적은 인간으로 하여금 하나님과 자연과 이웃과의 관계성 회복을 통하여 책임적인 존재로 살아가게 하는 것이다. 이를 위하여 지성교육, 덕성교육,

경건교육이 이루어져야 한다. 따라서 그가 제안한 교육목적은 모든 인간은 본래적 인간성의 회복을 위하여 모든 사물의 지식을 겸비하여 지혜롭게 되고, 덕성을 겸비하여 선을 행하며 모든 생명체와 조화를 이룰 줄 알고 그리고 창조주 하나님을 믿는 경건한 인격으로 성장하게 하는 데 있다. 뿐만 아니라 모든 사람이 하나님의 형상인 새로운 인간성의 회복과 함께 생존의 터전이 되는 사회개혁과 구원을 실현하게 하는 데 있다. 한편 율곡의 교육목적은 생활 속의 지식교육을 통한 성숙한 생활인, 인륜이라는 덕성교육을 통한 타인과의 조화로운 관계 그리고 성인(聖人)양성을 통한 이상사회 건설에 있다. 그리고 경건교육의 목적이 성인을 양성하여 지상사회에서의 이상적인 국가를 강조하고 있다는 점에서 코메니우스가 말하는 지상의 새로운 사회와 천국의 새로운 사회 두 나라를 추구한다는 점과 비교할 때 율곡은 지상에서의 이상사회를 추구한다는 점에서는 차이점이 될수 있다.

2) 교육내용

기독교적 전인성의 측면에서 볼 때 교육내용 면에서의 차이는 다음과 같다.

첫째, 교재에 나타난 지식의 구조가 다르다. 코메니우스는 전인성의 지식 구조를 자연의 책과 인간 이성의 책 그리고 하나님의 말씀인 성경에서 찾고 있다. 이것은 인간의 교육을 위하여 하나님이 지은 세 가지 책이다. 자연의 책은 자연과학을 포함한 지성적 지식을 기른다. 인간 이성의 책은 타인과의 관계를 유지하는 덕성을 기른다.

그리고 성경은 경건의 지식을 터득하는 자료가 된다.

　한편 율곡은 전인성의 지식 구조를 가정교육의 책과 학교교육의 책, 사회교육의 책에서 찾고 있다. 이것은 인간의 교육을 위하여 교육이 이루어지는 장소에 따라서 지어진 세 가지 책이다. 가정교육의 책은 가족구성원 간에 지켜야 할 덕목과, 부모와 자식 간의 도리, 부부간의 예법 그리고 친구 간의 덕성을 기른다. 학교교육의 책은 가정, 학교, 사회에서 지켜야 할 전반적인 내용들을 포괄적으로 담고 있어서 인재육성 차원에서 인륜을 갖춘 인간을 키우는 데 필요한 내용이다. 그리고 사회교육의 책은 이상사회 건설에 필요한 내용으로서 성인을 양성함과 동시에 그 사회구성원들이 만민복지를 실현할 수 있도록 사회교육으로서의 향약을 담고 있다.

　둘째, 전인성의 구성요소가 다르다. 코메니우스는 전인성의 차원에서 자연의 책을 통한 지식, 이성의 책을 통한 덕성, 성경의 책을 통한 경건의 교육내용을 제시하고 있다. 지식과 덕성과 경건의 교육 밑바탕에는 인간으로 하여금 자연과 이웃 그리고 하나님 앞에서 관계성을 회복하기 위하여 전체 지식과 철저한 인격훈련과 높은 영성훈련을 강조하고 있다. 즉 지식과 덕성과 경건의 조화로운 전인성을 교육내용으로 하고 있다.

　한편 율곡은 가정에서 실천능력을 통한 성숙한 생활습관, 학교에서 인재육성을 위한 인륜, 사회에서 만민복지를 위한 향약과 성인을 교육내용으로 하고 있다. 이것은 율곡이 지성만이 아니라 도덕성과 성인의 전인성교육을 제시한 것으로 볼 수 있다. 그러나 이러한 교육내용으로 교육하고자 하는 전인성의 요소가 다르다. 율곡이 말하는 성인은 철학적이고 정신적인 차원에서 사람다운 사람을 말하고 있으며, 이러한 성인을 키우는 데 필요한 내용을 제시하고 있다는 점에서 전인성 구성요소의 차이점을 발견할 수 있다.

셋째, 교육내용의 강조점이 다르다. 코메니우스는 전인성의 세 요소인 지성·덕성·경건 중 가장 우선적으로 강조한 것이 경건, 그다음 덕성 그리고 지성교육을 강조하였다. 한편 율곡은 덕성을 가장 우선적으로 강조하였다. 그러나 두 학자 모두는 사실상 전인성을 말하거나 전인성의 요소를 구분하여 말하고 있지 않다. 이것은 오늘날 교육에서 전인성의 요소를 구분하고 말하고 있으므로 그런 측면에서 강조점을 찾을 수 있고 차이점을 발견할 수 있다.

3) 교육방법

기독교적 전인성의 측면에서 볼 때 교육방법의 차이는 다음과 같다.

첫째, 전인성을 위한 교육방법으로서 자연·과학적 원리와 학습자의 실천에 중심을 둔 교육방법이다. 코메니우스는 과학적 방법으로 지식의 대상이 되는 자연사물을 분석하여 지식을 얻을 수 있는 분석적 방법을 제시하고, 그 자연사물의 각 부분들을 결합하고 조합하는 종합적인 과정에 의하여 지식을 얻을 수 있는 종합적 방법을 제시하였다. 그리고 그 자연사물의 각 부분을 다른 부분들과, 그 전체를 다른 전체들과 비교 유추하는 과정을 통하여 사물의 지식을 얻을 수 있는 혼합적 방법을 제시하고 있다(Comenius, 1649: 148−152). 예를 들면, 기술교육은 자연의 생성, 성장, 변화의 전 과정을 모방하여 기술교육에 그대로 적용하고 있다. 특히 그는 자연에서 학습원리를 도출하고 교육에서 탈선을 찾고 문제점을 개선하는 방안을 제시하였다. 언어교육은 자연에서 모방한 시청각 실물을 이용한 교육방법이다. 언어를 교육할 때에는 자연에서 모방하여 만들거나 실물인 시청각 자료를 제시함으로써 보다 효율적인 학습을 시행할 수 있게 했다.

한편 율곡은 자기생활을 위한 지식교육방법으로서 궁행(窮行), 즉 궁리와 역행의 지행병진(知行並進)을 강조한다. 이와 같이, 앎과 행함, 知와 行을 아울러 중시하는 그의 교육방법적 태도는 궁리(窮理)와 역행(力行)을 함께 말함으로써 지식과 실천의 변증법적 통합을 제시한 것이다. 율곡은 배우는 사람은 항상 마음을 잘 보존하여 마음이 흐트러지지 않게 하고, 모름지기 이치를 궁리하여 선을 밝힌 뒤에야 행할 도에 나아갈 수 있게 된다. 언제나 게을리 하지 않는 성실함이 궁행의 요점이다. 따라서 코메니우스는 전인성교육을 위한 방법을 자연에서 찾아 도입했다는 것이고, 율곡은 학습자가 배운 바를 실천에 옮기는 것에 비중을 두는 방법이라는 점에서 차이를 보이고 있다.

둘째, 전인성을 위한 교육방법으로서 모범의 원리와 정신집중의 방법이다. 코메니우스는 덕성교육의 바람직한 방법으로서, 좋은 모범을 통한 모방의 방법, 적절한 덕의 교훈을 통한 훈련의 방법 그리고 잘 규제된 훈육의 방법을 제시하였다. 한편 율곡은 전인성교육의 한 방법으로서 거경(居敬)을 말하고 있다. 거경은 성리학에 있어서의 학문의 수양방법으로서 정신자세를 갖추는 방법이다. 거경은 학자가 진덕(進德)을 수업함에 있어서 학문 이외의 다른 일에 사로잡힘이 없이 오직 경으로써 표리(表裏)가 동일하게 중단함이 없이 매진하는 것이다. 이것은 마음을 오로지 하여 잡념을 가지지 않는 정신집중을 뜻한다. 정신집중 정도에 따라 점진적인 발전과 개인차 정도가 결정된다. 따라서 코메니우스는 전인성교육을 위한 방법을 학습자에게 모범을 보여 주고 모방하도록 훈련하며 훈육하는 것인 반면에 율곡은 학습자가 정신자세를 갖추어서 잡념을 가지지 않는 정신집중의 방법이라는 점에서 차이를 보이고 있다.

셋째, 전인성을 위한 교육방법으로서 조기습관의 원리와 입지의 교육방법이다. 코메니우스는 경건교육에 대한 방법으로서 경건성을 소중하게 보존할 수 있는 세 가지 요소인 명상, 기도, 연단을 제시하였으며, 종교적 선행과 경건에 관한 습관을 제시하였다. 그리고 이것을 유아 때 마음속에 각인(刻印)되도록 조기에 교육할 것을 제시하였다. 한편 율곡은 입지(立志)를 제시하였다. 학문적 성공을 위해서는 조기에 학습자가 뜻을 크게 세우고 마음을 정리 정돈하는 것이 제일 중요한 단계이다. 율곡의 입지는 학습자의 자각에 의한 자발적 심리작용인 동기유발을 촉구하는 방법이라 할 수 있다. 입지는 학습에 있어서 준비성(readiness)이요, 동기유발의 발동자로서의 중요함을 의미한다. 즉 성인이 되는 가장 중요한 길은 성인이 되고자 하는 뜻을 바로 세우고 그 뜻을 동기유발로 삼는 방법이다.

따라서 전인성교육을 위한 코메니우스의 교수방법의 특징은 자연의 원리에 따른 것과 모범을 모방하게 하는 것과 무엇보다 조기교육의 강조이다. 한편 율곡의 교수방법의 특징은 궁리·거경·역행의 교육방법이 모든 교육에 동시에 적용된다는 점이다. 지식·덕성·성인교육에서 지행병진의 궁행의 반복이 일어나고, 정신집중의 거경, 동기유발의 입지방법이 계속적으로 적용된다는 점이다.

지금까지 코메니우스와 율곡의 교육론을 비교해 보았다. 코메니우스의 기독교적 전인성교육에는 그 원천이 인간, 자연, 성경에 기초하였기 때문에 교육의 힘을 인간 자신에게서만 찾지 않는다. 인간은 하나님의 형상이므로 하나님의 형상을 닮은 인간의 속성에는 지식과 덕성과 경건에 이르는 가능성으로서의 씨가 내재되어 있다는 것과 교육을 가능하게 돕는 힘이 성령이라는 전제가 있다. 그리고 교육의 궁극적 목적 또한 이 세상에서의 일상생활을 위한 교육이라는 것과 영원한 세상에 대한 준비를 동시에 지향하고 있다.

한편 율곡의 전인성교육목적은 코메니우스와 같이 지식을 통한 성숙한 생활인 육성이라는 목적과 덕성교육으로 사람다운 사람을 배양하는 것은 일치한다. 코메니우스가 말하는 하나님의 형상인 동시에 타락한 상태에 놓여 있는 인간의 부패를 방지하고 올바르게 성장하는 덕성을 지닌 인간 함양이라는 측면도 동일하다고 생각된다. 그리고 교육의 세 번째 목적인 경건성 함양에 있어서도 인간 내면세계의 속성을 중시했다는 점에서는 많은 유사점을 지니고 있다. 그러나 형식이나 체 면에서는 같을 수 있지만 그 원천에서는 양자의 차이점을 발견할 수 있다. 율곡의 교육목적에는 그 원천이 인간 자신에게 있기 때문에 교육의 힘이 인간 자신에게만 달려 있다고 본다. 그리고 교육의 궁극적 목적 또한 이 세상에서의 인간다운 인간, 즉 도덕을 실천하는 인간이라는 측면에서는 차이점을 보이고 있다.

제6장 전인성을 위한 교육의 방향

코메니우스 교육론의 교육사적 중요성에 대하여 독일의 교육철학자 빌헬름 딜타이(Wilhelm Dilthey, 1833 – 1911)는 "코메니우스를 교육학에 있어서 구라파가 나은 가장 위대한 거장이라고 평가하였다."(정일웅, 2004: 20) 현대교육학의 아버지로 불릴 정도로 코메니우스가 현대교육학의 학문적 발달에 끼친 영향은 실로 위대하다 하겠다. 율곡 또한 철학, 정치, 경제, 교육 분야에서 한국사상의 중심에 서 있어서 한국인들의 가치관, 생활규범 등의 원천으로 불리고 있다(손인수, 1995: 4). 그러나 본 연구자는 두 학자의 교육론의 근간에는 지식이나 덕성 그리고 경건의 어느 한 측면만을 중시하지 않은, 즉 인간의 전인성을 유사점으로 가지고 있다는 것을 발견하게 되었다. 현대에 들어와서 학교와 교회학교 등 모든 유형의 교육기관에서 나타나는 총체적 병리현상은 인간을 전체로서 이해하고 형성하지 못하고 있기 때문이다. 전인성이 부재한 교육현장을 개선하기 위해서 가시적인 다양한 방안들이 제시되고 있으나 보다 궁극적으로 오늘의 교육 문제를 개선해 나가기 위해서는 인간을 바라보고 교육하는 사상자체가 바뀌지 않으면 어렵다는 것을 두 학자의 교육론을 비교하면서 통찰하게 되었다. 따라서 본 연구자는 전인성교육 또는 기독교교육을 위한 사상적 기초로서 코메니우스와 율곡의 통합을 하나의 대안으로 제시하고자 한다.

본 연구가 의미하는 기독교적 전인성교육 또는 전인성을 위한 기독교교육은 그 장(場)을 학교나 교회로만 제한하지 않는다. 그 범위는 오히려 학교, 가정, 사회를 모두 포함한다. "사람에게 영향을 끼치고 교육할 수 있는 공간이라면 그 모든 공간은 기독교교육의 장소가 되어야 한다."(은준관, 1988: 28)라는 언급과 같이, 가정과 학교와 교회가 가장 중요한 기독교적 전인성교육의 장으로 균형과 조화의 관계를 형성하여야 한다. 따라서 가정과 학교와 교회는 각자의 교육적 특수성과 한계를 인식하는 한편, 이러한 각각의 한계를 보완하며 극복할 수 있는 기독교교육의 장으로서 기능을 수행하여야 한다. 예를 들면, 교회의 교육은 학습자들의 일상적인 삶의 장소인 학교와 학교 이후의 가정에까지 이어져야 하며, 또한 가정교육이 학교와 교회의 교육으로 확대되어야 한다. 이러한 기독교교육의 세 종류의 장을 상호 보완하며 지성·덕성·경건의 조화를 통한 전인성의 삶에 영향력을 끼칠 수 있도록 상호 돕는 역할이 중요하다. 따라서 본 연구에서는 기독교교육이 교회에서만 수행되어야 한다는 일상적 통념을 능가하는 현실과 시대적 요청으로 학교와 가정에서의 전인성교육의 방향을 논의하고자 한다.

1. 전인성을 위한 지성교육

1) 사고·언어·행동의 성숙

일반적으로 지성교육은 제한된 지식을 통하여 '언어적 명제'에 한정되는 것이 아니라, 다양한 지식을 터득하여 '삶의 형식의 공유'라는 방향으로 확대되어야 한다(강재륜, 1996: 159-160). 지식은 개인의 생활과 연관되게 체계적으로 조직함으로써 생생한 의미를 갖도록 하는 것이 무엇보다 중요한 과제가 된다. 아울러 지성교육은 개인이 실천적 사회생활을 비판하며 성찰할 수 있도록 지식을 재구성할 것을 요구한다. 지식을 통한 앎의 상태에는 인지적인 요소와 함께 감정 등 정서적 요소들의 반응이 함께 작용하고 있으므로, 지성교육은 인지적 상태에만 국한되는 것이 아니다(J. Willson, 1973: 108). 지성의 힘과 기능은 그것이 사고와 언어와 행위의 통합적 성격을 나타내고 있으며, 무엇보다 인지적 요소가 실천적 능력과 결합되어 있다는 사실에 주목할 수 있다.74)

---

74) 지식에 대한 인식의 전환을 주장한 대표적인 학자가 팔머(Park J. Palmer)이다. 그는 교사와 학습자들이 참된 교육의 영적 원천을 회복하기 위해 애쓰며, 20세기 교육계를 지배했던 세속주의와 과학주의로부터

이러한 맥락에서 코메니우스는 인간의 지성적 성숙을 위하여 내재하고 있는 세 기능인 사고, 말, 행동의 발달을 지성교육의 일차적 과제로 제시하였다. 그는 인간의 지성계발을 위하여 사물교육으로 모든 사물을 통찰하여 바르게 사용하게 하고, 기술교육으로 자연에 적응하게 하며 그리고 언어교육으로 지식전달과 의사소통을 가능하게 할 수 있다는 것을 주장하였다(Comenius, 1657: 40). 그리고 코메니우스는 전인성을 위한 지성교육을 하나님으로부터 타고난 사고와 말과 행동을 계발하여 지식을 올바르게 사용하는 성숙에 두고 있었다.

한편 율곡에 의하면, 개인의 성장을 위하여 생활의 현장이 바로 학문의 장이 되고, 현실문제에서 옳고 그름을 분별하며 자기성찰을 하게 하는 생활교육의 목적을 가지고 있다(한국학중앙연구원, 2006, 국역 율곡전서Ⅵ: 5). 율곡은 생활에 필요한 교육을 통하여 성숙한 생활인에 지성교육의 목적을 두고 있다. 지성교육으로 이루어지는 인간의 성숙을 코메니우스가 내면의 타고난 자질을 계발하는 것에 중점을 두고 있다면, 율곡은 현실생활에 필요한 지식의 습득과 실천에 두고 있다.

그러나 한국의 교육현실에서 지식중심의 합리성의 발달에 치중해오고 있는 기존의 지성교육은 개인의 전인성을 계발하는 일에 극심한 한계성을 나타내고 있다. 학교교육과 관련하여 흔히 제기되는 문제는 지나치게 지식 위주의 주지주의적인 교육이어서 인지적 측면의 발달에는 도움을 줄지 모르나, 지성의 균형적인 발달에 별 도움을 주지 못한다는 지적을 들 수 있다(김영래, 2003: 17). 개인의 성숙한

교육을 구출하기 위해 노력하는 것은 지금 전 세계적인 현상이라고 밝히고 있다(Park J. Palmer, 2000: 10).

삶을 목적으로 지식을 배양해야 함에도 불구하고 교육현장에서는 지식 전체를 통한 지성의 계발보다는 몇 가지 주요 교과목을 주입하는 일방적인 지식의 수월성을 강조하고 있다. 뿐만 아니라, 학교교육은 학습자의 내면세계에 있는 재능과 소질을 찾아내기보다는 정해진 교과서의 지식을 주입하는 것에 치중하고 있다.75) 심지어 전인성을 지향하는 기독교학교에서조차 일반 세속학교들과 지성교육의 차별성을 나타내지 못한 채, 지나치게 입시경쟁에 몰입되어 학습자 개개인의 지성적 능력과 소양을 발견하지 못하는 단편적 지식의 전달에 치중하고 있다.76)

기독교학교에서 이와 같은 지성교육의 문제들을 개선하기 위하여 코메니우스가 제안하고 있는 인간의 사고와 말과 행동을 바르게 실천할 수 있는 올바른 지성교육의 과제에 관심을 가지고 실천하여야 한다. 이러한 지성교육의 목적을 달성하기 위하여 기독교학교는 정해진 교과서와 교재의 지식을 주입하는 것에 주력하기보다, 학습자 개개인의 사고의 능력과 언어력과 행위를 위한 재능과 소질을 발굴하여 배양하는 교육과정의 개혁과 변화를 시도해야 할 것이다.

---

75) 김광률의 조사에 따르면 기독교학교에서 전인성교육을 실천하지 못하는 현실적인 문제로는 입시 위주의 지식중심의 교육(79.6%), 전인성교육 실현을 위한 실천과 방법의 빈약(9.4%), 교육과정이 전인성교육 면에서 부적당하게 편성(4.4%) 등으로 나타났다(김광률, 2004: 55).

76) 팔머(Park J. Palmer)는 그동안의 교육이 마음(heart)으로부터 머리(head)를 분리시켰으며, 느낌(feelings)으로부터 사실(facts)을 분리시켰고, 실천(practice)으로부터 이론(theory)을, 배움(learning)으로부터 가르침(teaching)을 분리시켰다고 지적하며, 서로 상반된 것들을 통합하고 세상을 통전적으로 바라볼 수 있는 관점을 지녀야 할 것을 주장한다(Park J. Palmer, 1998: 66).

2) 지식의 통합

코메니우스가 제시하고 있는 지성교육의 내용과 과정은 이미 논의
한 대로, 율곡의 지성교육과 일맥상통하는 몇 가지 유사성을 발견할
수 있다. 양자는 지식의 내용구성에 있어서 가르칠 내용의 핵심은
변하지 않으면서도 지식의 영역을 각 단계별로 확대하여 전개해야
할 것을 암시하고 있다. 예를 들면, 코메니우스는 하나의 나무가 뿌
리에서 생성되어 유기적으로 연결되어 발달하고 있는 이치를 활용하
여 동일한 교육내용과 교과의 구성을 연령층에 따라 일관성 있게 나
선형식으로 구성할 것을 제언하고 있다(Comenius, 1657: 162). 율곡
도 마찬가지로 학교교육을 「소학」에서 시작하여 학습자의 이해 수준
에 따라 점차 심화학습과정으로 구성하여 실시할 것을 주장하였다
(한국학중앙연구원, 2006, 국역 율곡전서Ⅳ: 123). 따라서 두 학자는
지식 영역의 상호관계성을 인정하는 통합교육을 강조하였다.

두 학자들의 영향에 의하여 전인성교육을 강조하여야 할 기독교학
교는 오늘날 부분적이고 지엽적인 교육에서 벗어나 모든 지식을 통
합하는 지성교육의 기틀을 마련할 수 있어야 한다. 지식의 통합을
주장하였던 코메니우스는 개인의 지성을 함양하기 위하여 모든 분야
의 지식을 동시적으로 균형 있게 학습하고 일상생활에 적용할 것을
제안하였다(Comenius, 1649: 170). 그는 학문의 다양한 분야들의 단
편적인 지식은 개인의 인격의 성장뿐만 아니라, 사회공동체의 발전
과 진보에 공통적인 이해와 목적을 제시하지 못한다는 사실을 지적
하면서 철저하고 일관성 있는 원리에 기초하여 지식의 종합적 체계
를 모색하였다. 그는 교육현장에서 모든 사람에게 모든 지식의 통일

체계를 모든 방법으로 가르쳐야 할 범교육의 원리를 제시하여 모든 사람이 차별 없이 다양한 지식과 학문체계를 터득할 수 있는 통합교육의 중요성을 제시하였다.

그러나 오늘날 학교교육은 지식을 지나치게 세분하는 경향이 있다. 모든 교과목이 세분화되어 있어서, 학습자들과 교사들은 지식의 전체성을 보지 못하고 교과목들 사이의 관련성마저 찾기가 어려운 상태에 놓여 있게 되었다. 그 이유는 사물의 모든 지식은 유기적 단일성(Organic Unity)을 갖고 있는데, 각 교과목마다 그 자체의 특수성의 강조로 인하여 단일성과 통일성을 제대로 파악하지 못하기 때문이다. 단편적이며 왜곡된 지식과 그것을 교육하는 단편적인 학문의 강조는 지성교육을 저해하는 많은 교육적 병리현상을 드러내고 있다.[77]

기독교학교에서 이러한 교육의 병리현상을 극복하고 학습자들의 성숙한 지성을 형성하기 위하여 가르쳐야 할 방안을 다음과 같이 제시할 수 있다.

첫째, 나선형적 교육과정 방식으로 지식의 통합을 이루어야 한다. 교과목을 통전적으로 이해하게 되면 지성과 덕성과 경건을 통합할 수 있게 된다. 지식이 서로 연계되어 통일된 지식임을 알게 되면 이 지식이 하나님께로부터 왔음을 깨달을 수 있다.[78] 모든 진리는 하나

---

[77] OECD가 발표한 2003년 PISA 결과에 따르면, 한국 학생들의 학교만족도는 참가국 40개국 중 37위에 그치고 있는 것으로 나타났다. 또한 통계청 조사(2004)에서도 학생들이 학교생활 전반에 대해 불만족스럽다는 응답이 60%로 나타났다(황여정·김경근, 2006: 181).

[78] "만물이 그에게 창조되되 하늘과 땅에서 보이는 것들과 보이지 않는 것들과……만물이 다 그로 말미암고 그를 위하여 창조되었고, 또한 그가

님 안에서 통합되어 있으므로 지식 간에 유기적 연결성이 있음을 깨닫게 된다. 그러므로 다양한 교과목들을 똑같이 소중히 여기고 교육과정을 편성해야 한다. 왜냐하면 하나님의 창조세계의 다양한 양상들을 담은 교과목들을 균형 있게 알아가는 지식을 통하여 창조하시고 섭리하시는 하나님을 알아가는 것이기 때문이다. 따라서 기독교학교에서의 모든 교육과정은 전 우주에 대한 삼위일체 하나님의 주권을 인정하는 사람으로 키워 내는 목적을 실현할 수 있을 것이다. 이러한 지식의 통합을 통한 전체적 지식은 학습자의 지성적 수준과 능력에 알맞은 교육과정으로 편성하여 제공되어야 한다. 예를 들면, 입학한 신입생에게는 졸업 시까지의 교육과정의 학습개요를 설명해 주고, 학년 초에는 1년 동안의 학습목차를 안내해 주어야 한다. 수업시작 시에는 지난 시간 학습내용을 복습한 후 다음 단계의 새로운 학습을 시작해야 한다.

둘째, 기독교적 가치관을 가르쳐야 한다. 기독교학교의 모든 교육적인 활동은 기독교적 세계관에 근거해야 한다. 즉 모든 교과목에 대한 기독교적 접근이 이루어져야 한다.[79] 기독교 가치관은 학습자

만물보다 먼저 계시고 만물이 그 안에 함께 섰느니라."(골로새서 1:16-17); "여화와를 경외하는 것이 지식의 근본이어늘……."(잠언1:7).

79) 홈즈(A. Holmes)에 의하면 기독교대학이란 그 개설분야가 일반대학처럼 다양하고 넓어 교회관련 학과만을 가르치는 신학교와는 분명 다르다. 설립 주체가 기독교인이기 때문에 기독교대학이라 불리면서도 일반대학과 그 가르치는 내용 면에서는 채플과 기독교 교양과목을 제외하고는 대동소이하다. 그러나 기독교대학의 한 가지 공통된 교육철학은 모든 진리는 하나님의 진리이며 학문의 제 분야는 하나님의 다양한 피조세계에 대한 연구임을 인식하여 모든 학문을 기독교적 세계관 위에서 가르치고 연구하는 것이다(Arthur F. Holmes, 1990: 119; 한미라, 2007:

들로 하여금 현재에 그리고 미래에 기독교인으로서 이 세상에서 살아가도록 도우며, 세상을 올바르게 바라보는 안목을 가지게 하고 더나아가 세상을 변혁시키는 능력 있는 인간으로 훈련시키는 것이어야한다. 기독교학교에서는 세속의 다양한 학문과 문화 및 문화적 상황들을 선별하여 학습자들로 하여금 기독교적 관점에 의해 분석하고비판하며 사고를 할 수 있는 능력을 배양하도록 교육해야 한다. 이것은 리차드 니버(H. Richard Niebuh)가 강조하는 문화를 변혁하는그리스도(Christ the Transformer of Culture)와 관련을 맺게 하는 것이다.[80] 문화의 변혁자로서의 기독교인으로 성장한 학습자들은 세상에 하나님의 통치를 실현해야 하는 것과 밀접한 관계가 있다. 문화의 변혁자로서의 양성과 교육은 기독교학교의 교육적 책임성과 사명을 재설정하여 구현하는 새로운 변화가 될 수 있다.

셋째, 기독교 학교는 학습자들로 하여금 현명하게 생각하고, 정직하게 행동하며, 분별 있게 말하는 일을 가르쳐야 한다(Comenius, 1657: 197). 기독교학교의 본래적 교육적 사명은 ① 인간의 사고의기능을 훈련하여야 한다. 사고력은 인간의 삶의 과정에서 바르게 생각하고 모든 지식을 얻을 수 있는 능력이기 때문에, 기독교학교는이러한 사고력을 잘 발휘하도록 훈련하는 교육을 수행해야 한다.[81]

17에서 재인용).

80) 니버(H. R. Niebuhr)는 그리스도와 문화의 관계유형을 다섯 가지로 말했다. 첫째, 문화에 대립하는 그리스도(Christ Against Culture), 둘째, 문화와 일치하는 그리스도(Christ of Culture), 셋째, 문화 위에 있는 그리스도(Christ above Culture), 넷째, 문화와 역설적인 관계에 있는 그리스도(Christ and Culture in Paradox), 다섯째, 문화를 변혁하는 그리스도(Christ the Transformer of Culture)이다(H. Richard Niebuhr, 1951).

81) 한미라는 기독교대학에서 길러내야 할 인간상에 대하여 반성적이고 사

② 기독교학교는 인간의 표현의 기능을 훈련하여 한다. 올바른 언어의 표현력을 통하여 새로운 창의력을 발휘하도록 지도하여야 한다. ③ 기독교학교는 인간의 행위를 바르게 훈련하여야 한다. 기독교학교 교육은 실제적으로 바르고 현명하게 생각하고, 분별 있고 품위 있게 말하고 그리고 정직하고 올바르게 행동하는 능력을 배양하는 본래적 기능을 그 일차적 과제로 삼아야 한다.

3) 자연적 방법

기독교적 지성을 위한 지식교육방법은 자연·과학적 원리에 따르는 방법이다. 코메니우스는 과학적 방법에 의하여 지식의 대상이 되는 자연사물을 분석하여 지식을 얻을 수 있는 분석적 방법을 제시하였다(Comenius, 1649: 148). 예를 들면, 기술교육은 자연의 생성, 성장, 변화의 전 과정을 모방하여 기술교육에 그대로 적용하고 있다(Comenius, 1657: 121). 특히 그는 자연의 관찰을 통하여 학습 원리를 도출하고 교육에서 탈선을 찾고 문제점을 개선하는 방안을 제시하였다. 언어교육은 자연에서 모방한 시청각 실물을 이용한 교수방법을 활용한다(Comenius, 1657: 217). 언어를 교육할 때에는 자연에서 모방하여 만들거나 실물인 시청각 자료를 제시함으로써 보다 효율적인 학습을 시행할 수 있도록 시도하였다. 그는 인간도 자연의 한 부분이므로 자연으로부터 교육의 원리를 발견하여 교육에 적용하여야 한다는 것을 강조하였다. 그는 자신이 창안한 과학적 교수방법

고하는 존재, 가치를 선택하고 평가하는 존재, 신에 대하여 책임 있는 존재이어야 한다(한미라, 2007: 138-139)고 보았다.

에 의하여 오늘날 기독교학교의 교육환경이 우울하고 힘든 곳이 아니라 행복과 기쁨이 넘치는 곳이 되어야 한다고 생각하였다(Comenius, 1649: 189).

코메니우스는 이러한 지성교육을 위하여 자연적이고 과학적인 방법을 제시한 수준별 단계적 교재들과 입문서들을 직접 저술하여 사용하였다. 그 당시에는 교재의 출판과 편찬이 매우 어려웠으며, 편찬된 교재들도 통일성이 매우 부족하였기 때문에, 대다수의 학교들은 여전히 중세의 전통과 관습을 좇아 학습자들이 교사의 구술을 받아 적어 교재로 삼았다. 그러나 코메니우스는 모든 학습자들이 그 자신의 교재를 가지고, 전체 교과내용을 다루었던 동일한 교재를 가지기를 원했다. 그는 뿐만 아니라 인쇄된 교재들의 내용에 학습자들에게 효과적으로 가르칠 수 있는 지성교육방법을 제시하였다. 실제로 코메니우스는 유아와 아동을 위한 그림책으로 「세계도회」를 저술하여 감각경험을 통해 사물을 보거나 느끼면서 언어를 학습할 수 있도록 구성했다. 그리고 실제로 자연의 면밀한 관찰을 통하여 자연적 교수법을 제시하고 있는 「대교수학」을 저술하여 모든 사람들이 '즐겁게', '제때에', '철저하게' 공부할 수 있는 방법을 제시하고 있다. 이와 같이 지성교육을 위한 가장 효과적인 방법은 실제로 자연사물을 제시하며 흥미를 유발하는 일이었다. 따라서 코메니우스는 사물을 통한 감각적 실학주의 교육의 창시자로 알려져 있다(조경원 외, 2004: 230). 감각적 실학주의 교육은 교육현장에서 실제로 배워야 할 언어에 일치하는 실물이나 사물을 활용하는 교육을 의미한다.

그러나 한국의 교육현실은 인위적이고 강제적인 반자연적 교육이 이루어지고 있으며, 자연을 배제한 교육으로 학습자들이 학교를 엄격하고 재미없는 곳으로 이해하여 가기 싫어하는 곳으로 인식되어 왔다. 자연의 원리나 자연과 함께하는 노작교육이나 실습은 없고 대부분의 수업을 교사가 일방적으로 전달하는 주입식 교육 일변도로 이루어지고 있다. 교육과정이나 교재 또한 국가교육과정에 따라 교재가 집필되고, 그 교과서는 도시나 농촌의 모든 학교에서 일방적으로 가르쳐진다(홍후조, 2006: 101). 학습자들이 이해하지 못하는 교과 내용을 계속 가르쳐야 하는 교과중심 혹은 교사중심 교육이 진행되고 있다.

이와 같은 문제를 해결하기 위하여 전인성교육을 지향하는 기독교학교에서의 교수학습방법은 첫째, 학습자들이 배움을 어렵다고 여기지 않고 배우고 싶도록 자연적 방법을 활용하여야 한다. 모든 학문은 그 뿌리를 인간의 실제 경험에 두고 있기 때문에, 수학과 같은 추리력을 요구하는 학문조차도 그 내용을 매우 실제적인 응용에 적용하도록 하여야 한다. 학습자들이 학교에서 배우는 모든 지성적 학습내용은 실제화될 수 있어야 한다. 실제적이며 체험적인 교수방법에 따라 학습자들은 즐거운 학교생활을 영위할 수 있으며 나아가서 학교의 학습문화를 새롭게 창조할 수 있을 것이다. 학교의 교육환경은 최대한 노작과 체험활동을 할 수 있는 공간을 마련하여 학습자들이 수업에 직접 참여하고 활동할 수 있도록 구성해야 한다. 특히 교사는 실습, 토론, 연극, 조사 발표, 현장 체험활동 등 다양한 방법으로 활동하면서 배울 수 있도록 하여야 할 것이다.

둘째, 국가교육과정에 따라 집필된 교재는 학교특성, 지역특성 그리고 학습자의 수준과 특성에 따라 재편성되어야 한다. 학교수업은 학습자의 이해 정도를 반영(feedback)해서 진도를 조절해야 할 것이다. 셋째, 학교 교실 환경을 학습자들이 활동하고 토의하며 오감을 통해 학습이 이루어지도록 교실환경을 다양하게 활용할 수 있도록 배치하여야 한다. 교실을 학급중심이 아니라 교과목 전용 교실로 바꾸어 과목별 이동수업을 하고, 학과목 교실에는 다양한 학습교구와 교재들을 충분히 비치하여 실물 위주의 교육을 해야 할 것이다. 실물교육은 추상화, 체계화된 공식이나 법칙보다 먼저 실례를 제시하는 학습이어야 하며, 언어교육은 문법이 아닌 적당한 저작자의 작품을 활용하여 가르쳐야 할 것이다.

끝으로, 지성교육은 학교에서뿐만 아니라 가정에서도 이루어져야 한다. 가정에서 지성교육은 부모의 일방적인 전수나 강요가 아니며, 반대로 방임도 아니다. 코메니우스와 율곡의 학습원리를 가정의 지성교육에 적용하기 위해서는, 첫째, 교육적 분위기를 조성해야 한다. 가정은 인간이 처음으로 사회관계를 맺는 장이며 삶에 필요한 생활기술과 언어와 인간관계를 배우고 질서와 규칙을 익힐 뿐만 아니라 사회화 과정을 연습하는 공간이다. 사회의 일차적 환경인 가정생활의 사회적 관계를 통해서 일생 동안의 사회생활을 영위할 수 있는 생활습관과 태도, 신체, 정서, 언어, 인지, 성품, 사회성, 지능, 덕성, 영적 발달이 이루어지게 된다. 이것은 평생을 통하여 그 이후의 발달에 지대한 영향을 미치게 되므로 가정의 환경구성은 특히 중요하다고 할 수 있다. 왜냐하면, 가정은 공동적인 참여의 통로이며 동시에 공동적인 변화를 가져오는 매개이자 정신적인 유산과 전통이 사회화되는 길이 되기 때문이다(은준관, 1988: 93).

둘째, 가정은 지성교육의 가장 적합한 환경으로서 의도적으로 준비된 상징들을 교육의 자료들로 활용해야 한다. 인간이 태어나서 최초의 공동생활을 시작하는 가정에서 공동체 예절과 삶에 필요한 모든 생활의 기술과 말과 행동을 바르게 전수시켜 주어야 한다. 성경은 사회 공동체의 다양한 활동을 무엇보다 가정에서 부모가 가르칠 것을 명령하고 있다.82) 셋째, 가정에서 가장 중요한 교육의 매체는 대화(dialogue)에 의한 의사소통의 방법이다. 대화자로서의 부모는 자녀들을 가르침으로써가 아니라 자녀와의 끊임없이 만남과 대화의 관계성에서 성숙한 지성을 키워 주는 행위가 발생할 수 있다.

---

82) "마땅히 행할 길을 아이에게 가르치라. 그리하면 늙어도 그것을 떠나지 아니하리라."(잠언 22:6); "또 아비들아 너희 자녀를 노엽게 하지 말고 오직 주의 교양과 훈계로 양육하라."(에베소서 6:4)

2. 전인성을 위한 덕성교육

1) 생명체와의 조화

일반적으로 교육에서 덕성 혹은 도덕성[83] 교육은 자아의 발견과 새로운 사고의 전환 그리고 사물의 상호관계성의 자각과 사랑의 실천을 통해서 이웃과 자연과 더불어 공존하는 삶을 살도록 인격의 완성을 추구한다는 데 목적을 두고 있다. 그리고 인간에게 삶의 의미와 목적을 일깨우는 것과 도덕적 문제 해결의 기준을 제공하고 그 해결과정이 온전하게 이루어질 수 있는 심성과 태도를 길러 준다 (Park J. Palmer: 1983: 191). 이와 같이 자연과 인간, 나아가 궁극적 실재와의 올바른 관계를 지향하는 관계성 배양 교육이 덕성교육의 본질이다. 이러한 관계성을 온전하고 풍부하게 함으로써 올바른 심성을 갖춘 온전한 인간을 기르는 것이 또한 덕성교육의 과제가 될 수 있다.

이러한 관점에서, 코메니우스의 덕성교육의 목적은 인간을 부패와

---

83) 덕성: 일반교육에서 사용하는 도덕이라는 개념을 논자는 덕성을 함양하기 위한 것으로 보았다. 따라서 덕성은 도덕보다 상위의 개념으로서 도덕교육으로 이루어지는 품성으로 보았다.

타락으로부터 예방하고 치유하며 하나님의 형상으로 회복하는 데 두고 있다(Comenius, 1657: 51). 이것을 통하여 선행의 습관을 형성하고 자연과 모든 생명체와의 조화를 추구한다. 한편 율곡은 더불어 살 수 있는 기질 개선과 마땅히 행할 길을 찾아 인륜의 습관을 키워 주는 덕성교육의 목적을 가지고 있다(한국학중앙연구원, 2006, 국역 율곡전서Ⅲ: 2). 따라서 코메니우스와 율곡은 그들의 덕성교육에서 인간성의 회복을 통하여 모든 자연 생명체와 조화를 이루는 삶을 추구하며 마땅히 인간다운 인륜을 습득하게 하여 이웃과 조화를 이루어야 한다는 공통성을 나타내고 있다.

그러나 현재 덕성교육의 중요한 문제점은 도덕적 판단력과 올바른 행동과의 모순과 갈등인데 이것의 근본적 원인은 바로 문제해결 과정에 따르는 총체적 기준으로서의 인간의 심성이 온전하지 못하기 때문이다(Park J. Palmer, 1983: 25－32). 덕성교육에서 도덕적 판단능력의 신장도 중요하지만, 보다 우선적이고 근본적인 것은 바로 문제해결의 기준을 제시하고 문제해결을 위한 올바른 심성과 태도를 배양하는 일이다. 이와 같이 온전한 심성의 배양에 덕성교육의 관심이 집중되어야 함에도 불구하고 도덕적 판단능력만을 교육하는 것은 덕성교육의 근본을 상실하고 본말이 전도되는 우(愚)를 범하는 일이 된다.

다시 말하여 덕성교육의 목적을 심성의 배양에 치중하지 않고 도덕적 판단능력에만 관심을 두게 된다면, 덕성교육의 근본 문제인 지행합일의 문제, 앎과 행동의 문제, 이론과 실천의 문제는 계속해서 해결되지 않은 채로 남아 있을 것이다. 예를 들면, 어렸을 때 훈육 없이 지나친 과잉보호로 성장한 어린이들이 청소년에 이르러서는 바른 심성을 가진 인격으로 성장하지 못하게 될 수 있다(유상덕, 2000: 68-69). 반대로 교사나 부모들에 의한 지나친 체벌은 학습자들의 마음을 자유롭고 즐겁게 할 수 없게 될 것이다(배이상헌, 2006: 58-59; 96-97). 이러한 현상은 비인간화와 인간관계의 단절로 나타날 수 있다. 또 한 가지 문제는 개인주의가 팽배하여 유기적인 관계를 무시한 개체적인 자아 주장이 현저하게 날 수 있으며, 결과적으로 군중 속에 고독으로 상징되는 비인간화의 문제가 극대화될 수 있다.

이와 같은 덕성교육의 문제들을 개선하기 위하여 기독교학교는 첫째, 학습자들에게 여러 이웃과 생명체 그리고 자연과 더불어 공존할 수 있는 고귀한 삶을 일깨워 주어야 한다. 옳고 그름만을 가르치는 일방적인 교육에서 벗어나 자연과 이웃과 더불어 사는 상생의 중요성을 가르쳐야 한다. 더불어 살아가는 사회를 만들기 위해서 만물의 상호연관성에 대한 철저한 자각과 이를 통해서 생명경외가 자연스럽게 생겨나도록 이끄는 생명의 윤리, 관계성의 윤리가 강조되어야 할 것이다. 오늘날 성적 중심과 입시 위주의 편향된 교육환경으로 정상적인 전인성의 성장이 어려운 시점에서, 학습자들로 하여금 사물들의 상호연관성을 스스로 깨달아 자신의 마음을 다스리게 하고, 나아가 이웃과 자연과 더불어 상생하는 삶을 살아갈 안목을 일깨워 주어야 한다. 둘째, 개인주의적인 성향에 치우쳐 있는 학습자들에게 올바른 덕성함양의 방향으로 인도하여 인륜을 가르쳐야 할 것이다. 예절의 기준과 의식변화 그리고 개인의 욕망을 바탕으로 한 개성의 자유가 인륜보다 우선시되어 있는 현대사회에서 개인적 욕망의 측면을 전면적으로 배제할 수 없는 일이다. 그렇다면 개인의 욕망과 인륜 사이에 합의를 도출하는 것이 중요하다. 그것은 타인의 자유와 욕망을 인정하면서 자신의 자유와 욕구를 실현할 수 있는 목적으로 제시되어야 한다.

2) 조화를 위한 공동체성

코메니우스와 율곡이 제시하고 있는 덕성교육의 내용은 타인과의 조화를 위한 인성계발의 공통성을 나타낸다. 이를 위하여 코메니우스는 자연 및 모든 생명체와의 조화를 강조하였고(Comenius, 1657: 229), 율곡은 인륜의 덕성을 통한 조화를 추구하였다(한국학중앙연구원, 2006, 국역 율곡전서Ⅲ: 2). 양자는 인간성의 고귀함을 강조하면서도 한편으로는 내면세계에 부패와 파멸을 초래할 수 있는 성향이 내재되어 있다는 사실을 주목하고 있다.

그러나 오늘날 기독교학교에서조차 지식중심의 교육에 몰두하고 있기 때문에, 인간성 회복을 위한 덕성교육이 교육과정에서 배제되어 있는 현실을 간과할 수 없다(이홍우, 1996: 18-19). 물론 도덕교과과정은 개설되어 있지만, 개인의 덕성배양을 위한 교육내용은 거의 찾아볼 수 없으며, 다만 선과 악, 진리와 비리 등을 판단하는 기준만이 제시되어 있는 실정이다.

이와 같은 문제들을 개선하기 위하여 기독교학교에서 인간본성의 부패를 예방하고 생명체인 자연과 인간이 함께 조화를 이루며 더불어 살아가는 공동체의 실천적 덕목을 겸비하는 전인성 회복을 위한 덕성교육이 강조되어야 한다. 이러한 덕성교육을 위한 실제적 방법으로 현재의 도덕 교과서에 소개되어 있는 위대한 사상가들의 모범적인 삶과 교훈을 교과 내용으로 재편성하고, 동시에 교사는 그들의 실천 방안을 구체적으로 제시하여 학습자들로 하여금 실천계획을 세우게 하고 실천 여부를 확인하여 평가하는 방식으로 재수정해야 할 것이다.

학습자들이 형성해야 할 조화로운 덕성을 위하여 가르칠 내용들을 제시한다면, 첫째, 생명 존중 사상이어야 한다. 자연 세계의 모든 생명체들은 생명에로의 의지에 의하여 존재하고 있다. 이것은 생명력이 있는 모든 존재의 보편적 생명의 역동성으로서 다른 생명체와 함께 존재하는 근원적 실재이다(이숙종, 2001: 331). 생명존중은 개인적 차원에서 생명을 회복하고 도덕적 행동을 하도록 요구하는 동시에 함께 살아가는 사회를 건설하도록 하는 것이다(맹용길, 1994: 484 -510). 결국 하나님이 주신 생명이 지켜지도록 하는 삶을 살도록 교육하는 것이다.

둘째, 함께함의 공동체 의식이 새로운 덕성의 원리가 되어야 한다. 함께함의 의식은 한 집단의 문화적 특수성의 보존과 함께 집단 문화와 이익을 극복하는 공동성의 가치를 중시하며 몫을 함께 나누는 기본적인 덕성이다(이숙종, 2001: 332). 개인은 사회적으로 동등한 가치를 지니며 생명 공동체로서 연대감을 가지고 사회를 보존하려는 책임을 가지게 된다. 사회적 책임 안에서 개인은 공동의 목적을 추구하는 활동을 할 수 있고 자기만의 이익이 아닌 다른 사람과 더 큰 공동체가 추구하는 가치에 응답하는 행위를 할 수 있다(맹용길, 1994: 297-394). 이것은 성경의 가르침[84]과 코메니우스의 인간성

---

84) "둘째는 이것이니 네 이웃을 네 몸과 같이 사랑하라 하신 것이라. 이에서 더 큰 계명이 없느니라."(마가복음 12:31); 오직 성령의 열매는 사랑과 희락과 화평과 오래 참음과 자비와 양선과 충성과 온유와 절제니

회복의 목적,[85] 그리고 율곡의 인륜의 덕성[86]에서 강조되고 있는 덕목이다.

셋째, 합리적인 개인주의가 새로운 덕성의 원리가 되어야 한다. 합리적 개인주의는 인간과 인간의 관계나 개인과 집단의 관계에서 법제도의 제약이나 정치적 힘에 의하여 지배받는 것이 아니라, 개인의 고귀한 논리성과 합리성에 의하여 결정된다(이숙종, 2001: 330). 전통과 덕목들을 다음 세대에 전수해 주면 내면화하게 하는 동시에, 권위나 강제적으로 형성된 법에는 무조건 복종하는 것이 아니라, 자율적으로 궁극적 원리를 적용하며 내면화된 법에 복종할 수 있는 인간의 성숙을 목표로 해야 한다(송남순, 1999: 192 – 193).

궁극적으로, 이러한 덕성교육은 인간의 영성에 그 기반을 두어야 한다. 영성은 다분히 종교적 심성의 표현이지만 통전적 인격의 내면적 심성을 의미하고 있다. 인간은 본래적으로 영과 육의 통합적 존재로서 양자의 조화에 의하여 내면세계의 초월성을 추구하며 다른 사람과의 인격적 인간관계를 표현한다. 기독교적 덕성교육은 신앙을

이 같은 것을 금지할 법이 없느니라(갈라디아서 5:22 – 23).

85) 코메니우스는 인간이 타락과 부패에도 불구하고 덕성의 근거를 인간 자신 내부에 가지고 태어난다고 보았다(Comenius, 1657: 40). 이 덕성은 외적인 단정함뿐만 아니라 내적 및 외적 움직임의 전체적인 도덕적 경향성을 의미한다(Comenius, 1641: 225).

86) "대개 성인과 중인은 그 본성이 마찬가지이다. 비록 기질은 맑고 흐리고 순수하고 잡박하여 다름이 없지 않으나, 진실로 능히 참되게 알고 실천하여 그 구습(舊習)을 버리고 그 본성을 회복한다면 털끝만큼도 보태지 아니하여도 온갖 착함이 고루 갖추어질 수 있다고 한다. 인간의 타고난 본성이 선하기 때문에, 그것을 가리고 있는 요소만 제거된다면 본성은 회복될 수 있다."(한국학중앙연구원, 2006, 국역 율곡전서Ⅴ: 103)

배경으로 하고 있기 때문에, 일반도덕 교육과 같이 인지적·정서적·행동적 측면에서의 발달만이 아니라, 세 가지 기본요소와 더불어 신앙적인 영성의 측면도 중요한 성장 요소로 작용하여야 한다.

3) 모범·훈련·훈육의 방법

코메니우스와 율곡이 제시한 덕성교육의 바람직한 방법은 좋은 모범을 통한 모방의 방법과 적절한 덕의 교훈을 통한 훈련과 잘 규제된 훈육의 방법이다. 이러한 덕성교육을 위한 구체적 방법을 실천하기 위하여 부모, 교사, 친구들의 인격적 모범과 교훈과 행동규칙을 따르게 하는 일, 악과 싸울 수 있도록 엄격하게 훈육할 것을 강조하여야 한다. 그러나 한국의 교육현실은 학교에서 위인전이 읽히지 않고 올바른 모범 사례를 제시하여 주지 못하고 있는 실정이다. 또한 선행을 위한 훈련은 기독교학교와 가정에서 거의 찾아볼 수 없게 되어 있다.

반면에 학교에서 체벌은 엄격하게 금지되고 있어서 학습자의 잘못된 습관을 고쳐 줄 아무런 방안도 찾을 수 없게 되었다. 학교교육에서 이러한 덕성교육의 무관심과 상실로 인하여 학습자들의 인성교육에 심각한 위기를 초래하게 되었기 때문에, 결과적으로 학습자들은 점점 개인주의 혹은 이기주의의 성향을 나타내게 되었다. 이와 같은 교육문제를 해결하기 위하여 코메니우스와 율곡이 제시한 덕성교육의 효과적인 방법으로써 학습자들에게 구체적 덕의 실천방안을 제시하여 일상생활을 통하여 습관화하도록 모범과 훈련과 훈육을 제시해야 한다.

동시에 조화로운 덕성을 실천해야 할 기독교학교의 덕성교육의 방안으로, 첫째, 학습자들에게 그들이 존재하고 있는 사회적 정황에서 항상 문제의식을 제기하며 비판하는 능력을 지원하여야 한다. 이 과정에서 학습자들은 각자의 자율성을 표현하며 자신의 개체성을 공개하고, 비성찰적 행위를 교정하고 변형하는 책임성을 터득하게 된다(이숙종, 2001: 321). 이와 같은 교육적 활동을 통하여 새로운 덕성의 정립을 위한 사회적 지성, 사회적 힘, 사회적 관심의 자원들을 발전시킬 수 있다. 둘째, 학습자들이 사회에서 덕성을 실천할 수 있는 모든 준비를 할 수 있도록 하여야 한다. 다양한 사회 계층의 학습자들이 모여서 공동생활을 영위하고 있는 학교에서 그들은 사회 계층과 빈부의 차이를 불문하고 상호간의 인격적 관계성을 통하여 상대방을 존중하며 사랑하는 방법을 배울 수 있다(이숙종, 2001: 322). 셋째, 도덕적 규범이나 그 논리적인 획일성을 제시하는 형식주의를 과감하게 배격해야 한다. 오히려 학교의 덕성 교육을 통하여 개인의 지고한 가치와 존엄성이 존중되고 합리적으로 정당화되며, 나아가서 도덕적 사회 유지의 기본적 에너지인 질서와 통전성이 새롭게 해석되어야 한다(이숙종, 2001: 322). 개인이 가진 도덕적 사고는 그 개인이 행하는 도덕적 행동으로 표현된다. 그러므로 덕성교육은 개인이 어떤 도덕적 판단을 할 때 직면한 상황을 도덕적 사고와 연결하여 정당하고 합리적인 방향으로 판단하도록 해 줄 수 있어야 한다. 뿐만 아니라 올바른 판단을 할 수 있는 도덕적 성숙이 이루어지도록 해야 한다(Robert T. Hall & John U. Davis, 1975: 128). 넷째, 가장 효과적이며 적극적인 방법으로서 훈육을 활용하여야 한다. 훈육은 무엇보다 학습자들의 비도덕적인 습관과 악의 원인들을 제거하기 위한 실제적 수단으로 제시될 수 있다(Comenius, 1641: 311). 그것은 그들을 실제로 참된 인간으로 성장하게 하는 확고한 방법이며, 그들의 습관과 행위를 사려 깊고 정직하게 판단하게 하는 지고한 성향을 나타낼 수 있다. 따라서 인간의 상호 존중과 존엄성을 강조하는 덕성을 배양하는 학교 교육에서 훈육이 가장 필수적인 교육적 힘과 방법으로 강조되어야 한다.

이와 같은 덕의 실천과 교육은 학교에서뿐만 아니라 가정에서도 함께 시행되어야 한다. 성경은 가정에서 부모가 감당해야 할 자녀교육의 당위성에 대하여 "또 아비들아 너희 자녀를 노엽게 하지 말고 오직 주의 교양과 훈계로 양육하라."(에베소서 6:4)라고 명령하고 있다. 가정에서 자녀를 향한 부모의 가르침이나 훈계가 이루어져야 한다. 특히 가정에서 시행하여야 할 조화로운 덕성교육은 첫째, 덕성은 부모의 실천적 행위에 의하여 형성되어야 한다. 인간은 본유적으로 주위의 모든 것을 모방할 수 있는 모방력을 소유하고 있다. 어릴 때부터 부덕과 부패의 영향에 오염되지 않도록 바르고 선한 실례가 항상 제시되어야 한다. 그것은 인간의 덕성이 부모의 도덕적 실천과 가정 분위기 및 주위 환경에서 절대적인 영향을 받고 있기 때문이다. 따라서 인간이 직접 모방할 수 있는 참된 덕의 모범들을 부단하게 제공하는 것이 건전한 덕스러운 성격을 형성하는 가장 효과적인 방법이 된다. 둘째, 덕성은 일과 놀이를 통하여 배양되어야 한다. 부모는 자녀들에게 어릴 때부터 놀이와 그림 그리기, 만들기, 노래 부르기와 같은 일을 통하여 육체와 정신을 집중하는 근면성을 계발해야 한다. 어릴 때의 근면성은 일의 성취에 대한 자신감과 자발성과 함께 미래에 노동의 가치를 자각하게 해 준다. 셋째, 덕성은 어릴 때부터 자연과의 관계를 통하여 형성되어야 한다. 인간은 세상에 태어나면서부터 자연 환경 속에서 생활하며, 그것을 감상하고 느끼며 살아가게 되어 있다. 인간이 어릴 때부터 자연의 조화의 소리를 감상하며 자연을 사랑하게 될 때 한 인격체로서의 정서적 안정감을 유지할 수 있는 심리적 안정감과 내적 능력의 지속적 확장을 표현할 수 있다. 창조된 자연 세계를 사랑하며 추구하는 과정에서 인간 자신이 내면적 속성과 일치하는 다른 생명체와의 일체성을 발견할 수 있으며, 나아가서 감정을 풍부하게 하며 행위를 스스로 제어할 수 있는 정서를 배양하게 된다. 넷째, 훈육을 덕성의 형성을 위한 가장 효과적 방법으로 사용해야 한다. 그 이유는 인간은 실제로 훈육할 수 있고 훈육을 받을 수 있는 존재로서 훈육이 없이는 인간이 될 수 없기 때문이다. 가정에서 자녀들에 대한 훈육은 지나친 제재나 간섭이 배제되어야 한다.

3. 전인성을 위한 경건교육

1) 육체와 영적 세계와의 조화

기독교적 전인성의 관점에서 인간은 육체적이고 지적인 존재일 뿐만 아니라, 영적인 존재이다. 인간의 내면적 속성인 마음 혹은 혼 그리고 영은 궁극적 존재인 하나님을 알고 교제하며, 인격적 관계를 맺을 수 있는 속성이 된다. 이러한 속성 중에서 곧 인간의 내면세계의 심원에 내재하고 있는 신령한 속성이 곧 경건이며, 자아의 핵심인 영성인 것이다. 이 영성이 경건교육의 전거(典據)가 되며, 여기에서 경건을 배양하기 위한 경건교육은 인간의 본질인 영성을 일깨워 육체와 영혼을 조화롭게 연결하는 속성이 된다. 영성은 한 개인이 이웃과 자연과 더불어 평화롭고 조화롭게 살며, 나아가 궁극적 실재인 하나님과의 일치와 합일을 추구하는 요소가 된다.

그러나 현대교육에서는 인간의 지식과 도덕교육만으로는 해결될 수 없는 많은 병리현상들이 교육현장에서 발생하고 있다. 실제로 기독교 학교에서도 전인성교육의 부재로 교실의 붕괴나 학습자들의 삶의 질과 만족도가 갈수록 저하되고 있는 현실을 직시할 수 있다. 뿐만 아니라 현대의학이 밝히고 있듯이 현대인의 육체적 질병과 정신

적 스트레스가 영성과 정신세계를 오염시키고 있는 현실을 대면하게
된다. 이러한 교육의 현실에서 학습자들의 육체적 정신적 질병과 스
트레스를 치유할 수 있는 근본적문제의 원인에 관심을 나타내야 할
것이다. 그것의 제일차적 원인은 인간 내면세계의 본질인 영성을 간
과한 지성중심의 지식교육과 윤리적 표준만을 강조하는 덕성교육만
을 강조하는 제한적 전인성교육에서 발견할 수 있다.

이러한 문제를 해결하기 위하여 기독교학교는 표면적인 교육의 문
제와 현상만을 해결하려는 근시안적인 안목에서 벗어나서 전인성교
육의 가장 핵심이 되는 경건교육이 강조 되어야 할 것이다. 경건교
육은 첫째, 영성의 각성을 통하여 자신의 내면성을 일깨워 자아를
발견하고 주체적인 삶을 살도록 돕는 것이다. 인간의 내면세계의 깊
은 곳에 내재하고 있는 영성을 일깨우는 과제에 집중하여야 한다.
둘째, 궁극적 실재와의 내적이고 초월적이며 궁극적인 이어짐과 연
관성을 자각하고, 나보다 크고 위대한 실재에 내가 속한다는 소속감
을 느낄 수 있도록 하는 것이다. 경건교육은 지금까지 학습자들에게
다양한 지적인 깨달음과 도덕적인 경험을 통해서 자신과 인간과 자
연, 생명의 중요성을 인식하게 했던 차원을 넘어 영적인 하나님의
세계를 체험하게 하는 목적을 가지고 있다. 이런 영적 깨달음을 통
해서 자신의 위치와 정체성을 찾고 삶의 의미를 발견할 수 있으며
하나님의 영적 세계를 경험할 수 있게 되는 것이다.

2) 영적 존재로서의 인간성 회복

코메니우스는 경건성을 배양하기 위한 자원을 '성경(聖經)'에 두었

다. 성경이 경건배양의 충분한 내용이 된다는 근거를 토대로 경건배양을 위한 내용을 각 단계별로 구체적으로 제시해 주고 있다. 예를 들면, 그리스도의 진리를 교리문답을 통하여 배우기, 하나님을 두려워하도록 학습하기, 하나님을 사랑하고 경외하며 칭송하는 것 학습하기, 하나님과 동행하는 습관을 획득하는 것(Comenius, 1657: 282-283)이다. 그리고 성경의 중요한 이야기와 성구(聖句)를 정확하게 암송하게 한다. 여기에는 성경에서 뽑은 1,000가지의 교훈, 자연영역에서 정선한 100가지 격언, 시편과 찬송가에서 2,000가지의 교훈, 도덕적 금언과 간략한 시(Comenius, 1657: 308) 등이 있다. 이러한 성경적 가치관을 통하여 위로 하나님을 사랑하고 이웃과 모든 자연 생명체를 사랑하며 살아가는 법을 교육하게 된다.

그러나 오늘날 기독교학교에서 가장 강조되어야 할 교육의 과제는 학습자들의 경건을 위한 영성교육이 실천되어야 함에도 불구하고 기독교학교에서조차 지나치게 지식과 도덕성 중심으로 교육해 왔기 때문에, 학습자들의 영성을 배제하고 단편적인 인간성의 교육만을 강조하게 된 것이다. 다시 말하면, 학습자들의 전인격의 배양을 목적으로 하고 있는 기독교학교에서조차 전인성교육의 의미를 바르게 이해하지 못하고 있는 교육의 문제를 자초하고 있는 것이다. 그 이유는 그들의 전인성에는 인간에게서 지식을 위한 지성과 바른 행위를 위한 덕성보다 그 우위에 있어야 할 경건의 속성과 그 중요성이 강조되지 않고 있기 때문이다.

기독교학교에서 무엇보다 강조되어야 할 전인 교육의 내용은 우주와 인간의 생명과 자연의 생태와 공동체의 상생과 평화와 같은 가치들을 계발하는 경건교육이 강조되어야 한다. 경건교육은 실제적으로는 목격할 수 있는 가시적인 자연과 우주의 생태계를 통하여 개인의 자아를 더 위대하고 초월적인 존재와 관계를 맺도록 이끌어 주는 교육이기 때문이다. 무엇보다 학습자들로 하여금 자신보다 크고 위대한 절대적 존재를 믿고 의뢰하며 자발적으로 순종하는 영성을 겸비한 전인성으로 성장하도록 지도하는 것이 경건교육의 일차적 과제가 된다.

기독교학교에서 경건교육을 통하여 학습자들이 형성해야 할 조화로운 영성을 위하여 다음과 같은 교육내용들이 제시되어야 할 것이다. 첫째, 경건교육은 학습자들이 하나님의 형상을 닮아가게 하는 참 인간성의 회복을 실천하도록 가르쳐야 한다. 인간은 본래적으로 하나님의 형상으로 태어났기 때문에, 하나님의 모든 것, 즉 전지전능의 속성을 통하여 자연세계와 우주의 모든 것을 알 수 있는 능력을 가지고 있다(Comenius, 1657: 43). 이것을 위해 학습자들이 예수 그리스도를 닮아 가는 경건한 생활을 영위하도록 이끌어 주어야 한다. 왜냐하면 예수 그리스도를 닮는 것이 내면세계의 영성을 회복하는 길이며 새로운 실천적 생활로 이끌어 줄 수 있기 때문이다. 뿐만 아니라 인간성 회복을 위하여 현대의 최첨단의 과학 기술의 영향과 통제에서 벗어나도록 지도해야 한다. 오늘날 대부분의 학습자들은 컴퓨터의 영상물과 게임에 중독되어 심지어 가장 가까운 가족들과의 관계에서 소외되거나 단절되어 가는 자신의 정체성 상실을 경험하며 살아가고 있다. 그들이 가족을 비롯한 다른 사람들과 나아가서 초월적 존재에 대한 무관심 등으로 실존적 불안과 고독을 경험하고 있다. 실존적 불안의 삶의 정황에서 인간성의 회복을 위한 경건교육은 개인의 정체성의 회복과 함께 현재와 미래 상황의 전망과 비전을 밝혀 줄 수 있다.

둘째, 경건교육은 자연과의 상생관계의 정립과 중요성을 가르쳐야 한다. 특히 성장하는 학습자들에게 자연 속에서 손발과 몸의 활동을 통하여 삶의 감각을 일깨우는 것이 곧 경건교육의 첩경이 된다(Comenius, 1657: 235). 자연과의 상생이란 거시적으로 볼 때 율곡이 말하는 천지인의 조화, 곧 인간과 자연 그리고 신이 궁극적으로 연결되어 있다는 통찰을 의미한다. 그리고 미시적으로는 '나－너－우리'의 공동체적 존재이며, 또 개인적으로는 지성·덕성·경건의 전인성의 존재라는 것을 의미한다. 뿐만 아니라 경건교육은 인간은 몸과 정신과 영혼으로 구분될지라도 결코 분리될 수 없는 존재임을 강조한다. 따라서 전인성을 추구하는 존재는 자신의 존재 속에서 신을 발견하고, 자연만물 속에서도 신의 존재를 체험할 수 있다. 왜냐하면 모든 자연만물은 신의 현존과 연결되어 있기 때문이다.[87]

셋째, 경건교육은 학습자들의 미래를 위한 영적인 비전을 제시하여야 한다. 영적비전은 하나님의 말씀과 하나님의 창조에서 숨겨진 신비를 분별하는 힘을 의미한다(Comenius, 1657: 232－233). 이것은 학습자들에게 현재의 삶을 극복하고 새로운 미래를 지향할 수 있는 꿈과 희망을 자극하는 것이다. 개인을 위해서는 학문의 우월성을 강조하며, 사회를 위해서는 책임사회의 창조를 부단히 추구하는 책임

---

87) "이는 하나님을 알 만한 것이 저희 속에 보임이라. 하나님께서 이를 저희에게 보이셨느니라. 창세로부터 그의 보이지 아니하는 것들 곧 그의 영원하신 능력과 신성이 그 만드신 만물에 분명히 보여 알게 되나니 그러므로 저희가 핑계치 못할찌니라."(로마서 1: 19－20); "하늘이 하나님의 영광을 선포하고 궁창이 그 손으로 하신 일을 나타내는도다."(시편 19: 1)

공동체로서, 그리고 양자를 적극적이며 능동적으로 추진해 갈 영적 비전을 축적하게 될 것이다. 따라서 경건교육은 학습자들에게 영적 비전을 통하여 새로운 영감을 얻게 하며 그 자원들을 현실 생활에서 실천할 수 있도록 지도해야 한다.

3) 영성훈련의 방법

기독교적 경건을 위한 경건교육의 방법은 영성·선행·조기습관의 방법이다. 코메니우스는 경건성을 소중하게 보존할 수 있는 세 가지 요소인 명상, 기도, 연단을 제시하였으며, 종교적 선행과 경건에 관한 습관을 제시하였다.[88] 그리고 이것을 유아 때 마음속에 각인(刻印)되도록 조기에 교육할 것을 제시하였다(Comenius, 1657: 235). 반면에 오늘의 기독교학교 교육은, 이미 언급한 바와 같이, 인간의 지·덕·체의 조화로운 발달만을 강조하고 있을 뿐, 내면세계에 대한 관심을 거의 강조하지 않고 있는 것이 사실이다. 실례로 경건의 보존 요소인 예배를 비롯한 다양한 종교적 의식도 기독교학교에서는 많은 위기를 겪고 있는 실정이다. 채플이 한마디로 진부하고, 지루하여 학습자들의 관심과 흥미를 유발하지 못하고 있다. 기독교 학생과 비기독교 학생들이 함께 참여하는 채플은 예배의 본질을 상실하고 있으며, 명사들을 초빙하고 있는 일반 강연도 아닌 애매한 교양강좌의

---

88) 영성교육을 위한 구체적인 교육방법의 사례로 부쉬넬(H. Bushnell)은 신체적인 양육(physical nurture), 처벌(punishment), 놀이(play), 성경해석 (Bible analysis)의 길, 치유적 목회(ministry of healing), 가족들의 공동 기도(a prayer meeting)방법을 제시했다(Horace Bushnell, 1888; 은준관, 1976: 216-218에서 재인용).

성격이 강해서 기독교학생과 비기독교 학생 모두의 주의를 끌지 못하고 외면을 당하고 있는 실정이다(구제홍, 2007: 22−23).

기독교학교는 경건교육을 위한 실제적인 방법으로 첫째, 다양한 교과목을 통해서 내면세계를 일깨워 주어야 한다. 학습자들에게 경건의 배양과 각성을 통하여 자신의 내면성을 일깨워 자아를 발견하고 주체적인 삶을 살도록 해야 한다. 왜냐하면 자아는 마치 무의식의 세계가 무한하듯이 내면에 깊숙이 그리고 넓게 자리잡고 있기 때문이다. 다양한 지적인 깨달음과 영적인 체험을 통해서 자신과 인간과 자연, 생명공동체를 인식하게 하는 것이다. 성경이 사람들에게 행하도록 가르치고 있는 것들은 하나님과 인간의 관계, 인간과 인간의 관계, 인간과 자연 또는 물질의 관계 그리고 자기 자아와의 관계와 원만한 관계성을 가지고 살아가야 할 것을 강조하고 있다. 여기서 가장 기초가 되는 관계는 하나님과 인간과의 인격적 관계성을 유지하는 것이다(구제홍, 2007: 21−22). 그리고 모든 존재의 근원과 인간의 실존적 물음에 대한 질문과 깨달음을 통해서 자신의 위치와 정체성을 찾고 삶의 의미를 발견할 수 있게 해야 한다. 둘째, 경건교육은 교육의 한 주체인 교사가 인격과 영성을 갖추는 것이다. 교육에 있어서 교육의 질은 교사의 질을 능가할 수 없다는 말이 있듯이, 사람 됨의 모범으로서의 교육자의 영성이 곧 교육의 내용이자 방법이 되기 때문이다. 따라서 교사의 세계관, 인생관, 언어, 생활방식 등 모든 면이 학습자들에게 그대로 살아 있는 교육이 된다는 점에서 교사의 영성이 무엇보다도 강조되어야 한다. 셋째, 기독교학교의 채플은 학습자들의 문화적 공감대를 형성하도록 되어야 한다. 기독교학생과 비기독교 학생 전체를 대상으로 이수하도록 하는 데서 오는 학교채플 문제를 극복하기 위하여 ① 채플 기획자들이 시대적 감각을 가지고 학생들의 문화적 공감대를 형성해야 한다. 학생들이 좋아하는 문화를 활용하며, 첨단 미디어를 활용해야 할 것이다. 예배 형식 또한 열린 채플을 통하여 공감대가 이루어지는 예배로 구성되어야 할 것이다. ② 설교자와 진행자는 기독교적인 용어들을 학생들로 하여금 친근감을 느낄 수 있는 용어로 바꾸어 구사할 수 있어야 할 것이다. ③ 예배의 테마나 설교의 주제들은 학생들의 공통적인 고민이나 시대적 이슈, 사회문제 등 현실적인 문제들을 성경적으로 접근하여 대안을 제시하는 메시지가 되어야 할 것이다.

그러나 기독교학교 예배의 중심이 곧 하나님의 존재, 섭리, 약속 그리고 인간과 우주만물에 대한 하나님의 위치를 선포하여 하나님을 알게 하는 것에 있다. 그리고 선포된 메시지를 통한 앎에서 우러나오는 하나님에 대한 경배가 있어야 한다. 또한 학생들의 현실적인 문제를 하나님께 내어 놓고 그분의 도움을 구하며 하나님과의 만남과 동행하는 삶으로 유도하는 선교적 사명이 그 중심에 흐르고 있어야 진정한 예배라는 사실이 강조되어야 한다.

한편 가정에서 시행하여야 할 조화로운 경건교육은 자녀들이 어릴 때부터 그들의 생활 속에서 실천되어야 한다. 경건한 신앙 지도는 성경의 교훈과 가치 있는 생활 태도와 습관을 통하여 이루어져야 한다. 부모는 항상 자녀들을 어떻게 기독교인으로 양육할 수 있을 것인가를 추구하기보다는 우리가 어떻게 자녀들과 함께 기독교인이 될 수 있을 것인가를 추구해야 한다. 구체적인 방법은 모범과 훈육 그리고 신앙적 환경과 분위기를 통하여 이루어진다.

첫째, 부모는 경건한 신앙생활의 모범을 통하여 자녀들의 경건한 신앙의 성장과 발달을 도와야 한다. 부모의 성숙하고 경건한 신앙과 그 행위는 자녀들의 영적 생활의 형성과 이해의 본보기가 될 수 있다. 그리고 자녀들이 어릴 때부터 그들의 마음속에서 형성하고 있는 하나님의 개념은 부모의 경건한 신앙으로 결정되기 때문이다. 공동체 안에서 영성적 삶을 살아가는 사람들의 모습을 보면서 그 안에서 또 다른 영감을 받게 된다. 그들과 함께 있으면서 그들의 일을 지켜보고, 그들의 지혜의 말을 흡수하며, 그들의 경험담을 들으며, 의도적으로 그들의 삶을 좇아 삶의 형태를 구성하는 것이다(Cully Iris V., 1984: 161). 부모가 좋은 모범을 보이면 자녀는 그 모범을 통한 행동을 본받게 되고 그 부모의 행동과 동일시함으로써 부모와 동일한 성품을 소유하는 자녀로 성장할 뿐만 아니라 부모의 모습에서 하나님에 대한 이미지를 배우게 된다.

둘째, 자녀들은 부모의 훈육에 의해서 양육되어야 한다. 자녀들을 위한 가장 효과적인 경건교육의 방법은 부모가 자녀를 노엽게 하지 않는 일이다. 성경은 자녀에 대한 부모의 소명을 사랑과 훈계 그리고 가르침으로 요약하고 있다.[89] 경건한 신앙에 이르게 하는 첩경은 부모의 사랑과 열의와 인내를 수반하는 지도와 함께 온전한 교사인 성령으로 성취될 수 있다. 그러므로 훈육은 부모와 자녀 사이의 효율적인 대화에서 출발한다. 부모가 자녀들에게 사랑 안에서 진리와 진실을 말하는 것이 경건의 성숙을 위한 가장 효과적인 방법이 된다.

셋째, 가정의 경건한 신앙적 환경과 분위기를 조성하여야 한다. 가정의 신앙적 분위기에서 부모는 자녀들의 경건한 신앙 교육에 도

---

89) "또 아비들아 너희 자녀를 '노엽게 하지 말고' 오직 주의 '교양'과 '훈계'로 양육하라."(에베소서 6:4)

움이 되는 다양한 활동, 즉 가정 예배, 성경 읽기, 기도하기, 자녀들의 사랑, 부모의 사랑 등을 함께 실천하도록 도와주어야 한다. 특히 가정에서 신앙교육의 방법은 가정예배를 통하여 신앙을 가르칠 수 있다. 가정예배를 통해서 하나님을 찬양하고 경외하기를 배우며 성경의 지식과 기도생활을 지속하게 된다. 그리고 경건한 그리스도인으로 자라게 되며 기독교적인 성품을 배우게 될 뿐만 아니라, 신앙을 형성하게 해 주는 구체적인 통로가 되는 것이다. 이와 같이 부모가 하나님을 경외하고 말씀을 생활 가운데 실천하며 생활한다면 자녀들도 부모와 같은 생활을 모방하게 될 것이다. 부모는 하나님의 사랑과 공의를 힘써 본받아 실행함으로써 하나님의 성품을 재현시키도록 노력해야 한다. 자녀들의 경건한 신앙생활과 성장을 위하여 형성된 가정의 신앙적 분위기 그 자체가 경건의 메시지가 되기 때문이다.

4. 전인성을 위한 지성·덕성·경건의 조화

오늘날 한국의 교육은 본래적 과제인 지성과 덕성과 경건이 통합된 교육으로 회복되기를 요청하고 있다. 현재 기독교교육은 현대 교육의 문제점으로 제기되고 있는 지나치게 이원론적이고 주관주의적인 그리고 개인주의적이며 실증주의적인 왜곡된 형태를 나타내었다. 뿐만 아니라, 지나친 과학주의의 영향으로 지성과 덕성과 영성이 분리되어 왔던 기독교교육은 지금이라도 교육의 모든 영역에서 하나님의 통치와 예수 그리스도의 주님 되심을 고백함으로 지성과 덕성과 영성이 통합된 통전적 전인성교육을 실현해야 할 것이다.

전인성교육은 전인(全人)을 어떻게 해석하느냐에 따라 개념이 달라진다. 일반교육에서 전인성은 '지·정·의' 혹은 '지·덕·체'가 통전된 사람으로(서울특별시 교육위원회, 1989: 42) 이해한다. 지·덕·체는 그 각각의 속성이 별개의 실체로 존재할 수 없다(이환기, 2000: 38-42). 따라서 전인성교육은 전인을 구성하고 있는 다양한 인간의 속성을 어느 하나에 치중함이 없이 조화롭게 발달시켜 균형을 이루도록 하는 교육이다. 이것은 넓은 의미로 인격교육이며, 학습자를 하나의 통합된 인격으로 일깨워 주는 전인성교육으로 이해하고 있다.

그러나 참된 전인성교육은 전인으로서 인간의 속성이 무엇인가 그리고 그것을 어떻게 균형 있게 조화시킬 것인가를 이해하여야 한다. 그러므로 일반교육에서 지·덕·체를 강조하고 있는 전인성교육은 전인의 구성요소를 균형 있고 조화롭게 발달시켜야 한다는 기독교교육의 관점과 분명한 차별성을 나타내고 있다. 이미 논의한 바와 같이, 기독교적 전인성교육은 인간의 지·정·의 혹은 지·덕·체의 내면적 속성뿐만 아니라, 영적 속성인 경건 혹은 영성의 발달을 함께 포괄하고 있다는 사실에서 알 수 있다. 즉 인간 내면세계의 '조화로운 발달 혹은 균형 있는 결합'은 지성과 덕성과 경건의 균형 있는 성장과 발달을 의미하는 것이다. 성경에서도 전인성교육에서 다루어야 할 영역들을 다음과 같이 언급하고 있다.

> "……모든 계명 중에 첫째가 무엇이니이까? 예수께서 대답하시되 첫째는 이것이니 이스라엘아 들으라, 주 우리 하나님은 유일한 주시라. 네 마음을 다하고 목숨을 다하고 뜻을 다하고 힘을 다하여 주 너의 하나님을 사랑하라 하신 것이요, 둘째는 이것이니 네 이웃을 네 몸과 같이 사랑하라 하신 것이라. 이에서 더 큰 계명이 없느니라. ……'마음'을 다하고 '지혜'를 다하고, 힘을 다하여 '하나님을 사랑'하는 것과 또 이웃을 네 몸과 같이 사랑하는 것이 전체로 드리는 모든 번제물과 기타 제물보다 나으니이다."(마가복음 12:28-33)

여기에서 제시하고 있는 세 영역, 즉 지식 혹은 지성, 덕성 혹은 이웃 사랑, 경건 혹은 하나님 사랑이 한 개인에게 균형 있게 배양될 때, 전인성을 갖춘 온전한 인간으로 성장될 수 있는 것이다.

코메니우스는 이와 같이 성경에서 제시하고 있는 인간이해를 통해 새로운 전인성교육사상을 정립하게 된 것이다. 그에게 있어서 인간의 모든 활동과 존재의 본질적 원천이자 요소가 되는 지성·덕성·경건을 계발하는 것이 교육의 중요한 과제이자 목적으로 이해되고 있다. 왜냐하면 세 가지 속성은 한 개인을 위하여 함께 조화를 이루어 배양되어야 하며, 한 가지라도 제외되거나 경시된다면 인간성의 균형 있는 성장을 기대할 수 없게 되기 때문이다(이숙종, 1996: 221). 따라서 현대 기독교학교의 교육의 문제들을 개선하기 위해서는 내면 세계의 심연의 빛이 되는 경건을 소홀히 한 채 지식에 편중을 두고 있는 교육적 현실을 성찰하고 세 가지 속성의 조화와 균형을 이루도록 함께 추구되어야 한다.

제7장 전인성을 위한 기독교교육의 방향

본 연구는 기독교적 전인성교육을 이해하기 위하여 코메니우스와 율곡의 교육사상을 연구하였다. 교육은 그 목적이 선한 시민의 양성이든 신실한 기독교 신자이든 간에 전인성의 발달을 전제로 하고 있다. 본 연구에서는 교육 사상가요 실천가인 코메니우스와 율곡은 교육의 궁극적 목적을 전인성에 두었다는 점에서 공통된다는 것을 발견하였다. 그러나 이 두 학자의 교육사상을 심층적으로 분석해 보면 차이점도 있음을 알게 되었다. 즉 코메니우스는 기독교 신학사상에 근거한 기독교적 전인성을 교육의 목표로 삼고 있다면, 율곡은 성리학을 토대로 한 전인성이라는 점이 두 교육사상 사이에 근본적인 차이를 만들고 있다는 것을 발견하였다. 이와 같은 교육사상의 비교를 통해 본 연구자가 추구하고자 하는 것은 코메니우스와 율곡의 교육론을 어떻게 한국 교육에 적용할 수 있는가를 성찰하여 그 구체적인 방안을 제시하는 것이다. 코메니우스의 기독교적 전인성교육론이 율곡의 전인성교육론의 영향하에 있는 한국 교육, 특히 기독교학교 교육에 어떻게 적용할 수 있으며, 또한 현재 교육적 현실에서 당면하고 있는 다양한 문제의 해결책을 찾고, 더 나아가 두 사람의 교육사상으로부터 한국 교육의 미래의 새로운 지평을 여는 데 중요한 사상적 기초와 원리가 될 수 있는 것들을 체계적으로 논의하는 것이 본 연구가 의도하는 바이다.

본 연구를 통하여 얻은 연구 결과를 정리하면 다음과 같다.

첫째, 두 학자의 사상을 비교하는 준거는 생애와 시대적 배경, 사상적 특징 그리고 교육개혁의 필요성에 대한 입장이다. 이 세 가지 비교준거에 따라 먼저 두 학자의 교육론 형성 배경을 고찰하였다. 그 결과 생애와 시대적 배경에서 코메니우스는 평생 동안 경험한 전쟁과 종교적 박해와 망명생활에서 가졌던 평화의 꿈을 교육을 통해 실현하고자 하였다. 그의 전인성교육에 대한 근거가 그의 신관과 인간관 그리고 자연관에서 그 실마리를 찾을 수 있다. 그의 신학의 중요한 주제는 인간, 하나님 그리고 자연 세 가지이며 이들 간의 상관관계성을 토대로 인간과 하나님의 인격적 관계, 인간과 자연의 조화, 인간의 본래적 형상으로의 회복과 사회 공동체의 구원을 상징하는 천년왕국(千年王國)에 관한 사상이 전개되었다. 코메니우스는 인간을 하나님의 형상, 타락한 존재, 이성적 존재로 이해하고 있다. 그에게 있어 자연은 하나님의 지혜를 나타내는 매개체이며 하나님의 속성과 지혜에 가장 쉽게 접근할 수 있는 살아 있는 교과서이자 학교로 이해되었다. 이러한 사상적 전제위에 그가 생각한 교육개혁은 조국의 해방과 재건, 모든 백성의 자유를 회복하기 위하여 지식이 머리로만 가는 부분적인 것이 아닌 전인격적 존재로서의 인간이 인식하는 것이 되어야 하는 것이다. ② 율곡이 살던 16세기 조선사회도 코메니우스 살았던 시대만큼 어지러운 시대였다. 빈번한 사화로 인한 빈곤과 제도가 제대로 개혁되지 못한 채 경제적 혼란 속에 있었다. 이러한 당시의 부패한 사회 현실을 개량할 수 있는 유일한 방법은 교육을 통해 고통받는 백성들을 구할 인재를 양성하는 것이라 여겼을 것이다. 율곡의 교육론은 전인성의 발달을 도모하는 교육이며 이 사상의 근간이 되는 것은 존재 근원으로서의 이기론, 인성론, 사회개혁론에서 찾을 수 있다. ③ 율곡의 교육사상을 코메니우스, 즉 기독교교육적 관점에서 비교하여 세 가지 비교준거에 따라 해석하였다. 그 결과, 첫째, 율곡의 말하는'天'과 코메니우스의 '하나님'이 가리키는 의미 사이에는 상당한 유사점이 발견된다. 天은 인격적이고 생명 존재의 근원이다. 생명의 근원이 되는 존재는 곧 기독교의 창조주 하나님 사상과 상통한다. 율곡의 천인동형론적 인간론과 기독교의 하나님 형상으로서의 인간론 사이에 상당한 유사성이 있다. 율곡의 사회개혁론은 성인(聖人)을 양성하여 인륜이 실현되는 이상사회이다. 이것은 기독교의 위로 하나님을 사랑하고 이웃을 네 몸과 같이 사랑하라는 성경의 가르침 안에서 찾을 수 있다. 율곡의 성인(聖人)은 결국 기독교의 성화(聖化)를 강조한 교육론의 목적과 유사점을 찾을 수 있었다.

둘째, 코메니우스가 제시한 전인성교육을 위한 교육목적, 교육내용 그리고 교육방법에 나타난 교육론을 살펴보았다. 코메니우스의 ① 교육목적은 금생(今生)을 넘어서 영원(永遠)을 위한 준비에서 찾고 있다. 영원을 위한 준비에는 세 단계가 있다. 자기 자신과 세계의 모든 것을 아는 것, 자기 자신을 다스리는 것 그리고 하나님을 향하여 자신을 나아가게 하는 것이다. 그는 인간 자신을 위한 지성과 다른 사람들과 조화로운 관계를 맺는 덕성 그리고 하나님과 올바른 관계를 가질 수 있는 경건을 겸비하는 일의 중요성을 함께 역설하였다. 이러한 교육을 통하여 궁극적으로는 모든 사람이 하나님의 형상인 새로운 인간성 회복과 함께 생존의 터전이 되는 사회개혁과 구원을 실현하게 하는 데 있다. ② 교육내용은 하나님이 지은 세 가지 책인 자연의 책과 인간 이성의 책 그리고 하나님의 말씀인 성경에서 찾고 있다. 자연의 책을 통하여 인간의 삶을 위한 사물과 기술과 언어의 지식을 기른다. 인간 이성의 책으로는 타인과의 조화를 유지하는 덕성을 기른다. 성경의 책은 경건의 지식을 터득하는 자료가 된다. ③ 교육방법은 자연세계의 모든 사물들의 관계와 존재의 이유를 과학정신에 근거한 합리적 탐구와 분석에서 발견하고 있다. 그는 자연의 원리와 과학적 방법을 중심으로 지성교육을 위한 자연·과학적 원리, 덕성교육을 위한 모범·훈련·훈육의 원리 그리고 경건교육을 위한 영성·선행·조기습관의 원리를 교육방법으로 삼았다.

셋째, 율곡이 제시한 교육목적, 교육내용 그리고 교육방법에 나타난 교육론을 살펴보았다. ① 교육목적은 덕성이 조화롭게 함양된 성인(聖人)을 양성해서 이상사회를 건설하는 데 있다. ② 교육내용은 그의 철학 사상인 성리학의 이기론(理氣論)과 인간의 존재와 본질문제를 천인합일의 관점과 기발이승(氣發理乘), 이통기국(理通氣局)의 원리에 근거하고 있다. 이러한 사상이 담긴 그의 교육내용은 가정에서 실천능력을 위한 가정교육의 책, 학교에서 인재육성을 위한 학교교육의 책 그리고 사회에서 만민복지를 위한 향약과 성인사상의 사회교육의 책으로 구성되어 있다. ③ 교육방법은 진덕수업(進德修業)의 거경(居敬)으로써 근본을 세우며, 지행병진(知行竝進)인 궁행(躬行)으로써 선(善)에 밝아져 행하는 것 그리고 목표설정을 통한 동기유발의 입지(立志)의 방법이다.

넷째, 기독교적 전인성교육 측면에서 코메니우스와 율곡의 교육론의 유사점을 살펴보았다. ① 교육목적에서의 유사점은 지성교육은 자신의 성숙한 삶을 위한 것이다. 이를 위하여 코메니우스는 사고·언어·행동의 성숙을 지향하였고, 율곡은 성숙한 생활을 위한 지성을 추구하였다. 덕성교육은 타인과의 조화를 위한 것으로서 코메니우스는 자연 및 모든 생명체와의 조화를 지향하였고, 율곡은 인륜의 덕성을 통한 조화를 추구하였다. 경건교육은 새로운 사회를 위한 것으로서 코메니우스는 경건한 인격을 통한 새로운 사회를 지향하였고,

율곡은 성인(聖人)의 정신을 통한 이상사회 건설을 추구하였다. ②
교육내용에서의 양자의 유사점은 평생교육을 통하여 전인성교육을
실현하고자 교재를 집필하였다. 이를 위하여 코메니우스는 교육내용
을 자연의 책, 이성의 책, 성경의 책에서 제시하였으며, 한편 율곡은
그의 교육내용으로 가정교육의 책, 학교교육의 책, 사회 교육의 책을
저술하여 가르쳤다. ③ 교육방법에서 양자는 내면 동기유발의 방법,
지행병진의 방법 그리고 자연의 원리에 따른 과학적인 방법, 상벌
(賞罰)을 통한 강화(強化)의 방법을 제시하였다.

다섯째, 코메니우스와 율곡의 전인성교육론의 차이점을 기독교적
전인성의 관점에서 비교 분석하였다. ① 교육목적에서의 차이는 인
간 내면의 타고난 자질계발과 현실생활에 필요한 지식습득이라는
점, 성악·성선의 기질에서의 차이, 성인(聖人)관과 새로운 사회관에
서 각각 차이를 보이고 있다. ② 교육내용에서의 차이는 두 가지 점
에서 차이를 보인다. 첫째는 교재에 나타난 지식의 구조에서 차이점
을 발견할 수 있다. 코메니우스는 지식의 구조를 자연의 책과 인간
이성의 책 그리고 하나님의 말씀인 성경에서 찾고 있는 반면, 율곡
은 지식의 구조를 가정교육의 책과 학교교육의 책, 사회교육의 책에
서 찾고 있다. 교육내용의 두 번째 차이는 전인성의 구성요소가 다
르다. 코메니우스는 전인성의 차원에서 자연의 책을 통한 지성, 이성
의 책을 통한 덕성, 성경의 책을 통한 경건이라는 전인성의 세 요소
를 교육내용으로 제시하고 있는 반면, 율곡은 가정에서 지성을 통한
성숙한 생활, 학교에서 인륜의 덕성을 통한 조화, 사회에서 향약과
성인사상을 통한 이상사회를 제시하고 있다. ③ 교육방법의 차이는
첫째는 코메니우스가 자연적 원리와 과학적 방법을 도입했으며, 한

편 율곡은 학습자가 배운 바를 실천에 옮기는 것에 비중을 두는 방법이라는 점에서 차이를 나타내고 있다. 두 번째는 코메니우스는 모범과 훈련 및 훈육의 원리인 반면에 율곡은 정신집중의 방법을 제시하였다. 세 번째 코메니우스가 조기습관의 원리를 제시하는 반면, 율곡은 입지의 교육방법을 제시하였다.

끝으로, 위에서 언급한 바와 같이 코메니우스와 율곡의 비교연구를 통하여 그들의 교육론이 현대 기독교교육에 주는 시사점과 전인성을 위한 기독교교육의 방향을 제시하면 다음과 같다.

첫째, 기독교학교 교육의 인지적 측면에서의 교육목적은 지성의 성숙이어야 하며 이를 위하여 가르칠 내용은 ① 나선형적 교육과정 방식으로 지식의 통합을 이루어야 한다. ② 기독교적 가치관을 가르쳐야 한다. ③ 현명하게 생각하고, 정직하게 행동하며 분별 있게 말하는 일을 바르고 정확하게 할 수 있도록 가르쳐야 한다.

둘째, 기독교학교와 가정에서의 지성의 성숙을 위한 교수학습방법을 제언하면 다음과 같다. 먼저 기독교학교에서는, ① 학습자들이 배움을 어렵다고 여기지 않고 배우고 싶도록 자연적인 방법을 준비해야 한다. ② 국가교육과정에 따라 집필된 교재는 학교특성, 지역특성과 학습자의 수준과 특성에 따라 재편성되어야 한다. 그리고 수업은 학습자의 이해 정도를 반영해서 진도를 조절해야 할 것이다. ③ 학습자들이 활동하고 토의하며 오감을 통해 학습이 이루어지도록 교실환경을 다양하게 활용할 수 있도록 배치하여야 할 것이다. 또한, 가정에서 지성의 성숙을 위한 교육방법을 제언하면, ① 교육적 분위기를 조성해야 한다. ② 가정은 준비된 지성교육의 가장 적합한 환경으로서 의도적으로 준비된 상징들을 교육의 자료들로 활용해야 한다. ③ 가정에서 가장 중요한 교육의 매체는 대화(dialogue)에 의한 의사소통의 방법이다.

셋째, 기독교학교에서 생명체와의 조화를 위한 덕성교육내용을 제언하면, ① 생명 존중 사상이다. ② 함께함의 공동체 의식이다. ③ 합리적인 개인주의를 가르쳐야 한다.

넷째, 기독교학교와 가정에서 생명체와의 조화를 위한 덕성교육방법을 제언하면 다음과 같다. 먼저, 기독교학교에서는, ① 학습자들에게 그들이 존재하고 있는 사회적 정황에서 항상 문제의식을 제기하며 비판하는 능력을 지원하여야 한다. ② 학습자들이 사회에서 덕성을 실천할 수 있는 모든 준비를 할 수 있도록 하여야 한다. ③ 도덕적 규범이나 그 논리적인 획일성을 제시하는 형식주의를 과감하게 배격해야 한다. ④ 가장 효과적이며 적극적인 방법으로서 훈육을 활용하여야 한다. 또한, 가정에서 생명체와의 조화를 위한 덕성교육방법을 제언하면, ① 덕성은 부모의 실천적 행위에 의하여 형성된다. ② 덕성은 일과 놀이를 통하여 배양될 수 있다. ③ 덕성은 어릴 때부터 자연과의 관계를 통하여 형성된다. ④ 훈육은 덕성의 형성을 위한 가장 효과적 방법이 된다.

다섯째, 기독교학교에서 육체와 영혼의 조화를 위한 경건교육내용을 제언하면, ① 경건교육은 학습자들이 하나님의 형상을 닮아 가게 하는 참인간성의 회복을 실천하는 것이다. ② 경건교육은 자연과의 상생관계의 정립과 중요성을 가르쳐야 한다. ③ 경건교육은 학습자들의 미래를 위한 영적인 비전을 제시하여야 한다.

여섯째, 기독교학교와 가정에서 육체와 영혼의 조화를 위한 경건교육방법을 제언하면 다음과 같다. 먼저 기독교학교에서는, ① 다양한 교과목을 통해서 내면세계를 일깨워 주어야 한다. ② 교육의 한 주체인 교사가 인격과 영성을 갖추는 것이다. ③ 학교채플은 학습자들의 문화적 공감대를 형성하도록 되어야 한다. 또한, 가정에서 육체와 영혼의 조화를 위한 경건교육방법을 제언하면, ① 부모는 경건한 신앙생활의 모범을 통하여 자녀들의 경건한 신앙의 성장과 발달을 도와야 한다. ② 자녀들은 부모의 훈육에 의해서 양육되어야 한다. ③ 가정의 경건한 신앙적 환경과 분위기를 조성하여야 한다.

코메니우스는 성경에서 제시하고 있는 인간이해를 통해 새로운 전인성교육사상을 정립하게 된 것이다. 그에게 있어서 인간의 모든 활동과 존재의 본질적 원천이자 요소가 되는 지성·덕성·경건을 계발하는 것이 교육의 중요한 과제이자 목적으로 이해되고 있다. 왜냐하면 세 가지 속성은 한 개인을 위하여 함께 조화를 이루어 배양되어야 하며, 한 가지라도 제외되거나 경시된다면 인간성의 균형 있는 성장을 기대할 수 없게 되기 때문이다. 따라서 현대 기독교학교의 교육의 문제들을 개선하기 위해서는 내면세계의 심연의 빛이 되는 경건을 소홀히 한 채 지식에 편중을 두고 있는 교육적 현실을 성찰하고 세 가지 속성의 조화와 균형을 이루도록 함께 추구되어야 할 것이다.

참고문헌

1. 코메니우스 자료

1) 코메니우스의 원저

Comenius John Amos(1630). *The School of Infancy*. 이원영·조래영 역
(2006). 유아학교. 서울: 양서원.

Comenius John Amos(1631). *The Labyrinth of the World and the
Paradise of the Heart*. 이숙종·이규민·이금만·김기숙 역(2004).
세상의 미로와 마음의 낙원. 서울: 예영커뮤니케이션.

Comenius John Amos(1633). *Informatorim der Mutterschule*. trans. by
Franz Hoffmann(1987). 정일웅 역(2001). 어머니학교의 소식. 서
울: 이레서원.

Comenius John Amos(1638). *Pampaedia Allerziehung*. Translated by
Klaus Schaller(1991). 정일웅 역(1996). 범교육학. 서울: 여수룬.

Comenius John Amos(1641). *The Way of Light*. Translated by E. T.
Compagnac(1938). 이숙종 역(1999). 빛의 길. 서울: 여수룬.

Comenius John Amos(1649). *Analytical Didactic*. Translated by Vladimir.
Jelinek(1953). 이숙종 역(1992). 分析敎授學. 서울: 한국교과서주
식회사.

Comenius John Amos(1654). *Orbis Sensualium Pictus*. 김은권·이경영 편
역(1998). 세계도회. 서울: 교육과학사.

Comenius John Amos(1657). *The Great Didactic*. 정확실 역(1987). 大敎

授學. 서울: 교육과학사.

2) 코메니우스에 관한 저서

이숙종(1996). 코메니우스의 敎育思想. 서울: 교육과학사.

한국－체코 코메니우스연구소(2007). 코메니우스 연구 창간호. 용인: 한국－체코코메니우스연구소.

Bowen James(1967). *"Introduction". In Joannes Amos Comenius, Orbis Sensualium Pictus.* Sydney: Sydney University Press.

Capkova Dagmar(1994). *Comenius and Education.* In Torsten Husen dan T. Neville Postethwaite, ed. The international encyclopedia of education 2nd. Oxford: Pergamon.

Capkova Dagmar(1996). *John Amos Comenius.* In J. J. Chambliss, ed. Philosophy of education: An encyclopedia. New York: Garland Publishing.

Clauser Jerome K.(1965). *The Pansophist: Comenius.* In Paul Nash.

Keatinge M. W.(1910). *Introduction: Critical. In The Great Didactic of John Amos Comenius.* London: Oxford University Press.

Laurie S. S.(1892). *John Amos Comenius: His life and Educational Works.* Syracuse(1st edition, 1885). New York: C. W. Bardeen.

Monroe S.(1900). *Comenius and the Beginning of Educational Reform.* New York: Charles Scribner's Sons.

Peprnik Jaroslav(2001). *Jan Amos Comenius.* In Joy A. Palmer ed. Fifty major thinkers on education. London: Routledge.

Sadler J. E.(1966). *J. A. Comenius and the Concept of Universal Education.* London: George Allen & Unwin Ltd.

3) 코메니우스에 관한 논문

강선보·김희선(2005). "코메니우스 교육사상의 형성배경". 교육문제연구 23집(2005년 9월). 고려대학교교육문제연구소.

권재익(1990). 근대교육의 선구자코메니우스의 사상과 그 영향. 논문집 23집. 한국외국어대학교.

김선아(2006) J. A. Comenius의 유아와 어머니 이해의 현대적 해석. 박사학위논문 강남대학교.

김재희(1986). Johann A. Comenius의 教育思想. 숭의논집 9집. 숭의여자전문대학.

오춘희(1998). 요한 아모스 코메니우스에 관한 전기적 연구. 박사학위논문 연세대학교.

이숙종(1989). "코메니우스 자연관과 교수법에 대한 연구". 신학사상 67집(1989년 겨울). 현대신학연구소.

이숙종(1990). "코메니우스의 신학적 인간관과 인식론에 관한 연구". 신학사상 70집(1990년 가을). 한국신학연구소.

이숙종(1991). "코메니우스의 범지학에 관한 연구". 신학사상 72집(1991년 봄). 한국신학연구소.

이숙종(1995). "코메니우스의 학교제도와 교재에 관한 연구". 강남대논문집 26집. 강남대학교출판부.

장화선(1996). J. A. Comenius와 J. J. Rousseau의 유아교육관점에 대한 비교연구. 박사학위논문 이화여자대학교.

정미현(2007). "얀 후스와 코메니우스의 평화사상". 코메니우스 연구 창간호(2007 봄). 용인: 한국-체코코메니우스연구소.

정일웅(2004). "코메니우스와 기독교교육". 코메니우스와 교육. 서울: 한국코메니우스연구소.

정재현(1996). 코메니우스 교육사상 연구. 석사학위논문 아세아연합신학대학.

정희숙(1992). "근대교육에 있어서 코메니우스의 위상". 教育哲學 10집 (1992. 6. 20). 교육철학회.

조쟁규(1999). 코메니우스사상의 체육철학에 관한 연구. 박사학위논문 부산대학교.

Federico Mayor(2007). "유네스코와 코메니우스의 유산". 한국-체코코 메니우스연구소. http://www.kccs.re.kr.

Jitka Kramarova(2007). "코메니우스의 교육관". 코메니우스 연구 창간호 (2007 봄). 용인: 한국-체코코메니우스연구소.

4) 코메니우스 연구 사이트

한국-체코코메니우스연구소 홈페이지 http://www.kccs.re.kr/

2. 율곡 자료

1) 율곡의 원저

민족문화추진회(1989). 국역 율곡집 Ⅰ·Ⅱ. 서울: 민문고.

한국정신문화연구원(1996). 국역 율곡전서Ⅰ-권1: 사(辭).부(賦).시(詩) 상, 권2: 시(詩)하, 습유(拾遺) 권1: 부(賦)·시(詩). 경기 안양: 한 국정신문화연구원.

한국학중앙연구원(2006). 국역 율곡전서Ⅱ-권3: 소차(疏箚)1, 권4: 소차 (疏箚)2, 권5: 소차(疏箚)3, 권6: 소차(疏箚)4, 권7: 소차(疏箚)5, 권8: 계(啓)·의(議), 습유(拾遺) 권2: 소차(疏箚)·계(啓)·의(議). 경기 안양: 한국학중앙연구원.

한국학중앙연구원(2006). 국역 율곡전서Ⅲ – 권9: 서(書)1, 권10: 서(書)2, 권11: 서(書)3, 권12: 서(書)4, 습유(拾遺) 권2: 서(書)상, 습유(拾遺) 권3: 서(書)하, 권13: 응제문(應製文), 서(序)·발(跋)·기(記), 권14: 설(說)·찬(贊)·명(銘)·제문(祭文), 습유(拾遺) 권3: 응제문(應祭文)·서(序)·기(記)·논(論)·잠(箴)·표전(表箋)·제문(祭文). 경기 안양: 한국학중앙연구원.

한국학중앙연구원(2006).국역 율곡전서Ⅳ – 권14: 잡저(雜著)1, 권15: 잡저(雜著)2, 권16: 잡저(雜著)3, 권17: 신도비명(神道碑銘)·묘갈명(墓碣銘), 권18: 묘지명(墓誌銘)·행장(行壯), 습유(拾遺) 권4: 잡저(雜著)1, 습유(拾遺) 권5: 잡저(雜著)2, 습유(拾遺) 권6: 잡저(雜著)3·묘갈명(墓碣銘)·묘지명(墓誌銘). 경기 안양: 한국학중앙연구원.

한국학중앙연구원(2006). 국역 율곡전서Ⅴ – 권19: 성학집요(聖學輯要)1, 권20: 성학집요(聖學輯要)2, 권21: 성학집요(聖學輯要)3, 권22: 성학집요(聖學輯要)4, 권23: 성학집요(聖學輯要)5, 권24: 성학집요(聖學輯要)6, 권25: 성학집요(聖學輯要)7, 권26: 성학집요(聖學輯要)8. 경기 안양: 한국학중앙연구원.

한국학중앙연구원(2006). 국역 율곡전서Ⅵ – 권27: 격몽요결(擊蒙要訣)·제의초(祭儀鈔), 권28: 경연일기(經筵日記)1, 권29: 경연일기(經筵日記)2, 권30: 경연일기(經筵日記)3, 권31: 어록(語錄)上, 권32: 어록(語錄)下. 경기 안양: 한국학중앙연구원.

한국학중앙연구원(2002). 국역 율곡전서Ⅶ – 권33: 부록1 연보(年譜)上, 권34: 부록2 연보(年譜)下, 권35: 부록3 행장(行壯), 권36: 부록4, 권37: 부록5, 권38: 부록6 제가기술잡록(諸家記述雜綠), 율곡전서 부록: 속편. 경기 안양: 한국학중앙연구원.

2) 율곡에 관한 저서

김승혜(2006). 유교의 뿌리를 찾아서. 서울: 지식의 풍경.

김익수(2003). 율곡의 윤리사상과 현실성. 서울: 수덕문화사.

성백효·정우상·안재산(1992). 동몽선습·격몽요결. 서울: 전통문화연구회.

손인수(1995). 율곡사상의 이해. 서울: 교육과학사.

손인수(1997). 율곡사상의 교육이념. 서울: 문음사.

윤사순(1989). 율곡의 도학적 인간관. 율곡사상연구원.

장숙필(1992). 율곡 이이의 성학 연구. 고려대학교 민족문화연구소.

최근덕(1992). 한국유학사상 연구. 철학과 현실사.

황의동(1998). 栗谷의 理氣論. 율곡사상연구원.

3) 율곡에 관한 논문

김경호(2001). 栗谷 李珥의 心性論에 관한 硏究. 박사학위논문 고려대
　　학교.

김영돈(1976). "율곡의 교육진흥책 소고". 관동대학교 논문집 7집. 관동
　　대학교.

김익수(1996). "栗谷의 家庭倫理觀". 韓國體育大學校敎養敎育 論文集
　　창간호(1996년 3월). 한국체육대학교교양교육연구소.

박의수(1988). "李栗谷의 認識論과 敎育論". 강남사회복지대 論文集18
　　집(1988년 12월). 강남대학교.

박의수(1990). "栗谷 敎育思想의 現代的 照明". 강남대학교논문집 20집
　　(1990년 12월). 강남대학교.

박의수(1991). 율곡 교육사상의 인식론적 연구. 박사학위논문 고려대학교.

박의수(1993). "李栗谷과 코메니우스의 敎育思想 比較 硏究". 강남 대
　　학교논문집 24집(1993년 12월). 강남대학교.

박의수(2000). "栗谷 李珥의 敎育思想". 韓國思想과文化 7집(2000년 1

월). 한국사상문화학회.

宋錫準(1987). "栗谷의 사회 경장론에 대한 철학적 고찰". 공주사대논문
　　　집 25집. 공주사범대학교.

심의보(2003). "율곡의 교육사상의 사회적 실제". 율곡사상연구 6집. 율
　　　곡학회.

이용근(1993). 율곡사상에 나타난 도덕교육에 관한 연구. 석사학위논문
　　　한국교원대학교.

장선희(1997). 李珥의 主氣哲學에 나타난 교육사상. 박사학위논문 이화
　　　여자대학교.

4) 율곡 연구 사이트

한국율곡학회 홈페이지 http://www.yulgok.or.kr/

3. 기타(신학·기독교교육·교육학·전인성교육)

1) 신　학

김균진(1990). 기독교조직신학Ⅰ. 서울: 연세대학교출판부.

김영일(1995). "21세기 주요 신학 주제와 교과목". 기독교사상 443집
　　　(1995년 11월). 서울: 대한기독교서회.

김영일(1998). "무너지는 사회와 새로운 가치관 세우기". 기독교사상480
　　　집(1998년 12월). 서울: 대한기독교서회.

백용기(2000). "우리시대의, 우리의 물음 그리고 우리의 신학". 신학사상
　　　111집(2000년 12월). 수원: 한국신학연구소.

송성진(2000). 사랑의 하나님과 본래적 실존. 서울: 한들출판사.

신원하(2000). "신학적 인간학: 기독교 생명의료윤리의 출발점". 개혁신
학과 교회 10집. 천안: 고려신학대학원교수논문집.

이형기(1994). 세계교회사Ⅱ. 서울: 한국장로교출판사.

주도홍(1991). 독일의 경건주의. 서울: 기독교문서선교회.

Brown W. Dale / 오창윤 역(1987). 경건주의 이해. 서울: 생명의말씀사.

Charles Hartshorne(1948). *The Divine Relativity*. New Haven and London:
Yale University Press.

Clouse G. Robert(1980). *The Meaning of Millennium*. 권호덕 역. 천년왕
국. 서울: 성광문화사.

Erickson J. Millard / 나용화·박성민 공역.(1993). 인죄론. 서울: 기독교문
서선교회.

Hoekema A. A. / 류호준 역(1990). 개혁주의 윤리학. 서울: 기독교문서선
교회.

Hoekema A. A.. / 류호준 역(1995). 개혁주의 인간론. 서울: 기독교문서
선교회.

Karl Barth(1933). *The Epistle to the Romans*. Oxford: Oxford University
Press.

Kerr H. T. / 유원열 역(2000). 현대인을 위한 칼빈의 기독교강요. 서울:
기독교연합신문사.

Moltmann J. / 전경연 편역(1977). 인간. 서울: 종로서적.

Niebuhr H. Richard(1951). *Christ and Culture*. 김재준 역(1998). 그리스
도와 문화. 서울: 대한기독교서회.

Paul Tillich(1951). *Systematic Theology*, Vol.I. Chicago: The University
of Chicago Press.

Robert E. Coleman / 홍성철 역(1993). 주님의 전도계획. 서울: 생명의말
씀사.

Schubert M. Ogden(1986) *On Theology.* San Francisco: Harper & Row.

2) 기독교교육

강희천(1991). 기독교교육 사상. 서울: 연세대학교출판부.

강희천(1999). 기독교교육의 비판적 성찰. 서울: 대한기독교서회.

구제홍(2007). "정보화 시대의 기독교대학의 인성교육: 명지대학교의 인
　　　성교육을 중심으로". 한국기독교정보학회 2007년도 추계학술대회
　　　자료집(2007. 11. 24). 한국기독교정보학회.

김광률(2004). "기독교학교 정체성". 기독교학교교육 5집(2004.10). 서울:
　　　기독교학교협의회.

김도일(1998). 교육인가 신앙공동체인가. 서울: 한국장로교출판사.

대한기독교교육협회·한국복자서원 공편(1996). 기독교교육대사전. 서울:
　　　한국복자서원.

맹용길(1994). 기독교윤리학. 서울: 쿰란출판사.

박상진(2004). "기독교학교 교육철학". 기독교학교교육 5집(2004. 10). 서
　　　울: 기독교학교협의회.

송남순(1999). "도덕교육 관점에서의 학습". 기독교교육. 서울: 대한기독
　　　교교육협회.

은준관(1976). 교육신학. 서울: 대한기독교서회.

은준관(1988). 기독교교육 현장론. 서울: 대한기독교출판사.

이숙종(2001). 현대사회와 기독교교육. 서울: 학지사.

이숙종(2007). 기독교 대학과 교육. 서울: 예영커뮤니케이션.

한미라(2005). "공교육의위기와 기독교교육학의 역할 재정립". 기독교교
　　　육정보 12집(2005년 12월). 한국기독교교육정보학회.

한미라(2007). "귀로에 선 기독교대학의 채플: 문제점과 개선방안". 한국
　　　기독교정보학회 2007년도 추계학술대회 자료집(2007. 11. 24). 한

국기독교정보학회.

한철희(2004). "신앙 교육을 위한 지식의 암묵적 내주성 고찰: 마이클 폴라니의 인식론과 파커 J, 팔머의 영성교육을 중심으로". 한국 기독교신학논총 31집. 한국기독교학회.

Bushnell Horace(1888). *Christian Nurture.* Yale University Press, New Haven.

Cully Iris V.(1984). *Education for Spiritual Growth.* 오성춘·이기문·류 영모 역(1993). 영적성장을 위한 교육. 서울: 한국장로교출판사.

Elmer L. Towns / 임영금 역(1984). 인물중심의 종교교육사. 서울: 대한 예수교장로회총회교육부.

Gratton Carolyn(1980). *Guidelines for Spiritual Direction*, Vol.Ⅲ, NJ: Dimension Books.

Hall Robert T. & Davis John U.(1975). *Moral Education in Theory and Practice.* New York: Prometheus Books.

Harris Maria·Moran Gabrial(2001). *Educating Persons*, 고용수 역. 기독 교교육의 지도그리기. 서울: 한국장로교출판사.

Holmes Arthur F. / 박진경 역(1990). 기독교대학의 이념. 서울: 기독교대 학설립동역회출판부.

Kenneth O. Gangle & Warren S. Benson(1992). *Christian Education: Its History and Philosophy.* 유재덕 역. 기독교교육사. 서울: 기독교 문서선교회.

Palmer Park J.(1983). *To Know As We Are Known: A Spirituality of Education.* New York: Harper & Row, Publisher.

Palmer Park J.(1998). *The Courage to Teach: Exploring the Inner Landscape of a Teacher's Life*. San Francisco: Jossey－Bass Publishers.

256

Palmer Park J. / 이종태 역(2000). 가르침과 배움의 영성. 서울: IVP.

3) 교육학

南宮勇權(1995). 敎育學 總論, 서울: 양서원.

南宮勇權(1996). 교육의 역사철학적 기초. 서울: 학문사.

강재륜(1996). 윤리와 언어분석. 서울: 철학과 현실사.

박종홍(1977). 韓國思想史論攷. 서문당.

배이상헌(2006). "체벌담론 그 악순환을 탈출하기 위한 길 찾기". 초등
　　　우리교육199집; 중등우리교육 199집. 우리교육.

서양근대철학회(2001). 서양근대철학. 서울: 창작과 비평사.

유상덕(2000). "학교붕괴에 대한 담론 네 가지". 중등우리교육 119집. 우
　　　리교육.

이돈희 외(1995). 교육철학. 한국방송통신대학.

이돈희(1988). 도덕교육 원론. 서울: 교육과학사.

이상섭·오만록(1994). 인간과 교육. 서울: 형설출판사.

이상오(2005). 계몽주의 교육. 서울: 학지사.

이택휘 외(1997). 도덕과 교육의 이론과 실제. 서울: 교육과학사.

이홍우(1985). "교수행위 연구". 한국교육학의 탐구. 서울: 고려원.

조경원 외(2004). 서양교육의 이해. 서울: 교육과학사.

조병규(1998). 교육사. 서울: 교육과학사.

천세영(2005). "평생학습사회의 과열과외와 사교육문제". 국회도서관보
　　　312집(제42권4호, 2005년 4월). 국회도서관.

풀빛편집부(1994). 세계교육사. 서울: 풀빛.

한국브리태니커 편(2002). 브리태니커대백과사전.

홍후조(2006). "국가수준 교육과정 개발 패러다임 전환". 교육문제연구
　　　25집(2006년 7월). 고려대학교교육문제연구소.

황여정·김경근(2006). "일반계 고등학생의 학교만족도 결정요인". 교육사회학연구 제16권 2호. 한국교육사회학회.

Andreas M. Kazamias, and Henry J. Perkinson(1975). *The Educated Man:* Studies in the history of educational thought, 성기산 역(1995). 교육받은 사람 Ⅰ. 서울: 집문당.

Boyd William(1966). *The History of Western Education.* Revised by Edmund J. King, 8th ed. New York: Barnes and Noble.

Collins A. S. Brown J. S. & Holum A.(1989). Cognitive Apprenticeship: Teaching the crafts of reading, writing, and mathematics. In L. B. Resnick ed. *Knowing, learning, and instruction: Essays in honor of Robert Glaser.* Hillsdale. N.J: Erlbaum.

Collins A. S. Brown J. S. & Holum A.(1993). Cognitive Apprenticeship: Making thinking visible. *American Educator 15*(3).

Ikujro Nonaka·Hirotaka Takeuchi(1995). *The Knowledge−Creating Company.* 박희종·김민수 옮김(2006). 지식창조기업. 서울: 시그마프레스.

Immanuel Kant / 조관성 옮김(2007). 칸트의 교육학 강의. 서울: 철학과현실사.

John G. Stoessinger(1988). *Why Nations go to War.* 김종구·제한국 공역. 전쟁의 원인. 서울: 국방부전사편찬위원회.

Willson J.(1973). *the Assessment of Marality.* 남궁달화 역(2001). 도덕교육 평가. 한국교원대학교출판부.

4) 전인성

김영래(2003). "영성교육의 관점에서 본 홀리스틱 교육운동의 의미". 한국홀리스틱학회지 제7권1호. 한국홀리스틱교육학회.

김정신(2001). "영성교육을 위한 탐색적 연구". 교육인류학연구, 제5권 1
    호. 한국교육인류학회.

서울특별시 교육위원회(1989). 전인교육의 이론과 실제. 서울: 농원문화사.

윤팔중(1981). 전인교육을 위한 교육과정. 서울: 배영사.

이미숙(2003). "사회적 스트레스와 중년기 남성의 전신건강". 한국사회
    학 제37집 3호.

이홍우(1996). "전인교육론". 도덕교육연구 8집. 한국교육학회 도덕과교
    육연구회.

이환기(2000). "특별활동 활성화와 전인교육". 학교경영 13집(2000년 6
    월). 한국교육생산성연구소 교육연구사 편.

5) 기 타

유네스코 홈페이지 http://portal.unesco.org

윤기종
(尹基宗)

- 한국성서대학교 외국어교육과
- 안양대학교 신학부 기독교교육과 (B. Ad)
- 안양대학교 신학대학원 목회상담전공 (M. Div)
- 강남대학교 신학대학원 기독교교육 전공 (Th. M)
- 강남대학교 대학원 신학과 기독교교육전공 (Ph.D)
- 평택대학교 사회복지대학원 사회복지전공 (M. A.)
- 평택대학교 대학원 사회복지학과 청소년복지 전공(Ph.D. in s.w. 과정 수료)
- 연세대학교 교육대학원 종교교육전공 (M. Ed)
- 호서대학교 교육대학원 윤리교육전공 (M. Ed)
- 강남대학교 교육대학원 특수교육전공 (M. Ed)
- 인하대학교 대학원 교육과정전공 (Ed. D)
- 문일고등학교 교사 · 교목실장 · 진로상담부장
- 강남대 · 안양대 · 인하대 강사
- 화랑체육관 관장역임
- 명성 · 반도 · 말씀과 기도교회 교육목사역임

•주요논저•

- 예수그리스도의 교육방법론 연구
- 위르겐 몰트만의 메시야적 교회론
- 기독교적 전인성 관점에서 본 코메니우스와 栗谷의 教育論 比較
- 학교폭력에대한 사회복지적 대응방안에 관한연구
- 빅터 프랭클의 의미요법 연구
- 한국 장애학생 통합교육의 발전과정과 정책방안 연구
- 도덕교육을 통한 청소년 가치관 정립방안 연구
- 대안학교 교육과정에 대한 대안적 범주 탐색
- 대안특성화고교 교육과정 다양화의 가능성과 한계
- 코메니우스의 전인성을 위한 교육적 이론과 실천에 관한 연구
- 코메니우스와 栗谷의 教育論에 관한 比較 研究

외 다수

코메니우스와 율곡의 전인성 교육론 탐구

• 초판 인쇄   2008년 6월 25일
• 초판 발행   2008년 6월 25일

• 지 은 이   윤기종
• 펴 낸 이   채종준
• 펴 낸 곳   한국학술정보㈜
             경기도 파주시 교하읍 문발리 513-5
             파주출판문화정보산업단지
             전화 031) 908-3181(대표) · 팩스 031) 908-3189
             홈페이지 http://www.kstudy.com
             e-mail(출판사업부) publish@kstudy.com
• 등   록   제일산 115호(2000. 6. 19)
• 가   격   27,000원

ISBN   978-89-534-9687-3 93370 (Paper Book)
        978-89-534-9688-0 98370 (e-Book)